아니야,
우리가
미안하다

아니야, 우리가 미안하다

따뜻한 신념으로 일군 작은 기적
천종호 판사의 소년재판 이야기

아니야, 우리가 미안하다

초판 1쇄 펴낸날 2013년 2월 18일
초판 20쇄 펴낸날 2025년 4월 1일

지은이   천종호
펴낸이   홍지연

편집   홍소연 김선아 김영은 차소영 조어진 서경민
디자인&아트디렉팅   정은경디자인
디자인   이정화 박태연 정든해 이설
마케팅   강점원 최은 신예은 김가영 김동휘
경영지원   정상희 배지수

펴낸곳   (주)우리학교
출판등록   제313-2009-26호(2009년 1월 5일)
주소   04029 서울시 마포구 동교로 12안길 8
전화   02-6012-6094
팩스   02-6012-6092
홈페이지   www.woorischool.co.kr
이메일   woorischool@naver.com

ⓒ 천종호, 2013
ISBN 978-89-94103-47-1 03810

• 책값은 뒤표지에 적혀 있습니다.
• 잘못된 책은 구입한 곳에서 바꾸어 드립니다.
• 이 책의 인세는 청소년회복센터에 전액 기부됩니다.

나의 신과 사랑하는 가족,
그리고 내가 만난 모든 소년들에게

프롤로그

만萬사事소少년年

지금까지 판사로 재직하는 동안 가사사건과의 인연이 남다른 편이었다. 1997년 부산지방법원에서 민사부 배석판사로 판사 생활을 시작한 이래, 그해 하반기 사무분담 변경으로 가사사건도 함께 처리한 것을 시작으로 창원지방법원에 부임하기 전까지 13년의 법관 생활 동안 가사사건을 처리한 기간은 총 4년 6개월인데 이것은 보통 판사들로서는 드문 경력이다. 2010년 2월, 3년간의 부산고등법원 생활을 마칠 때쯤 부산지방법원으로 복귀하여 그동안 담당해보지 못한 민사단독사건을 처리하게 될 것으로 생각했으나 예상과는 달리 창원지방법원으로 인사발령이 나고 말았다. 창원지방법원의 사무분담이 정해질 무렵 영장사건과 소년사건을 함께 담당하면 어떻겠느냐는 제안을 받았을 때는 순간 '가사사건에 이어 이제는 소년사건이라니, 이 무슨 조화인가?'라는 생각마저 들었다.

처음 소년재판 업무를 시작할 때는 길어야 2년일 거라는 생각으로 출발했다. 소년사건은 부산지방법원 가정지원에 근무할 당시 룸메이트였던 판사님이 소년사건을 처리하는 것을 지켜보면서 귀동냥으로 익힌 것이 있었기 때문에 그다지 큰 걱정은 되지 않았다. 하지만 인생은 계획대로만 진행되지 않는 것 같다. 처음 예상과는 달리 3년간 내리 소년사건을 맡아왔고, 사정이 허락하는 한 앞으로도 계속 이 일을 담당하고자 마음먹고 있으니 초임 법관 시절부터 맺어왔던 가사사건과의 인연이 단순한 것만은 아닐 것이다. 어떤 '보이지 않는 손'이 어린 시절부터 지금까지 나를 이끌어온 것은 아닐까라는 생각마저 든다.

나는 도시 빈민가에서 청소년기를 보냈다. 동네 사람들은 대부분 하루 벌어 하루 사는 일용직 노동으로 생계를 이어갔고, 일명 '하꼬방'이라는 판잣집이나 낡은 슬레이트 블록집에서 대가족이 달세나 전세를 살았다. 가난 탓으로 교육을 제대로 받지 못한 아이들은 얼굴의 솜털이 채 가시기도 전에 생계를 위해 이른바 '공돌이', '공순이'가 되어 가족들을 부양해야 했다.

우리 집 역시 부친께서 홀로 노동을 하시며 7남매나 되는 대가족을 부양해야 했는데 일거리가 없는 겨울이나 장마철에는 끼니 걱정에 하루도 마음 편한 날이 없었다. 초등학교 때는 육성회비를 내지 못해 수업시간에 수없이 쫓겨났고, 중학교 때부터 고등학교 졸업할 때까지는 수업료의 절반만 내고 학교를 다녔다. 가난을 통해 내가 절실하게 느낀 것은 세끼 끼니조차 제대로 마련하지 못한다는 '수치심'이었다.

이러한 환경에서 자란 탓인지 내 인생의 가치관 형성에 있어 가장 큰 영향을 준 사람은 특정인이 아니라 바로 부모님과 형제들을 포함한 고향 마을의 '사람들'이었다. 가난은 삶의 의지를 꺾는 무서운 질병처럼 보였다. 그들로 인해 내 마음 깊은 곳에는 가난하고 어려운 처지에 놓인 사람들에 대한 연민이 깊이 자리 잡게 되었고, 이러한 감정은 지금까지도 도저히 뿌리가 뽑혀지지 않는다.

 2010년 창원지방법원에 부임하여 소년재판을 담당하게 되자 만감이 교차했다. 가난했던 나의 청소년 시절과 비행소년들의 딱한 처지가 오버랩되었다. 비행소년들이 처한 상황이 참으로 열악한 데 비해 도움의 손길은 너무도 적은 현실을 보며 지난날 고단한 삶을 힘겹게 이어가던 내 부모 형제와 고향 사람들의 모습이 떠올랐다.
 그동안 가사사건을 담당하면서 우리나라의 가정해체 정도와 속도가 심각하다는 것을 절감하였고, 창원지방법원 소년부를 맡게 되면서 가정의 해체로 인한 소년비행이 생각보다 더 심각하다는 것을 알게 되었다. 청소년기는 인생에 있어 더할 나위 없이 소중한 시간이다. 소년들의 풍요롭고 올곧은 성장은 결국 우리 사회의 자산이다. 그럼에도 소년재판을 받는 '보호소년'들은 그 어느 곳에서도 충분히 보호받지 못하고 있다. 가정의 해체로 보호력이 상실되었거나 약화된 소년들에게 가장 절실한 것은 재비행을 하지 않도록 안전하고 따뜻하게 감싸주며 지속적으로 관리해주는 곳인데 국가가 제공하는 소년원, 비행예방센터, 보호관찰소는 그러한 역할을 감당하기에는 부족한 점이 많다.
 한편, 사회도 보호소년들의 아픔에는 공감하면서도 정작 그들에게 도움의 손길을 내미는 것은 부담스러워한다. 일반 소년들보다 보호소년들을 다루는 것이 훨씬 어렵다는 것을 알기 때문이다.

처음 소년부를 맡을 당시만 해도 창원지방법원에서는 갈 곳이 없는 비행소년들을 감호할 수 있는 민간 시설이나 위탁가정이 거의 전무하다시피 하였다. 아이들이 돌아갈 곳이 없는 그런 상황에서는 어떤 처분도 효과를 볼 수 없다는 판단에 나름대로 계획을 세워 소년부를 이끌어갔다. 먼저 부모와 가족을 대신하여 보호소년들을 보듬고 훈육하는 일종의 대안가정이자 사법형 그룹홈인 '**청소년회복센터**'를 설립하기 시작했다. 그리고 소외되고 고립된 비행소년들의 실상을 알려 그들에게 도움의 손길이 닿을 수 있도록 하기 위해 밤낮으로 동분서주했다.

감사하게도 뜻있는 분들의 호응과 도움으로 청소년회복센터 외에도 비행소년 전문 상담교육기관인 '**경남아동청소년상담교육센터**', 정규 학교 과정인 '**국제금융고등학교 창원분교**'를 설립할 수 있었기에, 이들의 봉사 정신을 알리고 이와 같은 흐름을 계속 이어가기 위하여 신문에 기고를 하거나 청소년비행 관련 강연과 방송 출연도 꺼리지 않았다. 과장하자면 지난 3년 동안은 '만萬·사事·소少·년年', 다시 말해 자나 깨나 소년 생각뿐이었다고 할 수 있다. 그러다 보니 생각지도 않았던 많은 분들과 소중한 인연을 맺게 되었고, 또 과분하게도 '가사소년전문법관'이라는 별칭까지 얻게 되었다. 법원행정처에서 임명해주지 않은 전문법관이 되어버린 셈이다.

법의 집행은 엄정해야 한다. 내 개인의 사적인 감정과 주관으로 사건을 대하는 것은 있을 수도 없고 있어서도 안 되는 일이다. 더구나 우리 사회의 특성상 법정에서의 온정주의는 정의 실현에 어긋난다는 점에서 더욱더 피해야만 하는 위험한 태도이다.

법정에서 재판을 하면서 나는 되도록이면 개인감정에 휩쓸리지 않으려 노력하고 있다. 죄에 대해서는 법에 정해진 테두리 안에서 엄격하게 판결을 내리지만, 그러나 소년법정에서 오가는 수많은 사연에 무심할 수는 없었다. 그래서 그동안 소년재판을 하며 겪은 안타까운 사례들과 비행소년의 실상을 제대로 알리고 싶어 비록 졸필이지만 책을 집필하기 시작하였다. 전문적인 작가가 아닌지라 비행소년들의 안타까운 처지와 그들의 변화를 제대로 전달할 수 있을지 걱정이 앞선다. 이 글을 읽는 이들이 조금이라도 비행소년들에 대하여 관심과 애정을 가질 수 있다면 더 이상 바랄 것이 없다.

비행소년들을 포함한 지금 우리 아이들은 삶의 성장기라는 시간변경선 위에 서 있다. 우리 사회가 어떤 선택을 하느냐에 따라 이들의 앞날 또한 바뀔 것이다. 꿈을 꿀 여유조차 없는 팍팍한 환경에서 몸부림치고 있는 아이들이 훗날 어른이 되어 자신들의 모습을 되돌아보면서 어떤 생각을 할까? 자신들에게 그러한 환경을 제공한 우리 어른들에게 어떠한 평가를 내릴까?

지금은 단단한 겨울눈에 가려 보이지 않지만 그 안에 봄을 꿈꾸는 여리고 푸른 새싹이 숨 쉬고 있음을 잊지 말아야 한다. 아이들 누구나 저마다의 작고 소중한 꿈을 먹으며 자랄 수 있는 환경을 우리들이 되돌려주어야 한다.

이 책에 실린 글들 중 일부는 〈경남신문〉에 연재되었던 「천종호 판사의 소년재판 이야기」와 〈아름다운 이야기들〉이라는 소책자에 실렸던 글을 보완하고 다듬은 것이다. 1부에는 먼저 소년재판의 법정 안팎의 풍경을 담았다. 처음 소년재판을 접하는 독자들은 판사와 비행소년뿐만 아니라 재판에 관계된 여러 사람들이 법정 안팎에서 뜨겁게 소통하는 모습을 만날 수 있을 것이다. 2부에는 폭력으로 무너져가고 있는 학교의 모습을 보여주는 사례들을 모았고, 3부에는 가정의 해체와 사회의 무관심, 그리고 유해한 사회환경으로 인해 비행이라는 벼랑으로 내몰릴 수밖에 없는 소년들의 비참한 현실을 보여주는 사례들을 담았다. 그리고 마지막 4부에는 절망스러운 상황 속에서도 희망을 잃지 않고 살아가는 소년들과 그들을 응원하는 사람들에 관한 이야기를 모았다.

그동안 보호소년들을 위해 바삐 뛰어다니느라 가정에는 소홀했던 나를 묵묵히 지켜봐준 아내와 아이들 동영이, 유영이, 송영이에게 먼저 고마운 마음을 전하고 싶다. 또한 책을 내기까지 도와주신 많은 분들께 송구하게도 지면을 빌어 진심으로 감사하다는 인사를 드리는 바이다. 출판을 위해 귀한 사진들을 기꺼이 제공해주신 경남신문사, tvN 방송국, SBS 방송국과 창원지방법원 사진동호회 회원들께도 심심한 감사의 말씀을 드린다.

끝으로, 이 책에 실린 사례의 주인공들 이름은 모두 가명임을 밝혀둔다.

2013년 2월
창원지방법원에서 **천종호**

추천의 말

마음으로 소통하는 법정

최근 우리 사회는 살인, 성폭력 등 강력범죄가 잇따르면서, 치안에 대한 불안감과 함께 범죄자에 대한 강한 처벌을 요구하는 목소리가 커지고 있습니다.

드러난 범죄에 대해 분노하고 엄벌을 요구하기는 쉽습니다. 그러나 범죄자를 엄중히 처벌하는 것보다 더 중요한 것은, 그러한 범죄가 더는 발생하지 않도록 예방하는 것입니다. 그러자면 드러난 범죄의 결과만 볼 것이 아니라, 그 원인을 분석하고 범죄적 요인을 줄여나가는 노력이 필요합니다.

범죄는 성인만 저지르는 것이 아니고 미성년자도 저지릅니다. 오늘날 가정불화와 해체 등으로 말미암아, 가정과 사회에서 버림받고 소외된 청소년들이 저지르는 범죄는 점점 증가하고 또 흉포해지고 있습니다.

저자는 창원지방법원에서 통상의 기간(1년)을 넘어 3년째 자원하여 소년재판을 전담하고 있습니다. 이는 사명감과 강한 책임의식, 열정과 사랑이 없으면 힘든 일입니다.

그동안 저자는 법정에서만 아니라 법정 밖에서도 비행소년들과 인간적인 관계를 맺으며 마음으로 소통하려고 노력하였습니다. 처벌보다는 그들의 상처를 치유해주고 가족이나 친구 등 사회와의 관계를 회복하여 건전한 사회인으로 커갈 수 있도록 도움을 주고자 애썼습니다. 때론 엄히 훈계하고 때론 관심과 애정을 표시하며 그들이 존중받고 사랑받고 있음을 느끼게 하였습니다. 꿈과 희망을 품도록 힘을 주었습니다. 법관으로서 맡은 사건을 그냥 처리하는 데 그치지 않고, 청소년비행, 학교폭력 등의 원인을 탐구·분석하였습니다. 한 사람이라도 올바른 길을 찾을 수 있도록 대안가정을 발굴하고 상담교육기관과 대안학교 개설에 앞장서, 재비행률을 크게 낮추는 의미 있는 성과를 거두었습니다. 최근 우리 법원이 관심을 두고 추진하는 후견적·회복적 사법의 한 모델을 보여주며 몸소 실천하였습니다.

이 책은 저자가 짧지 않은 기간 소년재판을 직접 하는 과정에서 느낀 각종 문제점과 그 해결책을 고민하며 쓴 땀의 결과물입니다. 소년재판의 현장에서 겪은 다양하고 생생한 사례들을 보여주기도 합니다. 소년재판의 실제와 특수성을 이해하고, 비행소년들의 실상과 비행원인을 알아 바람직한 해결책을 모색하는 데 큰 도움이 되리라 생각합니다.

청소년은 우리나라의 미래입니다. 청소년이 건강하고 바르게 성장해야 우리나라의 장래가 밝습니다. 저자의 바람처럼 우리 사회의 비행소년에 관한 관심과 사랑이 커져 모두 건전한 청소년으로 성장할 수 있길 기원하며, 일독을 권합니다.

우성만 창원지방법원장

추천의 말

벼랑 끝에서 비상을 꿈꾸게 한 사람

　어린 조카를 위해 빵 한 조각을 훔친 죄로 19년의 감옥살이를 한 장발장. 가난이 죄를 만들었고 죄보다 더 무거운 벌이 장발장의 인생을 증오로 점철시켜 파멸에 이르게 했지만 그를 품어준 신부님은 장발장을 다시 태어나게 했습니다. 뮤지컬 영화로 우리 앞에 다시 나타난 〈레미제라블〉이 세월을 넘어 감동을 이어가는 것은 다시 태어난 그가 이루어가는 또 다른 구원의 모습이 이 시대가 갈구하는 진정한 가치이기 때문이라 생각합니다.

　재판을 통한 법의 집행은 최후에 강제되는 구속력입니다. 법이 아니면 더 이상 어쩌지 못하는 지경에까지 이른 청소년들에게 천종호 판사의 따뜻한 접근은 법보다 더 높은 곳에 자리한 공감과 감동이었습니다. 덕분에 많은 청소년들이 벼랑의 끝에서 추락이 아닌 새로운 비상을 꿈꿀 수 있게 되었습니다. 참으로 다행스럽고 고마운 일입니다.
　매년 학업중도탈락학생이 늘고 있습니다. 전국적으로 6만여 명, 도내에서만 한 해 3천여 명이 발생하는 학업중도탈락학생들이 천 판사가 만났던 바로 그 청소년들일 수 있다는 생각에 고맙기도 하면서 한편으로는 안타까움이 더해졌습니다. 자의든 타의든 교문을 나서는 학업중도탈락자, 그들은 학생도 아닌 그렇다고 성인도 아닌 우리 사회 어느 곳에도 소속되지 않은 이방인으로 방황하고 있습니다.

2012학년도부터 우리 교육청에서, 도내 전 학교에 대안학교의 대안인 '꿈키움교실'을 열었습니다. 도내에서만 한 해 3천여 명이나 되는 학업중도탈락자를 줄여보기 위한 노력이었습니다.

장발장, 그에게 신부님은 빛이었고 책 속에 등장하는 많은 청소년, 그들에게 천종호 판사 또한 빛이었습니다. 이 순간만 우리가 그들을 외면하지 않는다면 5년 뒤, 10년 뒤에 어떤 모습일지, 그 반대의 경우는 또 어떠할지 우리는 충분히 미루어 짐작할 수 있습니다.

누군가에게 사랑받는다고 느낀다면, 누군가에게 보호받는다고 느낄 수만 있다면, 한계상황에 이르러도 결단코 좌절하거나 두려움에 떨지 않는다고 했습니다. 아직 보호가 필요한 청소년, 그들은 미성숙한 존재입니다.

천 판사의 책을 통해 더 많은 어른들이 청소년들을 위한 보호자로서의 의무를 다할 수 있기를 소원하며 학부모님과 선생님들께 필독을 권해드립니다.

고영진 경상남도교육감

차례

프롤로그
추천의 말

제1부
{ "잘못했습니다, 사랑합니다" }

치유와 회복의 소년법정 ..23

그래요, 소통해야지요 ..28

약해지지 마! ..37

한 아이가 그대를 열심히 사랑합니다 ..45

훔치고 싶은 유혹이 들면 이 지갑을 생각해 ..55

아빠의 마음, 법관의 양심 ..61

풀베개 ..71

30분, 어머니의 가슴은 아프고 ..79

이제 저는 어떻게 해야 하나요? ..86

이제 저를 미워하지 마시고 이뻐해주십시오 ..93

밥 잘 먹었습니다 ..99

어젯밤에 판사님 꿈을 꾸었습니다 ..105

제2부
학교의 위기, 소년의 눈물

마약처럼 습관이 되어버린 ..113

그냥 멋있어 보여서 가입했어요 ..121

나는 모욕감에 학교에 가지 않았다 ..128

내 말을 들어줄 단 한 사람만 있어도 ..137

죽어도 거기에는 안 가요 ..146

반성하고 또 반성해 ..150

남의 눈에 눈물이 나게 하면 ..160

후련함보다는 가슴이 아팠습니다 ..170

꼭 아이를 볼모로 잡아야만 화해를 합니까? ..175

이제 쌤쌤이다 쌤쌤이야, 알았지? ..182

제3부
벼랑 끝의 아이들

비행으로 치닫는 아이들 ..189

네 번의 개명은 누구를 위한 것이었습니까? ..196

애를 우선 소년원부터 데려다 놓으세요! ..201

판사님, 10호처분해주십시오 ..212

형! 우리 어디서부터 잘못됐을까? ..220

이런 엄마 되기를 원했던 건 아니었습니다 ..228

그래, 우리 은갱이 잘되도록 해주래이 ..236

아니에요, 손녀예요 ..241

아니야, 오히려 우리가 미안하다 ..246

{ 제4부 다시, 희망을 찾아서 }

청소년회복센터가 만들어지기까지 ..255

판사님, 이러다가 제 명대로 못 살겠어요! ..265

감사합니다, 감사합니다, 감사합니다 ..272

앞으로 절대 나쁜 짓을 저지르지 않겠습니다 ..278

판사님, 삼계탕 드세요 ..284

집보다 쉼터가 편해요 ..291

엄마라고 부르게 해주세요 ..297

결코 누구도 버려서는 안 된다 ..304

아이구, 명철아. 센터장님 마음 상하시겠다 ..311

우리 아빠야! ..322

경희야, 딴생각 말고 훌륭한 화가가 되자꾸나 ..328

판사가 선생님? ..333

에필로그
격려의 말

일러두기

1. '소년보호재판'은 '소년재판'으로, '소년보호사건'은 '소년사건'으로 표기하였습니다. 소년재판은 벌금형이나 징역형 등 형법상의 형벌을 과하는 '소년형사재판'과 사회봉사를 명하거나 소년원에 보내는 '소년보호재판'으로 나뉩니다. 이 책에 실린 사례들은 모두 소년보호재판에 관한 사례들임을 밝혀 둡니다.
2. 소년법 제32조 제1항 제1호부터 제10호까지 규정된 소년보호처분 중 제1호에 규정된 처분을 '1호처분'으로, 제10호에 규정된 처분은 '10호처분'으로 표기하였습니다. 나머지 처분도 마찬가지입니다.
3. 청소년회복센터 및 청소년쉼터의 이름은 다음과 같이 표기하였습니다. 청소년회복센터에 관한 더 자세한 사항은 홈페이지 http://mansaboy.com 참조 바랍니다.
   열린청소년상담교육센터 → 열린센터, 이레청소년회복센터 → 이레센터, 샬롬청소년센터 → 샬롬센터, 자운영청소년센터 → 자운영센터, 소망청소년회복센터 → 소망센터, 하라단기청소년쉼터 → 하라쉼터, 마야청소년쉼터 → 마야쉼터, 어울림청소년회복센터 → 어울림센터, 두드림청소년회복센터 → 두드림센터
4. '경남아동청소년상담교육센터'는 '경청상담교육센터'로 표기하였습니다.

제1부
"잘못했습니다, 사랑합니다"

#01

치유와 회복의 소년법정

  소년법정이 열리는 날 대기실에는 종일 옅은 한숨과 함께 우울한 기운이 떠돈다.
  처분 전 소년분류심사원에 잠시 위탁되어 있던 아이들은 호송차에서 내려 포승줄에 묶이고 수갑을 찬 채 이곳으로 들어와 대기실 한편에 마련된 철창 안으로 들어간다. 노란 머리의 소녀들 역시 포승줄에 묶여 맞은편 철창 안으로 들어간다. 익숙한 풍경인데도 비좁은 철창 안에 옹송거리며 서 있는 아이들을 바라보는 일은 늘 편치 않다. 보호기관에 위탁되어 있다가 재판을 받으러 온 아이, 부모의 한숨 섞인 한탄에 숨을 죽인 채 고개 숙인 아이, 자신의 처지가 서러운 듯 내내 울먹이는 아이, 어떤 처분이 내려질까 불안한 얼굴로 계속 손톱을 물어뜯는 아이……. 모습은 제각각이지만 자신이 처한 상황을 자각한 듯 하나같이 춥고 어둡고 초조한 낯빛들이다.
  이런 대기실 분위기와 달리 법정 안의 풍경은 사뭇 드라마틱하다.
  뒤늦게 아들의 몸에 새겨진 조직폭력배 같은 문신을 보고 자책감에 혼절한 어머니, 암 투병 중임에도 수척해질 대로 수척해진 몸을 이끌

소년부 판사의 판결은 한 소년의 인생을 좌우할 수도 있습니다.
그렇기에 나는 늘 법정에 들어가기 전 마음을 가다듬고 기도를 합니다.
비행소년 역시 우리들이 관심과 애정으로 보살펴야 할
대한민국의 소년이라는 사실을 잊지 말게 해달라고.

고 나와 아이가 없으면 못 사니 제발 집으로 돌려보내달라고 애원하는 어머니, 자식이 구금되어 있는 동안 식음을 전폐하고 눈물로 보내다가 집으로 데려가라는 판사의 말에 그만 긴장이 풀린 나머지 쓰러져 119 구급차에 실려 가는 어머니, 아들이 정신을 차릴 수 있게 소년원에 보내달라며 냉정한 태도로 일관하다가 '못난 아들 포기하지 마세요, 끝까지 지켜봐주세요'라는 편지 한 구절에 마음이 녹아 선처를 바라는 어머니, 가출하여 원조교제로 생계를 이어가던 딸을 구하기 위해 눈물을 머금고 소년원에 보내달라고 애원하는 어머니가 있는가 하면, 고개를 푹 숙인 채 말 없이 닭똥 같은 눈물만 뚝뚝 흘리다 돌아서는 아버지, 가슴 저 밑바닥에서부터 터져 나오는 통곡을 주체할 수 없어 숨넘어가는 소리로 '아~ 꺼억~ 어~ 꺼억~' 하며 우는 바람에 보는 이 모두를 먹먹하게 하는 아버지도 있다. 그밖에도 아이가 정신을 차릴 수만 있다면 파양신청 등 극단의 방법까지 강구해보겠다며 눈물을 감추지 못하는 사연 많은 양아버지, 아직 신혼인 데다 자신도 비좁은 월세 집에 살면서 비행소년인 동생을 데려다 보살피겠다고 말하는 가슴 따뜻한 형 등 이루 말할 수 없이 다양한 드라마가 연출되곤 한다. 따로 정해진 각본이 없을 뿐 소년법정에서 벌어지는 광경은 드라마보다 더 드라마틱하게 보는 이의 심금을 울린다.

이 안타까운 드라마의 주연이 소년과 그 가족들이라면, 법원 직원(참여관, 실무관, 법정경위), 소년사건 관계자(소년원·비행예방센터 및 보호관찰소 직원, 맡겨지는 소년을 데려가기 위해 온 청소년회복센터 운영자, 위탁보호위원), 법정 방청객들은 드라마가 해피엔딩으로 끝나기를 누구보다 바라며 곁에서 묵묵히 이들을 돕는 조연들이라고 할 수 있다. 그들은 주연이 펼치는 이야기에 몰입되어 아무런 불평 없이 좁고 딱딱한 의자에 앉아 함께 호흡하며 마지막 심리가 끝날 때까지 든든한 버팀목이 되어준다. 준비된 조연 배우들이 드라마의 완성도를 높이는 것처럼 그들의 말 없는 응원과 헌신적인 노력이 있기에 나 또한 지치지 않고 소년들과의 소통에 몰입할 수 있다.

소년법은 용서와 관용을 전제로 한다. 소년보호처분의 근거가 되는 소년법의 주된 목적은 비행을 저지른 소년을 '처벌'하는 데 있지 않고, '환경조정과 품행교정을 통하여 건전하게 육성'시키는 데 있다. 여기에서 '소년의 건전한 육성'이란 소년을 비행 또는 범죄에서 벗어나게 하여 자립적인 사회인이 되도록 돕는 것을 뜻한다. 때문에 소년재판은 여느 일반 재판과는 다른 색채를 띨 수밖에 없다. 먼저, 처벌을 위해 과거의 사실관계를 들추는 대신 소년의 미래를 위해 그의 내면의 문제와 환경적 문제를 해결해줄 수 있도록 소통해야 한다. 그래서 소년법정에서는 얼어붙은 소년들의 마음을 열기 위해 많은 이들이 고군분투하고 있다. 소통 없이는 올바른 판결도, 적절한 치유도 불가능하기 때문이다. 다음으로, 소년의 치유와 회복을 위해서라면 때로는 파격적인 처분도 할 수 있어야 한다. 예를 들어 소년의 인생을 바꿀 수만 있다면 이미 내렸던 처분이라도 바로 그 자리에서 바꿀 수 있는 용기를 가져야 한다. 재판 결과를 번복하는 것이 이상하게 느껴질 수도 있지만, 그로 인해 소년의 앞날이 바뀔 수 있다면 때론 과감한 결단을 내려야 하는 순간도 있기 때문이다.

소년부 판사의 판결은 한 소년의 인생을 좌우할 수도 있다. 그렇기에 나는 늘 법정에 들어가기 전 법복을 입은 채 마음을 가다듬고 기도한다. 비행소년 역시 우리들이 관심과 애정으로 보살펴야 할 대한민국의 소년이라는 사실을 잊지 말게 해달라고, 아집, 편견, 건성에서 벗어나 진정으로 소년들의 소리 없는 외침까지 귀 기울이게 해달라고, 소년들에게 가장 적합하면서도 공정함을 잃지 않는 처분을 내리게 해달라고, 소년들이 나의 처분을 죄에 대한 응보가 아니라 새로운 인생의 전환으로 받아들일 수 있게 해달라고.

그런 다음 마음의 문을 활짝 열고 법정으로 들어간다.

#02

그래요, 소통해야지요

많은 이들이 다양한 문제를 안고 법원을 찾지만 대다수 사람들에게 법원은 여전히 거리가 먼 상징적인 장소이다. 해결하지 않으면 안 될 다급한 문제가 생겼을 때라야 사람들은 비로소 법원을 찾는다. 법원의 기능과 장소성이 그러하기에 이곳에 온 사람들은 이유 여하에 관계없이 모두 법원의 도움을 필요로 하거나 판사의 선처를 바랄 수밖에 없다.

경험해본 사람들은 잘 알겠지만 재판에 관계가 된 사람들은 사건이 종결되기를 기다리며 불안하고 초조한 시간을 보내는 사이 가슴속에 이런저런 응어리를 쌓아가기 마련이다. 간혹 법정에서 소란을 피우는 것도, 막무가내로 떼를 쓰는 것도, 눈물을 흘리며 선처를 바라는 것도 다 마음속에 맺힌 응어리 때문일 것이다.

소통에 대한 정의는 그 방식만큼이나 다양하겠지만 재판에서의 소통은 한마디로 응어리를 푸는 것이라고 할 수 있다. 응어리를 푸는 가장 좋은 방법은 물론 소송에서 이기거나 선처를 받는 등 좋은 결과를 얻는 것이다. 그러나 아무리 결과가 좋아도 그 과정이 개운하지 않거나 석연치 않다면 재판이 끝난 뒤에도 마음 한 켠에 응어리가 남을 수밖에 없다.

이에 대한 가장 효과적인 처방은 재판 과정 중에 하고 싶은 말을 실컷 할 수 있도록 배려하는 것이다. 하지만 실제 현장에서는 시간이 부족해서, 또 표현이 서툴러서, 혹은 긴장이 되어서 등 여러 가지 이유로 하고 싶은 말을 다 하지 못하는 경우가 더 많다. 그러므로 판사는 소송당사자에 앞서 말을 하려고 하기보다는 우선 '경청'과 '청청聽聽', 다시 말해 '잘 듣기 위해' '듣고 또 듣는' 자세를 가져야만 한다. '경청'과 '청청'이야말로 법정 안에서 소통을 이루기 위한 가장 기본적인 전제이자 판사가 지녀야 할 가장 큰 덕목이다. 소통이 원활하게 이루어질 때 비로소 소송당사자들도 재판의 절차와 결과를 납득하고 받아들이기가 쉬워지기 때문이다. 이는 소년재판에서도 마찬가지다.

열일곱 살 현수는 2007년과 2009년에 절도죄로 이미 두 번의 소년재판을 받았다. 그런데 그 뒤로도 다섯 번이나 더 물건을 훔치다 붙잡혀 소년분류심사원에 위탁된 상태에서 다시 재판을 받게 되었다. 현수의 어머니는 현수가 첫돌 무렵에 집을 나가 연락이 두절되었고, 일흔이 넘은 아버지는 건강이 좋지 않아 수술을 기다리는 상태였다.

2011년 5월, 현수에 대한 심리가 있었다. 소년분류심사원의 분류심사서에 현수가 목사와 복음성가 가수가 되기를 희망한다고 되어 있기에 현수에게 물었다.

"목사와 복음성가 가수가 되는 것이 꿈이라고?"
"네."

"그래? 그럼 복음성가 한 곡 불러볼래?"

재판을 받으러 왔다가 느닷없이 노래를 부르라는 주문을 받자 현수는 몹시 당황한 듯했다. 한참을 망설이다 "일반 가요를 부르면 안 되겠습니까?"라고 말하는 현수를 보자 가벼운 처분을 받기 위해 건성으로 목사가 되겠다고 말한 것은 아닐까 하는 생각이 들었다. 그래서 호통을 쳤다.

"목사가 어떤 직업인지 알고는 있는 거냐? 목사와 복음성가 가수가 희망이라면 적어도 언제 어디서나 복음성가 한 곡 정도는 부를 수 있어야 하지 않느냐!"

예상치 못한 호통에 현수는 당황한 눈빛으로 안절부절못했다. 아직 사리판단이 분명하지 않은 아이들에게는 때로 호통이 약이 되는 순간도 있다. 하지만 현수에게는 그런 모습이 그저 무섭게만 비쳤을 것이다.

우물쭈물하며 아무 말도 하지 못하는 현수를 보자 심증이 더 굳어진 나는 현수에게 소년보호처분 중에서 가장 무거운 10호처분을 내렸다. 현수는 뭔가 할 말이 남아 있는 듯 머뭇거렸지만 이내 힘없이 고개를 떨구고 법정을 나갔다.

그런데 그날 오후 6시, 마지막 재판이 끝나고 법정을 떠날 준비를 하고 있을 무렵, 갑자기 쾅 하고 문이 열리더니 양손에 수갑을 찬 현수가 법정 안으로 뛰어들어왔다. 화장실에 간다는 핑계를 대고 철창 밖으로 나왔다가 틈을 타 법정으로 뛰어든 것이었다. 예상치 못한 사태에 누군가 "악" 하고 비명을 지르는 등 작은 소란이 벌어졌다. 하지만 현수는 곧 뒤따라 달려온 법정경위들에게 잡혀 밖으로 끌려나갔다.

다들 놀라긴 했으나 별다른 피해가 없었기에 단순한 해프닝으로 여기며 자리에서 일어서려는데, 건장한 법정경위들에 의해 끌려나가는 현수를 보고 측은한 마음을 도저히 감출 수가 없었던 소년재판 관계자 한 분이 애원하듯이 말했다.

"판사님, 어차피 소년원에 갈 아이인데 무슨 말을 하려 했는지 한번 들어주시면 안 될까요?"

이 말에 아차 싶었다. 늘 '청청'과 '경청'이라는 글자를 마음에 새기며 재판에 임하려 노력하고는 있지만 판사도 사람인지라 간혹 놓칠 때가 없지 않다. 이럴 때 주변에서 그걸 일깨워주는 사람이 있으면 큰 도움이 된다. 나는 현수를 다시 불러들였다.

"하고 싶은 얘기가 있느냐?"

그러자 현수가 울먹거리며 말했다.

"복음성가를 부를 수 있습니다."

이윽고 현수가 떨리는 목소리로 가쁜 호흡을 몰아쉬며 노래를 부르기 시작했다. 눈물에 젖은 아이의 애절한 목소리가 법정에 낮게 울려 퍼졌다.

법정은 일순 숙연해졌고 눈시울을 적시는 분들도 있었다. 그들은 오후 내내 소년들의 안타까운 사연에 눈물을 흘려야 했는데, 그 눈물이 채 마르기도 전에 또다시 현수로 인해 울게 된 것이다.

> 주 나를 사랑하시니
> 고난 중에 잠시 날 버려두신 주의 사랑
> 날 깨뜨리사 마침내 나의 눈물을
> 기쁨으로 변케 하시리라……

그런데 현수는 여기까지 노래한 후 더 이상 노래를 이어가지 못했다. 몸은 긴장한 탓인지 떨고 있었고, 그 떨림 속에서 노래를 중도에 멈춰버린 데 대한 불안함이 배어나왔다.

하지만 부르다 만 현수의 노래에는 자신의 행동에 대한 반성과 함께 사람의 마음을 울리는 진정성이 담겨 있었다. 소란을 피우면서까지 판사 앞에서 노래를 불러야겠다는 현수의 절박함에는 일그러진 삶을 바꿔보겠다는 의지가 강하게 묻어났다.

나는 잠시 생각에 잠겼다. 약속한 노래를 다 부르지 못했다고 다시 10호처분을 내리는 것은 현수에게 너무 가혹할 수도 있겠다는 생각이 들었다. 즉시선고의 위험성도 뇌리를 스쳐 지나갔다. 소년재판은 즉시선고卽時宣告, 다시 말해 심리를 진행한 그날 선고하는 것을 원칙으로 한다. 즉시선고는 그 나름의 장점도 있으나 선고기일을 지정해서 하는 선고에 비해 판사에게 충분히 생각할 기회를 주지 못하는 면이 있다. 소년에게 적합하지 못한 처분을 내릴 가능성이 전혀 없다고 장담할 수 없는 것이다.

고민 끝에 나는 이미 내려진 소년원에 보내는 처분을 거두고 청소년회복센터 중의 하나인 열린센터에 보호를 의뢰하는 1호처분을 내렸다. 미진한 부분은 사회봉사 활동과 2년간의 보호관찰을 받는 것으로 보충하기로 했다. 청소년회복센터는 가정이 해체되었거나 제 기능을 발휘하지 못해 정상적인 양육을 제대로 받지 못하는 보호소년(소년재판을 받은 소년)들을 부모와 가족을 대신해 보살피고 훈육하는 역할을 하는 곳이다. 혈연으로 맺어진 관계는 아니지만 일상적인 가정과 비슷하다는 면에서 대안가정이라고 할 수 있고, 법원의 소년보호처분

법정에서 소년들의 처지를 이해해주고
그들의 숨은 가능성을 알아봐주는 일은
혹독한 겨울을 녹이는 한 줄기 봄기운과도 같습니다.

을 통해 만들어진 공동생활가정이므로 '사법형 그룹홈'이라고 할 수 있다.

불과 몇 시간 사이에 극과 극을 경험한 현수는 그 후 크게 변했을 뿐만 아니라 열린센터에서 성실하게 생활을 해 지금은 누구보다 충실한 삶을 살고 있다.

언젠가 현수와 함께 식사를 할 기회가 있어 그날의 일을 소상히 물어보았다.

"현수야, 그때 왜 그랬니?"

나의 물음에 현수가 대답했다.

"제가 이렇게 비행청소년이 된 것도 늙으신 아버지가 매일 술을 드시는 것도 다 어머니 탓이라고만 생각하며 살아왔어요. 하지만 재판을 받기 3일 전 기도를 하면서 내가 이렇게 된 것은 내 잘못 때문이고 아버지가 매일 술을 드시는 것도 엄마가 아닌 나 때문이라는 생각에 눈물이 너무나 많이 나왔어요. 저는 이 생각을 잊지 않으려고 바로 공책에 적었고, 판사님께도 그런 제 생각을 고백하려고 했어요. 용기를 내기 위해 법원으로 가는 호송버스 안에서 기도도 했구요. 그런데 재판정에서 판사님 앞에 서니까 갑자기 아무 생각도 나지 않는 거예요. 꼭 내가 얼음이 된 것 같았어요."

뜻밖의 요구에 당황해서 쩔쩔매다가 중한 처분을 받고 힘없이 법정을 나가던 현수의 모습이 눈앞에 어른거렸다.

"10호처분을 받고 철창 속에 있을 때는 기분이 어땠어?"

"머리가 하얘졌어요. 그런데 법정을 나와 새장에 들어가 있으니 이

상하게도 웃음이 나왔어요. 친구들이 위로하기에 괜찮다며 웃어넘겼는데 새장 옆에서 한없이 눈물을 흘리시는 불쌍한 우리 아버지가 보이는 거예요. 그때 갑자기 정신이 맑아지는 것 같았어요."

이번에는 그동안 진짜로 궁금해하던 것을 물어보았다.

"법정으로 들어올 용기는 어떻게 가졌어?"

그러자 현수는 다소 상기된 얼굴로 이렇게 말했다.

"재판을 좋게 받고 나가게 되면 정말 착하게 살면서 그동안 못 한 일들을 하고 싶었는데 그렇게 되지 못해 좀 억울했어요. 그래서 재판정에 들어가 하고 싶은 말을 하려고 용기를 냈던 거예요."

"그런데 다시 끌려나갔지. 그땐 마음이 많이 상했겠구나."

"그래도 후회는 없었어요. 옆에 있던 친구들은 그런 저를 욕하고 비웃었지만요. 하지만 결국 이렇게 다 잘됐잖아요."

나는 그사이 몰라보게 의연해진 현수가 내심 대견하다는 생각이 들었다.

"앞으로 잘할 거지?"

"네, 제게 한 번 더 기회를 주셔서 정말 감사드려요. 이제 기타도 열심히 배우고 노래도 열심히 배울 거예요. 그래서 복음성가 가수가 되어 남들에게 용기와 희망을 전하고 나 같은 아이들에게도 할 수 있다는 자신감과 꿈을 심어주고 마음의 평안을 조금이나마 전해주고 싶어요. 지금의 나처럼 될 수 있다고 말해주고 싶어요."

방황의 시기를 잘 넘긴 현수는 지금 청소년회복센터 중의 하나인 소망센터에 거처를 두고 회사에 취직하여 직장생활을 잘하고 있다.

얼마 뒤면 정직원이 된다며 돈을 모아 아버지도 모셔오고 공부도 더 해서 원하는 복음성가 가수가 되겠다는 꿈에 부풀어 있다.

만일 그때 법정으로 뛰어들어온 현수에게 건방지다며 말할 기회를 주지 않은 채 소년원에 보냈다면 지금 현수는 어떻게 되었을까? 2년간의 소년원 생활을 마친 후 현수가 더 나쁜 길로 접어들었다면 어쩔 뻔 했는가? 내 마음 역시 편치 않았을 것은 분명하다. 현수 또한 나에 대한 원망으로 마음속에 평생 응어리를 안고 살아가고 있을지도 모른다.

아집, 편견, 건성 등과 같은 마음의 장벽은 재판, 특히 소년재판에서 버려야 할 독이다. 그래서 소년재판에 임할 때마다 이러한 장벽을 허물고 열린 마음이 되고자 하지만 그것은 말처럼 쉬운 일이 아니다. 판사가 아집, 편견, 건성에 몰입되어갈 때 거기에서 벗어나게 할 수 있는 경종을 누군가가 쳐주어야 한다. 그런 의미에서 현수의 말에 귀 기울일 수 있도록 상황을 만들어주고 현수로 하여금 인생의 전환점을 맞게 해준 그분께 마음 깊이 감사드린다.

#03
약해지지 마!

　소년재판이 열리는 날이면 하루 종일 자리에서 일어서지도 못하고 심지어 물 한 모금 마시지 못할 때가 많다. 바쁜 일정 탓이기도 하지만 되도록 소년들과 좀 더 많은 시간을 보내고 싶어서이다. 이곳에 온 소년들과 소통하기 위해서는 그들의 미세한 눈짓이나 몸짓, 이해할 수 없는 말투나 거슬리는 행동 하나도 무심하게 넘기지 말아야 한다. 건강한 방식으로 세상과 소통해본 경험이 부족한 아이들이 많기 때문에 관심과 애정을 가지고 세심하게 살펴야만 이들이 보내는 마음의 신호를 읽을 수 있다.

　즉시선고를 해야 하는 소년재판을 할 때 법정에서의 소통은 매우 중요하다. 소통 여하에 따라 소년의 인생에 변화의 계기를 마련해줄 수도 있고, 재판 중에도 그런 사례를 많이 경험하였다. 그런데 여기에서 주의해야 할 것은 소통의 방식이다. 소년들은 아직 미성숙한 면이 많기 때문에 판사나 어른의 눈높이에 맞추어 다가가려고 하면 소통에 실패할 확률이 많다는 것이다. 그래서 소년들을 훈계할 때 나는 비교적 단순하고 쉬운 말을 골라 사용한다. 또 이성적이고 합리적인 방식보다는 유치하더라도 감성을 자극하는 방법을 주로 쓰는 편이다.

아이들이 사용하고 있는 은어를 알아두는 것도 꽤 도움이 된다. 감겼다(사기 등을 당하다), 삥 뜯다(돈이나 물건을 뺏다), 째다(도망가다), 쩐다(대단하다), 코 뚫다(성교하다), 커버치다(막아주거나 뒤집어쓰다) 등이 자주 사용되는 표현들인데, 아이들은 판사가 자신들이 사용하는 은어를 잘 알고 있다는 사실에 무척 신기해하면서 친근감을 갖기도 하고, 한편으로는 두려워하기도 한다.

또한 필요할 때는 호통도 동원한다. 나는 소년들이 가장 무서워하는 사람이다. 껄렁하던 녀석들도 내 앞에선 늘 극도로 긴장한 채 얌전히 판결을 기다린다. 그런 모습을 보고 있노라면 아무리 거친 행동을 했다 한들 역시 아이들일 뿐이라는 생각에 슬며시 웃음이 나오기도 하지만 짐짓 아닌 척 호통을 칠 때가 더 많다. 그래서 한때는 '호통대장'이라는 별명을 얻은 적도 있다.

호통에 대해 반감을 가진 사람들도 있겠지만 내게는 그것 역시 소통의 한 방식이다. 사건당 할애되는 시간이 터무니없이 부족하다 보니 짧은 시간을 이용해 소년과 보호자에게 조그만 깨우침이라도 주려면 호통을 칠 수밖에 없다. 일종의 '죽비소리' 효과인 셈이다.

요즘 세상에 판사가 법복을 입고 쩌렁쩌렁 호통을 치는 모습은 다른 법정에서는 보기 힘든 낯선 광경이다. 하지만 다행히도 방청객들이 이를 이해하고 '호통치료'라는 이름까지 붙여준 데다 소년들 중에는 호통을 실컷 맞고 나서 마치 아버지한테 사랑의 질책을 당한 것 같아 오히려 속이 후련해졌다고 고백하는 아이들도 있으니 고맙고 과분할 따름이다. 재판을 방청한 분이 "제대로 된 어른에게 강하게 지적받고 야단맞는 경험을 했다면 녀석들이 자신을 돌아봤을 텐데…… 여기까지 오지 않았을 텐데……. 늘 마음속에 담고 있는 지침 '따뜻하면서 엄격하게'가 떠올랐습니다."라며 진심을 담아 아이들을 야단치는 어른들이 점점 사라져가는 세태에 대한 안타까움을 호소한 편지를 보내온 일도 있었다.

그런데 놀라운 것은 호통을 치면 신기하게도 적대적이라고 할 만큼 평소 사이가 나빴던 소년과 보호자가 순식간에 하나로 묶이게 된다는 점이다. 소년들은 자신 때문에 부모가 판사에게 야단을 맞는 것을 보면 죄책감과 더불어 본능적으로 부모의 편이 되곤 한다. 그러는 사이 서로 부모 자식 간의 정이 되살아나 일체감을 형성하는 계기가 되니 꼭 부드럽게 대하는 것만이 능사는 아닌 것 같다.

하지만 부작용도 만만치 않다. 재판을 마치고 나면 목이 쉬는 등 이삼일가량은 쉬어야 회복될 정도로 온몸이 파김치가 되기 때문이다. 그러나 이렇게라도 하지 않으면 소년들에 대한 마음의 짐을 덜 수가 없기 때문에 계속 하지 않을 수 없다. 특별한 경우 이따금 판사실에서 재판을 하기도 하는데 그런 날은 대체로 시간이 넉넉하게 확보되어 있기 때문에 호통을 치지 않고도 재판을 진행할 수 있어 몸도 마음도 무척 편하다.

사람들은 대개 판사를 엄숙한 훈계의 말을 하는 사람으로 여긴다. 그러나 법정에서 하는 훈계의 말은 그렇지 않아도 잔뜩 긴장하고 있는 소년과 그 가족들에게 잘 전달되지 않기 때문에 나는 가급적 아끼는 편이다. 대신 꼭 훈계를 해야 할 경우에는 그들의 상황에 맞는 시나

엄하게 나무라기도 하고 호통도 치지만
늘 따뜻함을 잃지 않고 소년들과 만나려 합니다.
소년들이 법정에서 새로운 희망을 발견할 때
뿌듯한 기쁨에 저절로 흐뭇한 미소가 지어집니다.

격언 등을 직접 낭독하도록 시킨다. 필요한 경우에는 소년이나 가족이 직접 쓴 편지나 시를 낭독하게 하거나 아이들에게 친숙할 법한 인기 드라마 주제가를 상황에 맞게 개사해 읽히기도 한다. 처음에는 대부분 당황하거나 몹시 어색해하면서 좀처럼 마음의 문을 열지 않으려 들지만 일단 시를 다 읽고 나면 눈빛과 표정이 달라져 있는 것을 발견할 때가 많다.

열다섯 살인 종수는 선천적 우안 실명이라는 장애를 가지고 있다. 오른쪽 눈이 보이지 않는 것이다. 담배를 사기 위해 친구인 피해자에게 주민등록증을 빌려달라고 하였으나 거절당하자 피해자를 만나 따졌고, 그러던 중 싸움이 벌어지자 자신의 남은 눈을 지켜야겠다는 생각에 과도로 친구의 팔과 등을 찔러서 소년재판을 받게 되었다. 종수는 이 사건 외에는 비행 전력이 전혀 없었다.

신체장애가 영향을 끼쳤는지는 모르겠으나 종수는 잠시도 가만히 있지 못하고 안절부절못했다. 특히 갈등이나 분노 상황에서는 물건을 던지거나 부수고 사람을 때리는 등의 공격적인 행동을 하고, 깊이 생각하지 않고 충동적으로 행동하는 등 심리적으로 매우 불안정한 상태를 보이고 있었다. 그 사건도 이러한 심리상태가 크게 작용한 것으로 보였다.

종수에 대한 심리를 열었다.

종수는 자신의 잘못을 매우 깊이 반성하고 있었고 피해자에 대한 치료비와 위자료를 지급하고 사과하는 등 원만히 합의하였으며 이 사건으로 다니던 학교도 그만둔 상태였다. 그러나 이러한 점을 모두 감안한다고 해도 비행내용이 무거웠기 때문에 처분을 내리지 않을 수 없었다. 그래서 종수에게 1년간 보호관찰을 받는 것 등을 조건으로 보호자에게 보호를 의뢰하는 처분을 내렸다.

하지만 처분과는 별도로 신체적 결함으로 인해 심리적 고통을 겪고 있는 종수를 위로해주고 싶었다. 어떤 말로 위로하고 격려해줄까 고민하다가 종수와 종수 어머니에게 일본의 할머니 시인 시바타 도요의 시 「약해지지 마」와 「아들에게」를 함께 낭독하게 하였다.

있잖아, 불행하다고 한숨짓지 마. 햇살과 산들바람은 한쪽 편만 들지 않아……

힘에 겨운 일 생기면 엄마를 떠올리렴. 다른 이와 맞서 싸우면 안 돼. 훗날 자신이 미워진단다……

시를 읽어나가던 종수와 그의 어머니는 누가 먼저랄 것도 없이 흐느껴 울기 시작했다. 시 낭독이 끝난 뒤 종수의 눈빛은 처음 법정에 들어섰을 때보다 한결 부드러워져 있었다. 처분 이후 모자는 법정 밖의 길거리에 앉아 오랫동안 서로를 부둥켜안고 울었다고 한다.

이제 막 마음의 빗장 하나는 열렸지만 종수의 재비행을 예방하기 위해서는 넘어야 할 산이 하나 남아 있다. 바로 종수의 정신적·심리적 문제다. 이것은 쉽게 치유될 수 있는 부분이 아니기 때문에 더 많은 시간과 인내를 가지고 풀어나가야 한다. 종수가 하루빨리 마음의 상처를 치유하고 건전한 보통의 청소년이 되기를 바라며 마음속으로 응원을 보냈다.
 '종수야 힘내! 약해지면 안 돼!'
 종수의 어머니를 포함한 이 시대의 모든 어머니들 역시 자신들의 아들에게 마음으로 응원을 보내고 있을 것이다.

    아들아, 난 너에게 말하고 싶다
    인생은 내게 수정으로 된 계단이 아니었다는 걸
    계단에는 못도 떨어져 있었고
    가시도 있었다
    그리고 판자에는 구멍이 났지
    바닥엔 양탄자도 깔려 있지 않았다
    맨바닥이었어

    그러나 난 지금까지
    멈추지 않고 계단을 올라왔다
    층계참에도 도달하고
    모퉁이도 돌고
    때로는 전깃불도 없는 캄캄한 곳까지 올라갔지

    그러니 아들아, 너도 돌아서지 말아라
    계단 위에 주저앉지 말아라
    왜냐하면 넌 지금
    약간 힘든 것일 뿐이니까

너도 곧 그걸 알게 될 테니까
지금 주저앉으면 안 된다

왜냐하면 애야, 나도 아직
그 계단을 올라가고 있으니까
난 아직도 오르고 있다
아들아, 인생은
수정으로 된 계단이 아니란다

「엄마가 아들에게 주는 시」, 랭스턴 휴즈

#04

한 아이가 그대를 열심히 사랑합니다

　소년재판을 하면서 깊이 실감하는 것은 우리 사회의 가정해체 문제가 생각 이상으로 심각하다는 것이다. 비행을 저지르고 이곳에 온 소년들의 경우 가족 구성원이 온전히 갖추어져 있는 경우가 적고 편모, 편부, 조모, 조부, 형제자매, 혹은 친척 집에 얹혀 있는 경우 등 결손 가정의 아이들이 많다. 또 겉보기에 온전한 형태의 가정이라 해도 부모와의 관계가 원만하지 못한 경우가 대부분이다. 부모에 대하여 반항심을 갖고 있는 비행소년들도 많은데, 특히 아버지의 폭력에 대해 극도의 증오심을 가진 아이들이 많다. 반대로 자식에 대해 진절머리를 내는 부모도 있다. 법정에서 뺨을 때리는 아버지를 노려보며 "그래, 더 때려봐라."라며 고함을 치는 소년도 있었다. 비행의 가장 큰 원인이 가정의 불화나 해체에 있음을 가감 없이 보여주는 장면이자, 부모 자식 관계의 회복, 다시 말해 가정의 회복이 비행소년의 교정에 있어 무엇보다 중요하다는 것을 역설적으로 말해주는 순간이다.
　얼핏 막장드라마 같은 형국을 보일 때도 있지만 그래도 소년법정은 뿔뿔이 흩어져 있던 가족이 모이는 장이 된다. 직장 때문에 다른 지역에 거주하고 있던 부모가 자식이 걱정이 되어 달려오거나 이혼해서 따로 살던 아버지, 어머니가 자식이 재판을 받게 되었다는 소식을 듣고 법정으로 달려오기도 한다. 남편의 방해로, 혹은 이혼 후 남편이 무서워 아이들을 만나지 못하던 어머니가 자식이 걱정도 되고 보고도 싶어 출석하기도 한다. 소년들은 법정에서 오랫동안 만나지 못했던 아버지, 어머니를 만나게 되면 반갑고도 원망스러운 마음에 감정이 북받쳐 어쩔 줄 모른다. 그래서 나 또한 언제 다시 가족이 한자리에 모이게 될지 모르는 이 순간을 소중하게 여겨 소년과 가족, 특히 부모와의 관계회복의 출발점이 될 수 있도록 적극 활용하고자 애쓰고 있다. 하지만 할애할 시간이 너무나도 빠듯하여 늘 안타까울 뿐이다.

    결자해지結者解之라고 했다. 근본 원인이야 어찌되었든 일단 부모와 가족에게 심려를 끼치고, 사회에 물의를 일으킨 것은 소년 자신이다. 그래서 나는 늘 소년들에게 부모와 가족을 향해 꿇어앉아 '어머니, 아버지 잘못했습니다. 다시는 그러지 않겠습니다'를 열 번씩 외치게 하거나 '어머니, 아버지 사랑합니다'를 열 번씩 외치게 한다. 소리가 작거나 형식적이라고 생각될 때는 '마음에 진심을 담아 다시 열 번 더 외쳐라'하고 호통을 치기도 한다. 이때 난생처음으로 부모에게 '사랑합니다'란 말을 해봤다는 소년들도 많다.

    반복의 효과는 생각보다 크다. 밖으로 돌던 말이 소년의 마음속으로 들어가는 것이 느껴진다. 얼떨결에 한 번, 두 번 외치다 보면 자기도 모르는 사이 가슴에서 무언가가 올라와 소년을 울컥하게 만들고, 이를 듣고 있는 부모의 마음도 울리게 만든다. 특별한 경우에는 부모로 하여금 소년을 향해 마주 꿇어앉게 하여 '애야, 내가 잘못했다. 용서해라'를 열 번씩 외치게 한다. 그런 뒤 소년과 부모를 껴안게 하는데 그럴 때면 대부분 서로 부둥켜안고 울음을 터트린다. 법정이 떠나가라며 엉엉 소리 내어 우는 가족도 있다. 울음으로 공명하면서 관계회복의 출발점에 서게 되는 것이다.

그 순간 법정도 순식간에 눈물로 공명한다. 이러한 광경을 담담하게 방청하고 있을 사람은 아무도 없다. 소년법정의 사람들은 재판 도중에 펼쳐지는 다양한 사연을 보며 말할 수 없는 감정에 휩싸인다. 소년들과 그 가족들의 애환에 종일 눈물을 흘리다 눈이 퉁퉁 부은 분들도 계시고, 아픈 사연에 가슴으로 통곡하는 분들도 계신다. 이분들의 공통적인 느낌은 한마디로 말하자면 '안타까움'이다. 그 때문인지 소년법정을 방청한 이후 비행소년에 대한 혐오감이 크게 줄었다는 분들이 많다.

소년재판을 보며 지나간 삶을 되돌아보는 분들도 있다. 어느 날 재판을 진행하고 있는데 방청객 한 분이 서둘러 밖으로 뛰어나가는 것이 눈에 들어왔다. 재판을 다 마친 후 왜 그렇게 나가셨느냐고 물으니, 재판 방청 중에 문득 돌아가신 부친의 말씀이 생각나서 법정 밖으로 나와 한참동안 하염없이 울었다고 하였다. 그분이 한창 말썽을 부릴 때 선친은 이렇게 말씀하셨다고 한다.

"이노무 손아. 니도 커서 니 같은 놈을 낳아봐야 내 마음을 이해할 수 있을 게다."

어느 분은 "내 자식이 아무 탈 없이 커준 것에 감사를 하지 않을 수 없었다."라고 말씀하셨는데, 그런 분들도 의외로 많았다.

이와 같이 내가 꾸리는 소년법정은 판사, 소년과 가족, 법정에 출석한 사람 모두가 함께 호흡한다는 데 특징이 있다. 소년재판의 심리는 일반 재판과는 달리 소년의 사생활 보호 등을 고려하여 원칙적으로 공개하지 않는다. 단, 판사가 적당하다고 인정하는 자에게는 재석在席을 허가할 수 있다. 내가 소년재판의 방청을 적극적으로 허가한 이유는 단 한 가지, 비행소년들의 실상을 사회에 알리기 위해서였다. 아무도 관심을 가지지 않는 소년재판 업무를 담당한 이후 비행소년들이 처한 열악한 상황을 알릴 수 있는 방법이라고는 소년법정을 통해 직접 보호소년들의 애환을 체감하게 하는 것밖에 없었기 때문이었다. 그런데 제한적이긴 했지만 법정의 개방은 큰 반향을 불러일으켰다.

최근에는 일반 시민들뿐 아니라 판사들과 법원 직원들도 법정을 방청하러 온다. 나의 소년법정 방청은 어떤 분의 말씀처럼 소년 관련 일을 하는 분들의 순례 코스처럼 되었다. 어찌 되었든 많은 분들이 법정을 방청하고 열악한 소년들의 실상을 이해해주시니 감사할 따름이다.

열여섯 살인 선주는 아이들이 자신을 험담하고 다녀 그들을 폭행하고, 친구들과 함께 가게에서 화장품을 훔쳤다는 등의 이유로 소년재판을 받게 되었다.

선주는 이 사건 외에는 소년보호처분을 받은 전력이 없었다. 그럼에도 보호관찰소에서는 아이의 폭력성이 심한 점과 기타 사정에 비추어볼 때 6개월간 소년원에 보내는 9호처분을 내리는 것이 좋겠다는 의견을 제시하였다. 9호처분은 열 가지 소년보호처분 중 2년간 소년원에 보내는 10호처분 다음으로 무거운 처분이다. 그런데, 단순 폭행과 절도밖에 없는 선주의 비행에 대해 9호처분을 내려달라는 의견은 통상적으로 제시되는 것이 아니었기에 특별한 사정이 없는 한 받아들이기가 어려웠다. 그래서 보호관찰소가 제출한 결정전 조사서를 한 번 더 자세히 읽어보았다. 거기에는 다음과 같은 내용이 적혀 있었다.

선주에게는 남동생이 한 명 있었는데 어릴 적에 식중독으로 사망하였다. 아들의 죽음에 충격을 받은 선주 아버지는 아들이 죽게 된 것이 모두 부인 때문이라고 여기고 부인과 선주에게 폭력을 행사하기 시작하였고, 슬픔을 달래기 위해 술에 의존하다 보니 알콜의존증까지 갖게 되었다. 선주 아버지의 주사와 폭력은 당시까지도 계속되고 있었다.

선주는 동생의 죽음으로 인한 충격과 아버지의 폭력에 대한 반항심으로 초등학교 때부터 어긋나기 시작하여 음주와 흡연을 예사로 하고 외박도 서슴지 않았으며, 특히 임신을 하였다가 낙태까지 한 적이 있었다. 이 사건 역시 이러한 일련의 방황 속에서 발생한 것이다. 결국 선주가 비행을 저지른 가장 큰 원인은 아버지의 폭력으로 인한 가정문제에 있고, 그러한 폭력에 장기간 노출되다 보니 자신도 폭력성을 지니게 되었다고 볼 수 있었다. 선주의 생활태도와 폭력성, 가정환경 등을 모두 고려한다면 9호처분을 내리는 것도 그의 장래를 위해 옳을 수도 있겠다는 생각을 하며 사건에 대한 기록 검토를 마쳤다.

2010년 12월, 선주에 대한 심리를 열었다.

법정에는 선주와 선주 어머니만이 출석해 있었다. 선주의 재비행을 막기 위해 가장 시급한 것은 가족과 아버지와의 관계회복이라는 생각이 들었기 때문에 선주 아버지의 불출석에 안타까운 마음이 들었다. 그래서 선주에게 반성의 기회를 주는 한편, 어떤 처분이 적합한지를 생각하기 위해 일단 소년분류심사원에 임시위탁하기로 하였다. 그런 다음 선주 어머니에게 2주 뒤에 다시 재판을 할 것인데 그때는 꼭 남편과 함께 오시라고 당부를 하였다.

2주 뒤 선주에 대한 심리가 다시 열렸다.

그러나 선주 아버지는 여전히 법정에 출석하지 않았다. 그에게 당부할 말이 있었기에 아쉬웠으나 도리가 없었다. 보호관찰소의 의견과는 달리 소년분류심사원의 심사 보고서에는 선주를 부모에게 되돌려 보내도 좋다고 되어 있고, 일반 형사사건에서의 국선변호사에 해당하는 국선보조인도 같은 의견을 제시하기에 선주에게 단단히 주의를 준 뒤 보호관찰을 조건으로 부모에게 보호를 의뢰하는 처분을 내렸다. 하지만 마음 한편에는 선주 아버지가 법정에 출석했으면 좋았을 것이라는 미련이 남았다. 그런데 선주는 그로부터 얼마 못 가 10여 차례의 상습절도로 또다시 소년재판을 받게 되었다.

2011년 4월에 다시 심리가 열렸다.

종전과 마찬가지로 선주와 그의 어머니만 법정에 출석해 있었고, 여전히 아버지의 모습은 보이지 않았다. 선주 아버지가 참석하지 않은 상태에서 선주에 대한 처분을 내리는 것은 선주에게도 가족에게도 아무런 도움이 되지 않는다는 생각이 들어 아버지를 소환하기 위해 기일을 3주 뒤로 연기하고 어쩔 수 없이 선주를 다시 소년분류심사원에 임시위탁시켰다. 그러면서 선주 어머니에게 다음 기일에는 반드시 남편과 함께 오라고 신신당부하였다.

3주 뒤 선주에 대한 심리가 다시 열렸다. 선주를 부르니 부모와 함께 법정으로 들어왔다. 오래 버티던 선주 아버지가 마침내 법정에 나오자 고맙기까지 하였다.

국선보조인의 의견을 충분히 들은 다음, 선주 아버지에게 말했다.

"아버님, 당신의 마음만 아픈 게 아닙니다. 따님과 부인께서도 함께 아픕니다. 부인은 아들의 죽음에 대한 죄책감, 딸의 방황, 아버님의 좌절한 모습 때문에 우울증을 앓고 있습니다. 따님도 동생의 죽음과 아버님의 폭력에 갈피를 잡지 못하고 방황하고 있습니다. 따님과 부인은 당신이 바로 서기를 간절히 바라고 있습니다."

나는 선주의 아버지에게 드라마 배경 음악이었던 〈그 남자〉라는 노래의 가사를 '그 아이'로 바꾸어 읽도록 하였다.

한 아이가 그대를 사랑합니다
그 아이는 열심히 사랑합니다
매일 그림자처럼 그대를 따라다니며
그 아이는 웃으며 울고 있어요

얼마나 얼마나 더 너를
이렇게 바라만 보며 혼자
이 바람 같은 사랑 이 거지 같은 사랑
계속해야 네가 나를 사랑하겠니

그 아이는 성격이 소심합니다
그래서 웃는 법을 배웠답니다
친한 친구에게도 못하는 얘기가 많은

       그 아이의 마음은 상처투성이

       그래서 그 아이는 그댈
       널 사랑했대요 똑같아서
       또 하나 같은 바보 또 하나 같은 바보
       한번 나를 안아주고 가면 안 돼요

       난 사랑받고 싶어 그대여
       매일 속으로만 가슴 속으로만
       소리를 지르며 그 아이는 오늘도
       그 옆에 있대요

 선주 아버지는 가사를 읽어나가는 도중 딸의 마음이 이해가 되었는지 흐느껴 울기 시작했다. 그러자 옆에서 듣고 있던 선주 모녀도 함께 울음을 터뜨렸다. 낭독이 끝난 뒤 나는 선주에게 부모님을 향하여 꿇어앉으라고 한 다음 '부모님 사랑합니다. 다시는 그러지 않겠습니다'를 열 번 반복하게 하였다.
 선주는 법정 바닥에 꿇어 앉아 눈물로 "부모님 사랑합니다. 다시는 그러지 않겠습니다."를 반복하여 외쳤고, 이를 지켜보던 선주 부모는 고개를 떨구고 흐느꼈다.
 선주의 외침이 끝난 뒤 나는 선주 아버지에게도 꿇어앉아 '여보, 선주야. 아빠가 잘못했다. 용서해라'를 열 번 외치게 하였다. 그는 선주를 향하여 허물어지듯 마주 꿇어앉더니 작은 목소리로 흐느끼며 "여

소년과 부모는 부둥켜안고 울음을 터트립니다.
법정이 떠나가라 엉엉 소리 내어 웁니다.
서로 울음으로 공명하면서
관계회복의 출발점에 서게 되는 것입니다.

보, 선주야. 아빠가 잘못했다. 용서해라."를 반복했다. 아들의 죽음으로 인한 마음의 상처 때문에 스스로의 감정을 조절하지 못하고 있지만 선주 아버지가 태생적으로 폭력적인 사람은 아닌 것 같아 보였다.

그러자 서서 듣고 있던 선주 어머니도 스스로 바닥에 꿇어앉아 딸과 남편을 끌어안고 울기 시작하였다. 선주 가족은 한동안 그렇게 서로를 부둥켜안고 울었고, 법정에 있는 다른 분들도 선주 가족과 함께 울어주었다. 길지 않은 시간이었지만 울음으로 모두가 공명한 감동적인 순간이 아닐 수 없었다.

선주 가족이 함께 부둥켜안고 눈물 흘리는 모습을 보니 관계회복의 작은 싹이 움트는 것 같아 비로소 마음이 놓였다. 보호관찰소에서는 선주를 소년원에 보낼 것을 건의했지만 그랬다가는 이제 막 회복되기 시작한 가족관계를 어그러지게 할 우려가 있고, 그로 인해 선주가 바로 설 수 있는 기회를 잃을 수도 있으리란 판단에 보호관찰을 조건으로 하여 부모의 품으로 돌려보냈다. 선주는 지금까지 보호처분을 위반하거나 재비행을 하지 않고 잘 생활하고 있다.

재판을 통해 관계회복의 실마리가 풀리기도 하지만 가족관계가 정상적이라고 할 정도로 회복되기까지는 더 많은 시간과 노력이 필요하다. 관계회복을 위한 노력이 지속적으로 이루어질 수 있도록 무료로 가족 상담을 받게 하는 등 사회적 지원이 절실하다. 가족의 해체는 사회적 환경과 무관하지 않을 뿐 아니라 결국 사회적 비용의 증가로도 이어지기 때문이다.

#05

훔치고 싶은 유혹이 들면 이 지갑을 생각해

　열여덟 살 금희와 열다섯 살 은희는 자매다. 둘은 편의점에서 돈을 훔치다 소년재판을 받게 되었다. 그동안 남의 물건을 수십 차례 훔쳤으나 형사사건으로 입건이 되기는 이번이 처음이었다.
　금희, 은희의 어머니는 언니인 금희가 일곱 살 무렵 이혼 뒤 얼마 안 가 재혼하여 딸들과의 관계를 끊기를 원했고, 아버지는 홀로 두 딸을 키우다가 금희가 열세 살 무렵 길거리에서 동사하였다. 아버지가 돌아가신 후 갈 곳이 없던 자매는 이모 집, 고모 집, 쉼터 등을 전전하다가 사건 당시에는 일정한 거처 없이 찜질방이나 모텔 같은 곳을 떠돌며 생활하고 있었다. 주변의 보살핌을 제대로 받지 못하고 도덕적 통제도 받지 못한 채 성장해가던 자매는 배가 고프거나 필요한 게 있으면 남의 것을 훔쳤고, 이것이 습관이 되어 죄의식 없이 상습적으로 절도를 저지르는 지경에까지 이르렀다.

　2011월 7월, 금희, 은희에 대한 심리가 열렸다.
　고모가 보호자로 법정에 출석하였다. 그동안 조카들이 비행을 저지를 때마다 뒷수습에 나섰던 고모였지만 이번만큼은 태도가 달랐다.

"판사님, 저는 정말 쟤들 도벽 때문에 진절머리가 납니다. 부모 없는 아이들이 불쌍하기는 해도 저희도 형편이 좋지 않아 저 아이들을 맡을 수가 없습니다."

"그럼 어떻게 했으면 좋겠습니까?"

"차라리 소년원으로 보내주세요."

고모는 지치고 힘들어 보였다. 자기 자녀를 키우기에도 형편이 어려운데 도벽이 심한 조카들까지 돌보다 보니 가정생활도 엉망이 되고 그로 인해 시댁과 남편의 눈치를 보느라 마음고생을 많이 한 것 같았다.

"고모님 입장도 충분히 이해합니다. 하지만 이 아이들을 무조건 소년원에 보내는 것도 최선은 아닙니다. 무엇이 아이들의 장래를 위해 나은 방법인지 조금 더 고민을 해봐야겠습니다. 고모님께서도 힘드시겠지만 한 번만 더 생각해주십시오."

그런 다음 심리를 20여 일 뒤로 미루고 그동안 아이들이 충분히 반성하고 변화되기를 바라는 마음으로 소년분류심사원에 임시위탁시켰다.

그리고 며칠 뒤 업무차 부산소년원에 들렀다가 금희, 은희를 잠시 만났다. '오륜정보산업학교'라는 명칭의 부산소년원은 부산 금정구 산자락에 위치하고 있다. 겉으로 보기에는 일반 학교와 다름없이 보이지만 각 창문마다 굵은 쇠창살이 설치되어 있는 것이 이곳의 성격을 잘 말해준다. 소년분류심사원은 부산소년원 안에 있다.

금희와 은희는 규칙에 얽매인 그곳 생활이 몹시 답답한지 어서 나가기만을 바라는 눈치였다. 게다가 자신들이 받게 될 처분에 대해서는 걱정을 하지만 비행에 대해서는 진지한 반성을 하는 것 같지 않았다. 안타까운 마음이 들었지만 어린 시절부터 방치되어 자란 아이들이기에 단 며칠 사이에 변화된 모습을 기대하는 것은 욕심이라 생각하며 소년원을 나섰다.

그로부터 얼마 후 금희, 은희에 대한 심리기일이 다시 잡혔다.

아이들이 상습적으로 절도를 하는 주된 원인은 경제적 곤궁 때문이었다. 친지들도 가정 형편이 어려워 아이들을 충분히 도와줄 수 없기에 이대로 돌려보내면 재비행은 불 보듯 뻔한 일이었다. 더구나 소녀들의 경우 가출하게 되면 숙식비용을 마련하기 위해 원조교제를 하는 경우가 많은데, 어른들의 보살핌을 제대로 받지 못할 금희와 은희가 그렇게 할 가능성이 전혀 없다고 볼 수도 없었다. 이런 점들을 고려하면 아이들을 고모의 품으로 돌려보내는 것은 적절한 처분이 아닐 수도 있었다. 그렇다고 이 정도의 비행으로 소년원에 보내는 것도 너무 가혹한 처사였다. 같은 비행을 저지른 아이들과 형평에 맞지 않을 뿐만 아니라, 소년원에서 학업을 마치고 기술을 배울 수 있다 해도 오히려 비행 수법을 배워 더 심한 범죄를 저지를 우려도 있었기 때문이다.

결국 오래도록 고심한 끝에 그래도 소년원에 보내기보다는 사회로 돌려보내는 것이 나을 것이라는 생각이 들었다. 그렇지만 그냥 돌려보낼 수는 없었다. 법정에서 아이들이 반성할 만한 무언가를 해주고 싶어 몇 가지 아이디어를 짜냈지만 유치하다는 생각에 쉽게 결정을 내리지 못하였다. 심리가 열리는 날까지도 자매에 대한 생각이 내 머릿속을 떠나지 않았다.

심리기일이 되었다. 나는 궁리 끝에 판사실의 주임에게 부탁하여 지갑 두 개를 구입해달라고 부탁하였다. 그리고 심리가 시작되기 전 두 개의 지갑에 같은 액수의 돈을 넣어 법정에 가지고 들어갔다. 때마침 자매의 사건을 맡은 국선보조인이 하동에 계신 스님이 아이들을 보살펴주실 수 있다고 하기에 어찌나 다행스럽던지 마음이 한결 편해졌다.

나는 금희와 은희에게 2년간의 보호관찰을 조건으로 스님의 보호를 받도록 하는 처분을 내렸다. 그런 다음 아이들에게 준비한 지갑을 건네주었다.

"금희야, 은희야. 이제부터는 아무리 어렵더라도 절대 남의 물건에 손을 대서는 안 된다. 혹시 훔치고 싶은 유혹이 들 때면 이 지갑을 생각해, 알았지? 그리고 돈이 떨어지면 판사님에게 꼭 연락해. 그러면 판사님이 다시 채워줄게. 그리고 다시는 이 법정에 와서는 안 된다."

아이들은 지갑을 받아들고 잠시 나를 바라보았다. 이 상황이 낯설고 어색한지 흔들리는 눈빛이었다. 그 눈 속에 담겨있던 복잡한 감정이 무엇이었는지 나는 모른다. 나는 다만 부모로부터, 사회로부터 따뜻한 온기를 받아보지 못하고 자란 아이들이 세상에서 버림받았다는 절망으로 자신을 성급히 포기하는 일만은 없기를 간절히 바랐다.

그러나 안타깝게도 그 바람은 이루어지지 않았다. 금희와 은희 모두 지정된 거처에서 이탈하여 다시 재판을 받았기 때문이다. 금희는 2년간 소년원에 보내지는 10호처분을 받았고, 동생인 은희는 한 번 더 용서를 받아 사회로 돌려보내졌으나 연락이 끊어졌다. 들리는 소리로는 은희 곁에는 그를 보호해준다는 명목으로 함께 지내는 남자가 있다고 한다. 그 남자가 어린아이에게 몹쓸 짓을 할 걸 생각하니 안타까

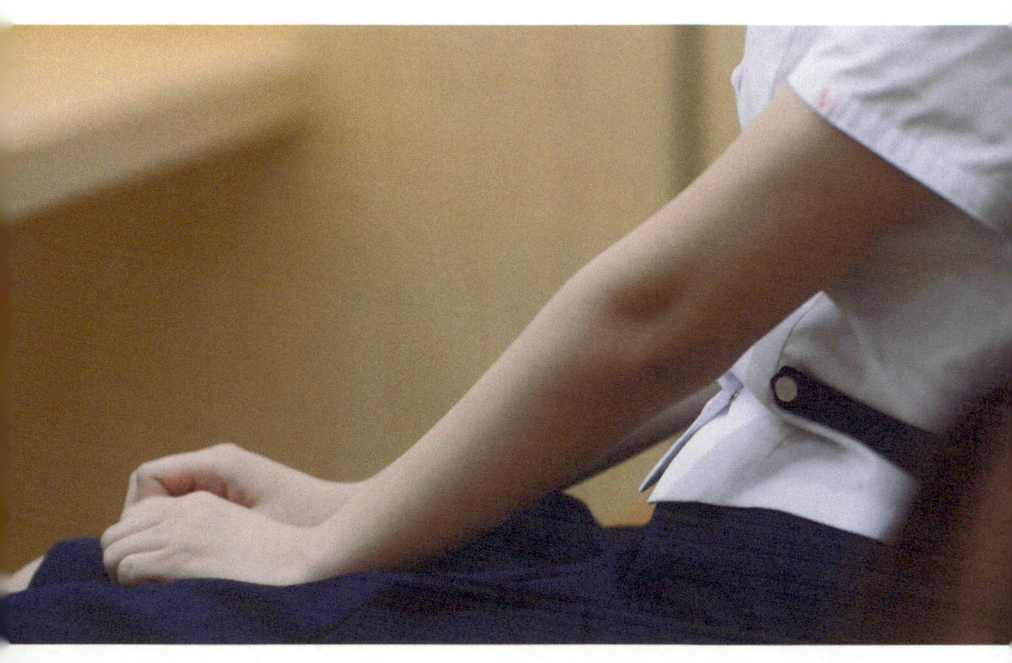

소년과 소년범은 다르지 않습니다.
법도 그것을 알고 있습니다.
소년들의 비행은
처벌이 아니라 교정의 대상으로
바라보아야 합니다.

운 마음을 금할 수 없다. 차라리 언니인 금희처럼 10호처분을 할걸 하는 미련마저 남는다. 그랬다면 언니와 함께 지내기라도 했을 텐데. 그 후로도 두 자매를 생각하면 늘 마음이 편치 않았다.

비행소년들이 처한 상황은 참으로 열악하다. 아이들은 자신들의 힘만으로는 감당하기 어려운 삶의 질곡 속에서 어쩔 수 없이 나쁜 선택으로 내몰린다. 법정에서 소년들의 처지를 이해해주고 그들의 숨은 가능성을 알아봐주는 일은 혹독한 겨울을 녹이는 한 줄기 봄기운과도 같다. 많은 소년들이 재판을 통해 진심으로 자신의 잘못을 반성하고 새로운 삶을 살기 위해 노력하기 시작하는데, 그때의 기쁨은 이루 말할 수 없을 정도이다. 그러나 금희와 은희처럼 강퍅하고 부조리한 현실의 벽 앞에서 끝내 좌절하는 소년들 또한 부지기수다. 그럴 때마다 나 자신의 한계를 느끼지만, 그렇다고 해서 소년들과 소통을 멈출 수는 없는 일이다. 소년은 우리 사회의 미래의 주인공이며, 비행소년들 역시 대한민국의 소년들이기 때문이다.

#06

아빠의 마음, 법관의 양심

 늦가을이라고 하기엔 제법 추운 2012년 11월 중순, 바로 그 전날 소년재판을 받았던 경진이가 아버지와 함께 판사실로 찾아왔다. 열일곱 살인 경진이는 출산을 한 달 남짓 남겨둔 만삭의 임산부다. 무거운 몸을 이끌고 찾아온 경진이에게 맛있는 것을 사주기로 했던 전날의 약속을 지키기 위해 법원 근처의 고깃집으로 갔다. 소년보호처분을 받은 경진이와 그의 아버지, 그리고 경진이에게 보호처분을 내린 소년부 판사 세 사람이 어색하게 마주 앉아 식사를 하기 시작했다.

 경진이는 중학교를 중도에 포기하고 2012년 3월에 가출하여 친구들 세 명과 함께 상습적으로 절도를 하다 소년재판을 받게 되었는데, 재판에 출석하지 않은 채 계속 절도를 일삼다 체포되어 2012년 7월에 구속영장실질심사를 받게 되었다.
 구금은 소년의 심신이나 장래에 악영향을 미칠 수도 있기 때문에 소년법에는 부득이한 사정이 인정되지 않으면 소년에 대해서는 구속영장을 기각하도록 되어 있다. 하지만 경진이와 그 친구들의 비행 횟수와 내용이 크고 무거운 데다 재판에도 출석하지 않았기 때문에 특별한 조치가 불가피했다. 그래서 구속영장은 기각하되 기존의 소년사건을 근거로 그들 모두를 소년분류심사원에 임시위탁하는 결정을 내렸다.

그런데 소년분류심사원에 위탁된 뒤 그곳에서 신체검사를 받은 경진이에게 뜻밖에 임신 17주라는 진단이 내려졌다. 그러자 경진이는 모르는 남자에게 성폭행을 당해 임신하게 되었다며, 낙태수술을 해야 하니 집으로 돌려보내달라고 떼를 썼다. 경진이의 말을 곧이곧대로 믿은 경진이의 아버지는 법원에 탄원서를 올려 선처를 호소했고, 소년분류심사원에서도 가급적 빨리 조치를 취해줄 것을 요청하였다.

3년간 소년재판을 처리하면서 임신한 경험이 있는 소녀들을 꽤 보았다. 소녀들 사이에는 임신을 하면 아무리 비행을 저질러도 소년원에 가지 않는다는 소문까지 나 있고, 실제로 그 때문에 임신해 있는 소녀들도 몇 명 보았다. 임신한 소녀를 전문적으로 돌봐줄 사람을 투입할 여력이 없는 소년원 사정상 임신한 소녀들의 경우에는 특별한 사유가 없는 한 대부분 사회로 돌려보낼 수밖에 없고, 실제로 나도 그렇게 처분을 할 수밖에 없었다. 그런데 비행소녀들은 출산보다는 낙태를 더 많이 선택하고, 출산하더라도 아기를 직접 기르려고 하기보다는 입양시키는 경우가 대부분이다. 그러한 사정을 알면서도 사회로 돌려보내는 내 마음은 늘 편치 않았다. 그동안은 소녀들이 드러내놓고 낙태를 하겠다는 의사를 밝히지 않았기에 양심의 가책은 덜 받을 수가 있었다. 하지만 이번에는 경진이가 공개적으로 낙태를 하겠다고 밝혔기 때문에 이전의 소녀들과는 사정이 달랐다.

게다가 직감적으로 경진이가 거짓말을 하고 있다는 생각이 들었다. 성폭행을 당했다며 경진이가 써낸 사건경위서의 내용이 억지로 지어졌다는 느낌을 떨쳐버릴 수가 없었기 때문이었다.
　그러나 나의 생각이 틀릴 수도 있었다. 만일 경진이의 말이 진실이라면 경진이를 보호하기 위해서라도 서둘러 조치를 취해야만 했기에 급히 국선보조인을 선정하여 경진이의 이야기가 진실인지를 알아봐 달라고 부탁했다.
　국선보조인은 경진이를 여러 차례 만나 설득한 끝에 마침내 진실을 들을 수 있었다. 경진이의 임신은 성폭행 때문이 아니라 공범으로 함께 재판을 받게 된 남자아이와의 성관계 때문이었다. 경진이의 이야기가 거짓말로 드러나자 관계자들 모두 큰 충격을 받았다. 국선보조인도 최종적으로 경진이한테서 진실을 듣기 전까지는 판사인 내가 잘못 생각하고 있는 것은 아닌가 하는 마음이 들 때가 있었다고 했다. 소년분류심사원 직원들도 성폭행 당시의 상황을 경진이한테서 몇 번씩이나 들었는데 그때마다 일관되게 이야기를 해서 경진이의 말이 거짓이라고는 상상도 못했다는 것이었다.
　하지만 진짜 문제는 그때부터 시작이었다. 경진이에 대한 처분을 어떻게 하는가에 따라 경진이의 인생과 그의 뱃속에 있는 태아의 생명이 좌우되기 때문이다. 임신한 점을 감안하여 경진이를 부모의 품으로 돌려보낸다면 이미 낙태할 의사를 밝혔기 때문에 태아가 어떻게 될지는 불을 보듯 뻔한 일이었다. 게다가 경진이의 경우는 모자보건법이 허용하는 낙태 사유에 해당되지 않기 때문에 집으로 돌려보내는 것은 불법낙태를 묵인하는 꼴밖에 되지 않는다. 이것은 법관의 양심상 도저히 할 수가 없는 일이었다.

　그러나 태아의 생명을 구하고자 경진이에게 2년간 소년원에 보내는 10호처분을 내린다면 미성년자인 경진이로 하여금 원하지도 않고 축복받지도 못한 아이를 출산하게 하는 것이 되니, 이는 그 아이의 남은 인생을 너무 가혹하게 만들 수도 있었다. 만일 내가 경진이의 아빠라면 이제 겨우 열일곱 살인 딸을 미혼모로 만드는 처분을 순순히 받아들일 수 있을까? 아빠의 마음과 법관의 양심이 계속 부딪치는 가운데 심리 날짜가 점점 다가왔다.

　2012년 8월, 경진이와 공범인 그 친구들에 대하여 심리를 열었다. 먼저 공범들에 대해서는 소년원에 6개월간 보내는 9호처분 또는 2년간 보내는 10호처분을 내렸다. 그리고 많은 고심 끝에 경진이에게 10호처분을 내렸다. 법관의 양심과 더불어 이미 잉태된, 천하보다 소중한 한 생명을 지켜야 한다고 판단하였기 때문이다.

　묻는 말에 사실대로 대답했기 때문에 집으로 돌려보내질 줄 알고 있던 경진이는 10호처분을 받자 울음을 터뜨렸다. 안타까움과 연민이 솟았으나 어쩔 도리가 없었다.

　법정 밖으로 나간 경진이는 "사실대로 말했는데 왜 소년원에 보내느냐?"라고 거칠게 항의하며 나를 향해 대놓고 욕설을 퍼부었다고 한다.

　처분에 불복한 경진이는 2심 재판부에 항고(일반 사건에서의 항소에 해당)까지 했으나 기각되었다.

　　그날 법정에서 울음을 터뜨리던 경진이의 모습은 그대로 아프게 망막에 새겨졌다. 이후 경진이를 생각하기만 하면 마음의 평온이 깨지고 잠을 설쳤다. '장차 세상에 나오게 될 아이의 생명은 구했다고는 하지만 한창 피어날 또 다른 아이의 인생은 망쳐버린 것이 아닐까?'라는 생각이 계속 머릿속에서 떠나지 않았기 때문이다.

그런데 그로부터 얼마 뒤 경진이의 남동생 수완이가 비행을 저질러 소년재판을 받으러 왔다. 안 그래도 몹시 궁금하던 터라 함께 출석한 경진이 아버지에게 근황을 물어보니 차츰 안정을 찾아 잘 지내고 있다고 하였다. 그 이야기를 들으니 마음이 조금은 편안해졌다.

그러던 2012년 11월 초순, 경진이가 생활하고 있던 안양소년원으로부터 연락이 왔다. 경진이의 출산일이 가까웠으니 출산 준비를 위해 보호처분을 변경해달라는 것이었다. 그 전화를 받자 다시 마음에 동요가 일었다. 경진이가 어떤 모습으로 나타날지 궁금하기도 하고, 법정에서 나를 원망하며 울지나 않을지 걱정도 되었다.

며칠 뒤 법정에서 경진이를 만났다. 배는 더욱 불러 있었고, 막달 임산부답게 살도 많이 붙어 있었다. 경진이는 지난번 재판 때와는 달리 표정이 다소 밝아져 있었다. 하지만 그날 바로 처분을 하여 집으로 돌려보내기보다는 경진이에게 좀 더 자신을 돌아볼 시간을 주는 게 좋겠다는 생각이 들었다. 그래서 일단 기존의 10호처분은 취소하되 새로운 처분은 하지 않은 채 일주일간 부산 소년분류심사원에 임시위탁하는 처분을 내렸다.

그로부터 일주일 뒤 경진이에 대한 재판이 다시 열렸다. 임신해서 몸도 무거운 경진이가 추위에 떠는 게 안돼 보여 이미 법정에 들어와 있던 다른 소년과 그 가족에게 잠시 양해를 구하고 순서를 바꾸어 경진이에 대한 재판을 먼저 진행하였다.

"경진아, 판사님 많이 원망스럽지?"

"처음엔 그랬지만 지금은 그렇지 않아요."

"거짓말하지 마라. 밖에서 내 욕하고 다니는 거 다 알아."

이 말에 경진이가 찔린 표정으로 우물쭈물했다.

"너 판사님 마음 이해하니? 너 때문에 마음이 아파서 아직도 잠을 설친다."

경진이는 아무런 대답을 하지 않았다.

국선보조인이 경진이가 소년분류심사원에 있는 동안 뱃속에 있는 아이에게 쓴 편지를 제출하였다. 나는 경진이에게 직접 읽어보라고 하였다.

"아기야…… 안녕…… 나는 너의 엄마이자…… 흑!"

경진이는 편지를 받아들고 낭독하기 시작하였으나 첫 줄을 채 읽지 못하고 울음을 터뜨리고 말았다. 그리고 한번 터진 울음은 쉽게 멈추지 않았다.

> 아직 태어나지 않은 나의 아기에게……
>
> 아기야…… 안녕……
>
> 나는 너의 엄마이자 아직 나이가 어려서 너에게 도움을 못 주는 엄마이기도 해.
>
> 너에게 엄마가 될 자격이 있는지는 모르겠지만 널 가졌을 때 또는 지금 마음과 생각들을 편지로 적어보려고 해.
>
> 난…… 솔직하게 널 가졌을 때…… 낙태라는 안 좋은 마음을 가진

적이 있었어. 그리고 너도 알다시피 지금 너의 엄마라는 사람은 능력도 없고 도움도 못 주는 무능력한 사람이어서…….

얼마 전까지만 해도 내 몸에 있는 너를 창피해하고 거짓말도 하고 기형아일까 봐 낙태하려는 생각과 생활을 하고 있었지만……

너랑 같이 생활하면서 생각의 변화도 생기고 시간이 점점 갈수록 너에 대해 궁금하기도 하고, 너를 아껴주지 않고 사랑 대신 상처 되는 말만 해서 미안한 생각도 들고……

너도 내 몸에서 살고 있는 귀한 하나의 생명인데……

그런 널 소중히 여기지 않고 가볍게 생각하고 몸조심해야 할 시기에 술, 담배, 약 등으로 널 괴롭히고 아프게 한 것 같아 미안해. 그리고 니가 내 몸속에서 자라지 않았더라면…… 내가 이렇게 바뀌지 못했을 거라는 생각을 했어.

정말 너에게 고맙고 미안해…….

그리고 이제부터는 태어날 때까지 내 몸속에서 아프지 않고 잘 먹고 잘 커서 씩씩하게 건강한 아이로 태어나길 바라…….

그리고 아가야~ 사랑하고 얼른 보고 싶다~

경진이가 진정되기를 기다리며 한참 동안 지켜보다가 울음소리가 잦아들기에 물었다.

"아기는 어떻게 할 거니?"

"입양시킬 거예요."

대충 짐작을 했기에 달리 할 말이 없었다. 대신 준비해둔 배냇저고리를 내밀며 말했다.

"이거 배냇저고리라는 거다. 애기 낳아서 처음 입히는 옷이야. 판사님을 원망하고 싶으면 해도 돼. 하지만 그 마음이 태교에 영향을 끼치면 안 돼. 아기를 낳을 때까지는 원망하는 마음일랑 일단 풀고 좋은 마음으로 태교에 힘써야 한다. 아기가 행복하기를 바란다면 네가 태교를 잘해야 해. 아기에게 잘못된 일이라도 생긴다면 순수한 마음으로 아기를 입양하신 분들의 인생은 어떻게 되겠니. 또 아기의 인생은 어떻게 되겠어? 아기가 잘못된다면 너도 마음이 편치 않을 거야. 재판을 하면서 그런 경우를 몇 번 봤어. 남은 동안만이라도 태교를 잘해서 아기와 그 아기를 입양하는 분들 모두 행복할 수 있도록 해야 해. 알겠지? 그리고 시간 나면 판사님께 들러라. 맛있는 것 사줄 테니."

그리고 경진이에 대해 2년간의 보호관찰을 조건으로 보호자에게 위탁하는 처분을 내렸다. 경진이는 배냇저고리가 뭔지 잘 모른 탓인지 어리둥절한 표정이었지만 내가 건네는 종이가방을 받아들고는 웃으면서 법정 밖으로 나갔다. 법관의 양심에 따라 고심 끝에 내린 결정이었지만 아빠의 마음으로는 미안함을 풀 길 없어 작은 선물을 마련하였는데 기쁘게 받아주니 고마웠다.

그리고 다음 날 다시 찾아온 경진이, 경진이 아버지와 함께 식사를 하게 된 것이다. 겨우 열일곱 살에 미혼모가 되어 아이를 낳자마자 입양을 보내야 하는 경진이와, 그런 딸이 원망스러우면서도 애처로워 상추에 고기를 싸 연신 딸의 입에 넣어주는 아버지, 그들에게 가혹할 수도 있는 판결을 내린 판사. 왠지 낯설고 어울리지 않는 풍경이었다. 그래도 대화를 해나가는 동안 처음의 어색하고 무겁던 분위기는 차츰

그날 법정에서 울음을 터뜨리던 소녀의 모습은
그대로 아프게 망막에 새겨졌습니다.
장차 세상에 나오게 될 아이의 생명은 구했지만
한창 피어날 또 다른 아이의 인생은 망쳐버린 것이
아닐까 하는 생각이 머릿속에서 떠나지 않았습니다.

풀려나갔다. 경진이는 식사를 하는 동안 몇 번이나 손으로 흐르는 눈물을 훔쳐냈다. 경진이도 경진이 아버지도 나를 크게 원망하는 것 같지는 않았다. 편지에 쓴 것처럼 뱃속의 아기가 커갈수록 생명의 소중함과 엄마로서의 마음가짐이 생긴 것 같았다.

식사를 마치고 함께 판사실로 돌아온 나는 로뎀의 집에 연락해서 아기를 출산할 때까지 경진이를 도와줄 것을 부탁했다. 로뎀의 집에서는 흔쾌히 도와주겠다며 판사실까지 경진이를 데리러 왔다.

인사를 하고 판사실을 나가는 경진이를 보며 밝아진 모습에 안도했지만 한편으로 얼마 후면 아기와 헤어지는 아픔을 겪게 될 것을 생각하니 마음이 아팠다.

경진이의 재판은 아마도 법관 생활 동안 가장 기억에 오래 남을 재판이 될 것 같다.

#07

풀베개

　재판이 끝난 후 소년원 생활을 무사히 마치거나 청소년회복센터에서 6개월 또는 1년간의 위탁기간을 잘 넘기고 집으로 돌아간 소년들 중에는 아직도 연락을 주고받는 아이들도 꽤 있다. 갑자기 눈알이 빠질 것처럼 아파 죽겠는데 아무도 챙겨줄 사람이 없다고 울면서 전화하는 소녀, 집을 나간 아빠 때문에 엄마가 이혼소송을 제기하려고 하는데 어떻게 하면 되느냐고 묻는 소녀, 오토바이를 타고 가다 교통사고를 냈다며 도와달라고 전화를 건 소년, 그냥 보고 싶어서 전화했다는 소년 등 다양한 이유로 연락이 온다. 아이들에게서 스스럼없이 연락이 온다는 것은 적어도 비행을 저지르고 있지 않다는 것을 의미하기에 늘 반갑고 고맙다.

　2011년 7월, 은미에게서 전화가 걸려왔다.
　오랜만에 들은 은미의 목소리가 무척 반가웠지만 한편으로 부아가 치솟아 오르는 걸 꾹 참아야 했다.
　"니 지금 어디고?"

"부산인데요…… 저…… 지금 돌아가면 소년원 보내실 거예요?"

전화를 걸어온 은미는 열일곱 살인데 2011년 4월 나한테서 난생처음 재판을 받았다. 타인 명의로 체크카드를 발급받은 뒤 이를 이용해 300만 원을 대출받고 이를 갚지 않은 것이 가장 큰 이유였다.

은미는 중학교 2학년 때 헌혈을 하다 알게 된 자기 혈액형이 자신의 부모로부터는 나올 수 없는 것이라는 것을 알고는 부모님이 친부모가 아니란 생각에 무작정 집을 나와버렸다고 했다. 그 후 가출을 반복하며 연상의 남자들과 동거를 하거나 원조교제를 하며 생활해나갔다. 그동안 문신도 하였고, 매독에 걸린 적도 있으며, 아버지와의 갈등으로 정신과 치료를 받기도 했다. 은미는 경험하지 않았으면 더 좋았을 것들을 많이도 경험했던 것이다.

재판 당시 법정에 출석한 은미 어머니에게 따님의 가출 이유를 아느냐고 묻자 모른다고 했다. 그래서 은미가 가출하게 된 것은 부모와 다른 혈액형 때문이었다고 하자, 그녀는 아무런 말을 하지 않았다. 대답할 가치가 없다는 것인지, 은미의 생각이 맞다는 것인지 파악할 수 없었지만 더 이상 물어볼 수는 없었다.

은미의 방황에 마침표를 찍으려면 가족과의 관계회복이 우선되어야 하기 때문에 집으로 돌려보내는 것이 최선이겠지만 가족의 힘만으로 은미를 되돌려놓기에는 무리라는 판단이 들었다. 나는 2년간의 보호관찰을 조건으로 이레센터에 보호를 의뢰하는 처분을 내렸다.

이레센터에 위탁된 이후 은미는 나름대로 성실히 생활하였다. 그러던 중 2011년 6월 초순 무렵 이레센터에 위탁된 소녀 열 명 중 여덟 명이 무단이탈하는 일이 벌어졌는데 그중에 은미도 끼어 있었다. 감시가 소홀한 틈을 타 의기투합하여 방충망을 뚫고 이탈한 소녀들은 나가서는 삼삼오오 흩어졌다고 한다. 이탈한 지 얼마 되지 않아 은미는 몇 명의 소녀들과 함께 이레센터로 되돌아왔다. 하지만 얼마 못 가 다시 무단이탈하고 말았다.

   은미가 내게 전화를 한 것은 이레센터에서 이탈한 지 약 한 달 정도가 지났을 무렵이었다. 이탈을 반복하는 은미가 밉기는 했지만 그래도 제 발로 돌아오겠다는 소리에 고맙고 측은한 마음이 들었다.

   먼저 보호관찰소에 은미에 대한 구인장이 발부되었는지부터 알아보아야 하겠기에 조금 있다가 다시 전화를 달라고 하였다. 보호관찰소에 급히 전화해 물어보니 다행히 아직 발부되지 않았다고 하였다. 나는 사정을 설명한 뒤, 은미에게 한 번만 더 기회를 줘보자며 구인장 발부를 신청하지 말아달라고 하였다. 구인장이란 보호관찰처분의 준수사항을 위반한 소년들을 강제로 데려오기 위해 판사가 발부한 영장으로, 소년이 구인되어 오면 보통 소년분류심사원에 임시위탁된 상태에서 다시 소년보호처분을 받게 된다. 보호관찰소에서는 나의 말에 그렇게 하겠다고 대답하였다.

   잠시 후 은미에게서 다시 전화가 걸려왔다.
   "판사님 저예요. 어떻게 됐어요?"
   "지금 당장 판사실로 오면 한 번 더 기회를 줄 수 있으니 빨리 오너라."
   "알겠어요. 그런데요…… 저…… 판사님."

"또 뭐고?"

"저…… 창원으로 갈 차비가 없어요."

버럭 호통이라도 치고 싶은 심정이었으나 감정을 꾹 눌렀다. 창원으로 오지 않고 그대로 부산에 주저앉는다면 영영 그 세계에서 빼내올 수 없을지도 모르기 때문이다.

"차비는 걱정하지 말고 빨리 택시 타고 법원까지 오너라. 법원에 도착하면 전화하고."

"예, 알겠습니다."

전화를 끊는 은미의 목소리에서 미안함이라고는 조금도 찾아볼 수 없었다. 마치 당연히 받아야 할 대우를 받는다는 듯한 느낌마저 들었다. 그래도 어쩌겠는가? 아이를 구하려면 내가 참을 수밖에.

얼마 동안의 시간이 흐른 후, 은미가 법원에 도착했다고 전화를 하기에 판사실의 주임에게 택시비 5만 원을 지불하고 은미를 데리고 오라고 하였다. 잠시 뒤, 은미가 사무실로 들어왔는데 얼굴이 초췌한 것이 어젯밤에 잠을 제대로 못 잔 것처럼 보였다. 혹시 그사이에 또다시 원조교제라도 했던 것은 아닌지 걱정마저 들었다.

한 신문 보도에 따르면 우리나라의 가출청소년은 해마다 그 수가 늘어 지금은 거의 20여만 명에 이를 것으로 추정된다고 하는데, 특히 귀가했다가 다시 가출하는 비율이 절반이 넘어 그 심각성이 매우 크다. 가출청소년들은 무방비 상태로 노숙을 하거나 찜질방, 피시방 등에서 지내다가 가출 관련 카페나 실시간 채팅 등을 통해 일행을 구한 뒤, 원룸이나 고시원 등에서 함께 생활하는 '가출팸('가출 패밀리'의 줄임말)'을 형성하기도 한다. 가출한 소년들 중에는 수중에 돈이 떨어지게 되면 숙식비용을 마련하기 위해 비행을 저지르는 경우가 많은데, 남자아이들은 주로 차량털이와 같은 절도를 하고 여자아이들은 원조교제 같은 성매매를 하는 경우가 대부분이다. 이 때문에 원조교제를 해본 전력이 있는 은미의 행색을 보니 걱정이 되지 않을 수 없었던 것이다.

"어젯밤에 뭐 했는데 얼굴이 그렇노?"

그러자 은미는 무덤덤하게 대답했다.

"그냥 놀았어요."

더 이상 캐묻지 않기로 했다.

앞으로의 일에 대해 짧게 이야기를 나눈 뒤, 함께 점심을 먹으러 갔다가 오후 한 시쯤 다시 사무실로 돌아왔다. 업무 때문에 은미를 잠깐 소파에 앉아 있으라고 하고선 책상에 앉아 일을 보고 있는데 은미가 밀려드는 졸음을 더 이상 참을 수 없다는 표정으로 연신 하품을 하는 게 보였다.

"피곤하면 잠시 눈 좀 붙여라."

"여기서 자도 돼요?"

"그래, 내 신경 쓰지 말고 자고 싶으면 한숨 자라."

그러자 은미는 소년원에 잡혀갈지도 모른다는 불안감이 해소된 탓인지 금세 잠이 들었다. 나중에는 고개를 옆으로 떨구고 "쌕~쌕~" 하는 숨소리까지 내며 곯아떨어져버렸다. 자신들이 가장 무서워하는 판사의 집무실에서 저토록 곤하게 잠이 든 은미를 보니 이탈 이후의 생활이 어땠을지 짐작되고도 남았다.

나는 은미가 편하게 잘 수 있도록 작게 음악을 틀어놓고 책상에 앉아 남은 업무를 처리했다. 그렇게 한참 시간이 흘렀을 무렵, 판사실 주임이 노크도 없이 살그머니 문을 열고 방 안을 둘러보기에 무슨 일인가 싶어 바라보니 화들짝 놀란 얼굴로 "앗! 판사님도 계셨네요." 하고는 다시 방문을 살며시 닫고 나갔다. 그러다가 오후 5시경 경청상담교육센터에서 은미를 맡아줄 분이 계시다는 연락이 왔기에 그제야 잠자는 은미를 흔들어 깨운 뒤 그곳으로 보냈다.

은미가 가고 나자 주임이 들어와 아까 자신이 그처럼 놀랐던 이유를 말해주었다.

"점심시간이 지나 사무실로 돌아와 보니 판사실의 문 틈새로 소파에 기대 잠든 학생의 모습이 보이더군요. 판사님은 아직 돌아오시지 않고 학생 혼자서 잠이 들었다고 저 혼자 짐작했어요. 참 철이 없다는 생각이 들면서도 한편으로는 점심은 제대로 먹었을까 하는 측은한 마음도 들었습니다. 그런데 한참이 지나도 판사님이 돌아오지 않아 아무래도 이상하다는 생각에 문을 살짝 열고 방 안을 들여다보니 책상 앞에 앉아 업무를 보고 계시는 판사님의 모습이 눈에 들어왔어요. 많이 놀랐습니다."

주임은 험한 세상에 겁 없이 나섰던 어린 영혼이 판사실에서 근심을 내려놓고 고른 숨을 내쉬며 자는 모습에 너무나 먹먹했다고 했다면서 다음과 같이 덧붙였다.

"참 눈물이 날 만큼 아름답더라고요. 그래서 조용히 방문을 닫았습니다. 그리고 저도 모르게 그저 이 시간이 느리게 가기를 바랐습니다."

그 후 은미는 별다른 비행 없이 열심히 생활하고 있다. 그리고 여전히 잊을 만하면 한 번씩 전화를 한다. 최근에도 아르바이트를 하며 잘 생활하고 있다는 전화를 받았다.

　비행소년들은 마음 둘 곳도 편히 쉴 곳도 없는 아이들이 대부분이다. 잘못을 저지른 아이들이지만 마음의 상처를 달래고 편히 쉴 곳이 있다면 안정을 찾고 변화하여 새로운 인생을 살아갈 수 있을 것이다. 마음 누일 곳을 찾지 못하고 밤거리를 떠돌며 방황해온 은미가 어서 빨리 마음의 안식처를 찾아 편안히 쉴 수 있기를 바라며 나쓰메 소세키의 소설 『풀베개』에 나오는 한 구절을 조용히 읊어본다.

> 산길을 오르면서 이렇게 생각했다.
> 지智로만 살면 모가 나고
> 정情으로만 살면 흘러가버리고
> 의지意志로만 살면 답답하다.
> 좌우간 인간 세상이란 살기 어려운 세상이다.
> 살기 어렵기가 극에 이르면 쉴 곳을 찾아 떠나고 싶어진다.
> 어딜 가나 살기 어렵기는 마찬가지라는 것을 깨달을 때
> 시가 써지고, 그림이 완성된다.

험한 세상에 겁 없이 나섰던 어린 영혼들이
어서 빨리 마음의 안식처를 찾아
고른 숨을 내쉬며 편히 쉴 수 있기를
간절히 바랍니다.

#08

30분, 어머니의 가슴은 아프고

119호 소년법정의 가장 훌륭한 도우미는 바로 국선보조인들이다. 소년재판의 국선보조인은 형사소송에서의 국선변호인에 해당된다. 소년재판에는 변호사를 주축으로 하는 법률전문가 국선보조인도 있지만 정신과의사나 심리학자를 주축으로 하는 정신심리전문가 국선보조인도 있다. 소년사건의 경우 아이들이 비행을 부인하는 경우가 거의 없기 때문에 사건의 유무죄를 다투는 등 법적으로 소년을 돕는 일보다 소년의 심리 상태를 파악하거나 상담하는 일의 비중이 훨씬 중요하기 때문이다.

창원지방법원에서 활동하는 국선보조인들의 열정은 남다르다. 국선보조인들은 사건이 배정되면 소년을 접견하기 위해 기본적으로 사건당 최소 두 번씩은 부산에 있는 소년분류심사원에 가는데 한 번 가면 업무 시간이 끝날 때까지 소년들과 함께 지내다 오는 일이 비일비재하다. 소년원 직원들은 처음에는 "왜 창원지방법원 국선보조인들만 이렇게 하느냐."라며 불만을 터뜨렸지만 지금은 그들의 열정을 이해하고 협조를 아끼지 않는다.

국선보조인들은 소년들뿐만 아니라 보호자들을 만나 사건을 설명하고 피해자들과의 합의를 권유하는가 하면 필요한 경우에는 직접 피해자를 찾아가 합의를 이끌어내기도 한다. 그리고 법정에서는 소년 및 그 가족과 혼연일체가 되어 소년에게 최선의 결과가 나올 수 있도록 애를 쓴다. 때로는 소년과 그 가족의 딱한 사정에 복받쳐 울기도 하는데 그런 모습을 볼 때면 그들이 이 일을 어떤 마음으로 하는지 짐작이 되고도 남는다. 또한 보호처분이 확정된 이후에도 재비행을 예방하기 위해 소년 및 그 보호자와 계속 교류를 하면서 소년을 살피는 등 이들의 업무는 계속된다.

소년법정에서 소년은 재판 절차의 대상이 아니라 주인공이 되어야 한다. 현재 활동하고 있는 국선보조인들은 이를 위해 최선을 다해 마음으로부터 소년과 소통하려 하고 있으며, 이를 바탕으로 판사와 소년과의 소통에 가교가 되어 소년에게 가장 적절한 처분이 내려질 수 있도록 노력하고 있다. 어느 국선보조인은 일을 하다 너무 힘이 들어 도로 물리고 싶을 정도였고, 의견서를 준비하면서 많이 울기도 했다고 고백했다. 이들의 헌신적인 노력이 있었기에 창원지방법원의 소년법정은 소통하는 법정의 모습을 유지해올 수 있었다.

열아홉 살인 정우는 편의점 등에서 세 번 현금과 물건 등을 훔치고, 노래연습장에서 후배들의 돈을 갈취했다는 이유로 구속된 상태로 왔기에 우선 소년분류심사원에 임시위탁하였다. 정우는 이전에 이미 절도죄로 소년재판을 받은 적이 있는데, 당시 만 19세를 얼마 남기지 않은 나이라 군에 입대할 예정이라고 했다. 그렇게 되면 어차피 보호관찰은 의미가 없다는 생각에 부득이 사회봉사만 부과하여 보호자에게 보호를 의뢰하는 처분을 하였었다. 군 입대 문제로 다른 소년들보다 선처를 받았다고 할 수 있는 정우가 재비행을 저질렀다고 하니 다소 실망스러웠다.

 소년재판을 하다 보면 처분을 받기 전 상담 조사나 결정전 조사를 거쳤음에도 여전히 반성의 정도가 미약하다고 판단되거나 비행으로 인한 피해 정도가 무거운데도 피해를 변상하지 않거나 피해자의 용서를 받지 못한 경우가 종종 있다. 이럴 때 그냥 처분을 내리게 되면 소년이나 보호자는 제대로 잘못을 인지하지 못하거나 반성하지 않게 되어 추후 별다른 두려움 없이 재비행을 저지르게 될 수도 있다. 또한 변상을 제대로 받지 못하거나 상처를 위로받지 못한 피해자는 억울한 마음에 사법부를 불신하게 될 가능성이 있다. 그래서 이러한 경우 소년에게는 반성의 기회를 갖게 하고 보호자에게는 경각심을 가질 수 있도록 하기 위해 소년을 소년분류심사원에 잠시 위탁하는 방법을 활용하기도 한다.

 소년분류심사원에 위탁되면 소년은 집에 가지 못하고 소년분류심사원에서 생활해야 한다. 임시위탁은 형사재판에서 판결 선고 전까지 피고인을 구속하는 것과 비슷하다. 하지만 임시위탁은 형사절차에서의 구속과는 달리 신병확보보다는 소년의 보호와 소년의 품성과 행동, 경력, 가정환경, 보호자의 보호 능력과 의지, 재비행 가능성 등의 조사에 주목적이 있다. 이 기간 동안 소년에 대한 교육도 실시되며, 보호소년이 재학생인 경우 위탁조사기간은 학교 출석으로도 인정된다.

그래도 임시위탁은 '충격구금'이라고 부를 정도로 소년들에게 주는 충격이 크다. 그리고 그 충격에 비례하여 소년들은 성찰의 기회를 가지게 된다. 짧으면 2주, 길면 한 달 정도 되는 임시위탁을 통해 인생에 있어 변화의 전기를 맞는 소년들도 많다. 쇠는 뜨거울 때에 두들기라는 말이 있듯이, 소년분류심사원에 위탁되어 있는 동안이 소년의 변화를 이끌어내는 데 가장 효과적이라는 것을 알기에 국선보조인들은 기회를 놓치지 않기 위해 최선을 다하고 있다.

2012년 5월, 정우를 법정에서 만났다. 정우는 이전에 재판을 받을 때와는 사뭇 다른 태도를 취하고 있었다. 역시 임시위탁으로 크게 충격을 받은 모양이었다.
국선보조인도 정우가 위탁생활 동안 큰 경험을 했다고 하였다.
"정우는 그 당시 절도가 얼마나 무서운 범죄인지 알지 못했고, 자신이 선배이면서도 오히려 후배를 바른 길로 인도하지 못하고 휩쓸려 들어간 것에 대해 지금 엄청난 후회를 하고 있습니다. 시간을 되돌릴 수만 있다면 얼마나 좋을까 한탄하면서 합의서를 써준 피해자들에게 참으로 감사해하고 있습니다. 소년원에 임시위탁되면서 엄격했던 아버지의 눈물을 보고 제대로 정신을 차린 것으로 보입니다."
그런 뒤 정우가 위탁생활 중 지은 것이라며 '30분'이라는 제목의 시를 제출하였다.
"지난번에 그렇게 선처를 해줬으면 정신 차리고 군대 갈 준비를 했어야지 다시 사고를 치면 어떡해?"
정우는 훌쩍거리며 답했다.

"죄송합니다. 잘못했습니다. 진심으로 반성하고 있습니다."

"아직까지는 네가 미성년자라서 그렇지 몇 개월 뒤에 죄를 지었으면 너는 형사처벌을 받았을 거야. 그렇게 되면 어떻게 되겠어? 평생 전과자가 돼! 그렇게 살고 싶어?"

"아닙니다. 정말 정신 차리고 열심히 살겠습니다."

나는 정우에게 자신이 지은 시가 적힌 종이를 내밀면서 읽어보라고 하였다. 정우는 부모님을 향해 돌아서 시를 읽었다.

규칙적인 생활 교육하는 교육실
밥 먹는 급식실 일이 생기면 생활지도실

한결같은 하루하루
일주일에 한 번
면회 오시는 어머니
그 눈물샘에서 투명하고
슬픔이 담겨 있는
눈물이 나오네

어머니의 따뜻한 손을
잡을 때마다 어머니의
손에의 온기가 그대로
느껴지네

보고 또 보아도 계속 보고 싶은
사랑하는 어머니
30분의 시간은 정말 3초같이 느껴지네

30분이 지나고 작별할 시간
어머니의 마음은 아프고
나의 가슴은 찢어지네

4시간 동안 나를 보려고 달려온 길은
30분의 짧은 시간
어머니의 가슴 아픈 상처
내가 행복하게 할 거라네

어머니 못난 아들이지만
한결같이 웃는 모습으로
어머니 얼굴을 바라보았습니다

    정우의 시는 그의 부모를 포함하여 법정에 계신 모든 분들의 심금을 울렸다. 시 낭독이 끝난 뒤 정우에 대하여 2년간의 보호관찰을 받는 5호처분 외에 1개월간 소년원에 보내는 8호처분을 내렸다. 정우가 임시위탁생활의 경험을 토대로 다시 비행을 저지르지 않고 군 복무를 무사히 마치고 돌아와 세상에 둘도 없는 효자 아들이 되길 기대한다.

소년재판에서는 소년들이 주인공이어야 합니다.
이 아이들에게 필요한 것은 용서와 관용입니다.

#09

이제 저는 어떻게 해야 하나요?

소년사건이 발생한 경우 가장 큰 상처를 입는 사람은 다름 아닌 '피해소년'이다. 소년법에 명시적인 규정은 없지만 비행의 피해자가 된 소년 역시 건강하게 성장하도록 배려해야 함은 당연한 일이다. 다행히 그동안 법적으로 다소 소홀했던 피해소년에 대한 배려는 2008년 소년법 개정 등으로 제도적으로 뒷받침되고 있다. 피해자를 보호하는 동시에 비행소년의 잘못된 품성과 행동을 바로잡을 수 있도록 둘 사이의 화해를 권고하고 피해를 변상케 하는 화해권고제도나 성폭력 피해를 입은 어린이와 청소년에게 국선변호인을 지정해 수사 과정에서 공판에 이르기까지 세심하게 배려하는 법률조력인제도가 그것이다.

그러나 제도나 절차만으로 피해자가 입은 마음의 상처를 온전히 치유할 수는 없다. 나는 재판 과정에서 언제든지 피해자를 위해 최선의 배려를 다하려 한다. 피해자의 마음속 깊이 자리 잡은 원망과 억울함을 풀어주지 않는 한 그것이 언젠가 폭발해 더 큰 비극을 초래할 수 있기 때문이다.

얼어붙고 웅크린 피해자의 마음을 다독여 일으켜 세울 수 있는 길은 피해자와 가해자의 참된 화해뿐이다. 참된 화해란 시중에서 통상 '합의'라는 형식으로 진행되는 '사과와 금전배상'을 넘어서는 일이다. 그러기 위해서는 우선 가해자가 피해자의 마음에 공감해야 한다. 그래야 가해자의 사죄와 피해자의 용서가 오롯이 만날 수 있다. 또한 용서를 했다 해도 피해자의 마음에는 여전히 상처가 남기도 한다. 화해가 이루어진 후에도 그 상처가 아물 때까지 최선을 다할 때만이 진정 어린 사죄라 할 것이다.

피해자가 소년인 학교폭력사건이나, 집단성폭력사건 등의 경우에는 피해자에 대한 세심한 배려가 더욱 요구된다. 이러한 사건들에 대해 범죄 발생 이후 사후대응을 제대로 하지 못하면 범죄 자체로 인한 피해의 회복은 고사하고 피해자에게 새로운 2차 피해를 야기할 가능성이 높기 때문이다. 그렇게 되면 피해자에게는 너무 가혹한 일이 되어버린다.

그 대표적인 것이 일명 '밀양집단성폭행사건'이다. 이 사건은 2004년 12월경부터 세간의 주목을 받기 시작하여 그로부터 8년이 지난 지금까지도 세인의 입에 오르내릴 정도로 집단성폭력사건의 처리방식에 관하여 많은 화두를 던지고 있다.

당시 열다섯 살이었던 피해자는 가정폭력에 시달리던 어머니가 이혼하고 집을 나간 후 어머니 대신 아버지의 폭력에 시달렸다. 악몽 같은 생활을 하던 피해자는 우연한 기회에 당시 열여덟 살인 밀양 지역 고등학생인 박 군을 만나게 되었다. 그러나 박 군은 피해자를 불러내 쇠파이프 등으로 때린 뒤 여인숙으로 데려갔고, 그곳에서 고등학교 선후배 열두 명과 함께 집단성폭행을 자행했다. 이들은 이후에도 한

번에 적게는 일곱 명에서 많게는 열 명씩 짝을 이루어 피해자를 여관과 자취방 등으로 끌고 다니며 단체로 유린했고, 성폭행당하는 장면을 휴대전화와 캠코더 등으로 촬영하여 피해사실을 신고하면 인터넷에 사진과 동영상을 유포하겠다고 협박했다. 자신의 수치스러운 비밀이 세상에 알려지는 것이 두려웠던 피해자는 이들이 시키는 대로 1년 가량이나 지속적으로 신체적인 폭행과 성폭행을 당했고 마침내 견디다 못해 신고를 하게 되었다. 이 사건으로 밀양, 창원, 울산 등지의 고등학생 마흔네 명이 조사를 받았는데 이 중 밀양 지역의 고등학교에 재학 중인 학생들이 35명이나 되어 속칭 밀양집단성폭행사건으로 불리게 된 것이다.

그런데 피해사실을 신고한 이후 피해자는 정당한 보호를 받고 안정을 되찾기보다는 오히려 더 큰 고통에 시달리게 되었다. 사건 처리 과정에서 언론이나 인터넷에 피해사실뿐만 아니라 피해자의 신상과 사생활이 공개되는 등 피해자에 대한 배려가 제대로 이루어지지 못했기 때문이다.

그 후유증으로 피해자는 우울증 등 심각한 정신장애를 겪게 되어 정신과 폐쇄 병동에서 입원 치료를 받아야 했고, 그 후 자살 시도도 빈번하게 하였다. 서울로 이사해 전학을 시도했지만 성폭행 피해자라는 이유로 거부당하는 바람에 10여 곳의 학교를 돌아다닌 뒤에야 간신히 전학을 허락받을 수 있었다. 그러나 학교에 겨우 마음을 붙이고 있을 무렵 한 가해자 부모가 아들의 처벌 완화를 위한 탄원서를 써달라며 교실로 무작정 찾아오는 바람에 성폭행 피해자란 사실이 알려져 그 학교마저 그만두고 말았다. 피해자는 아직도 지속적인 자살충동 등으로 정상적인 사회생활을 하지 못하고 있다고 한다. 피해자와 그 가족들은 지금 이 순간에도 가슴속에 커다란 상처를 안고 살아가고 있는 것이다.

밀양 사건과 같은 불행한 사태가 다시는 되풀이되지 말아야 한다. 그러기 위해서는 무엇보다 집단성폭력사건을 처리할 때 피해자에 대한 배려가 절실하다. 피해자가 입은 상처는 가해자들에 대한 엄벌만으로는 치유되지 않기 때문이다.

2011년 5월에 집단성폭행사건을 다루었다.

경숙이와 가해자인 네 명의 소년들은 평소 잘 알고 지내는 친구 사이였다. 사건은 대낮에 한 소년의 집에서 지극히 우발적으로 일어났다. 가해자들과 경숙이는 경숙이의 여자 친구들과 함께 학교에 가지 않고 한 소년의 집에 모여 놀고 있었는데, 그러던 중 경숙이와 가해소년 중 한 명이 성관계를 하게 되었다. 그런데 잠시 후 친구들이 보이지 않아 찾아 나섰던 나머지 소년들이 우연히 그 광경을 목격하게 되었고 성적 충동을 이기지 못한 두 소년이 경숙이를 성폭행한 것이다. 이런 일이 벌어지는 동안 처음 성관계를 하고 있던 소년은 아무런 조치도 취하지 않은 채 그저 지켜보고만 있었고, 나머지 한 명은 성폭행하는 것을 도와주고 있었다.

가담 정도는 달랐으나 소년들은 모두 구속이 되어 형사재판을 받게 되었다. 소년들이 구속되어 있는 동안 소년들의 부모들과 피해자 측은 배상금을 지급하기로 하는 등 이른바 '합의'에 이르렀다. 이 점이 참작되어 소년들은 형사처벌을 모면하고 소년보호처분을 받도록 소년부로 보내졌다.

소년분류심사원에 임시위탁되어 있던 소년들에 대한 기일이 지정되었다. 기록을 검토한 결과 소년들과 경숙이는 서로 잘 아는 사이라 보호처분 이후에 소년들의 행동 여하에 따라 경숙이가 2차 피해를 입을지도 모른다는 판단이 섰다. 그래서 소년들과 그 가족들에게 경숙이를 위해 앞으로 어떻게 처신해야 하는지를 따끔하게 이야기하는 한편, 소년들이 경숙이에게 진정으로 사죄하는 자리를 마련해보기로 하였다. 평생을 아픈 기억을 가지고 절망적으로 살아가야 하는 경숙이와 가족들에게 그것만으로는 부족하겠지만 그마저 하지 않는다면 경숙이의 상처가 더욱 깊어질 것이기 때문이었다.

하지만 국선보조인의 중재에도 불구하고 경숙이는 사죄의 자리에 나타나지 않았다. 국선보조인이 개인적으로 경숙이를 만나 위로해주려고 하였으나 그마저도 성사되지 못했다.

결국 많은 생각 끝에 내가 직접 경숙이의 입장에서 편지를 쓴 다음 심리 중에 이를 소년들과 그 부모들에게 직접 읽히기로 마음을 정했다. 재판을 하는 판사가 피해자의 입장이 되어 글을 쓴다는 것이 쉽지는 않았다. 그러나 그동안 적지 않은 피해자들을 만나 그들의 괴롭고 절박한 심정을 늘 경험했기에 여러 번 문구를 고쳐가며 완성하였다.

이제 저는 어떻게 해야 하나요?
생각하기조차 싫은 일이 벌어지고 말았습니다. 어쩌다 보니 한 아이가 마음에 들어 그런 것이었는데 그 아이는 짐승보다 못한 취급을 받고 있던 나를 지켜주기는커녕 오히려 다른 아이들이 저를 유린하는 것을 옆에서 보고만 있었습니다. 치욕과 모멸감에 살 수가 없어 육교 위에서 떨어져 죽으려고 했지만 그것마저도 내 맘대로 되지 않더군요.

이제 저는 어떻게 살아가야 합니까?

그 아이들은 처벌받고 나면 그만이겠지만, 저는 평생 씻을 수 없는 상처를 안고 살아가야만 합니다. 제가 어른이 되어 사랑하는 사람을 만나 가족을 이루었을 때 그날의 경험이 어떤 영향을 미칠지 도무지 상상이 되지 않습니다. 또, 지금 당장 어떻게 생활해야 할지도 엄두가 나지 않습니다. 그 아이들은 모두 저를 알고 있어요. 이름과 학교와 집과 가족관계까지도요. 그들과 그 가족들이 나에 관해 다른 사람들에게 말을 할까 봐 너무나도 두렵습니다. 제가 당한 일을 알고 있을까 봐 창피스러워 친구들이나 사람들을 만날 힘조차 없습니다. 가족들을 볼 낯이 없어 집에 있을 수도 없습니다. 답답한 마음에 그저 눈물만 흘릴 뿐입니다.

저는 평범했던 옛날로 돌아가고 싶습니다. 그러기 위해 상처가 완전히 아물지는 않았지만 일단 그들을 용서해주기로 하였습니다. 이제 그 아이들과 부모님들께 부탁드립니다. 제가 그냥 평범한 여학생으로 생활하고, 저희 가족이 평범한 가족으로 생활해나갈 수 있도록 도와주시기를요. 그 방법은 그 사람들이 저보다 잘 알고 있을 것입니다.

이 상처가 아물기에는 많은 세월이 걸릴 것입니다. 어쩌면 영원히 아물지 않을지도 모릅니다. 그러니 진정으로 저를 위한다면 저의 부탁을 꼭 들어주시기 바랍니다. 이것이 저와 저희 가족이 그 아이들을 용서한 것에 대한 보답이 될 것입니다.

소년들과 부모들은 글을 읽으며 흐느끼기 시작해 다 읽고 나서도 울음을 멈추지 못하였다. 어떤 부모는 큰 소리로 통곡하며 내가 앉아 있는 법대法臺를 향해 엎드리고 말았다. 법정에서 이 광경을 지켜보던 분들도 다 함께 눈시울을 적셨다. 소년들, 그 부모들, 법정에 함께했던 분들의 눈물을 경숙이에게 보여줄 길은 없었지만 이 눈물이 경숙이와 그 가족들에게 조금이나마 위로가 되기를 바랄 뿐이었다. 소년들에 대해서는 구치소 등에서 몇 달 동안 구속되어 있었던 점을 참작하여 2년간의 보호관찰을 받도록 함과 동시에 1개월간 소년원에 보내는 처분을 내렸다.

 소년들은 이 사건으로 징계를 받아 다니던 학교에서 다른 학교로 전학을 해야 하였는데 받아줄 학교가 좀처럼 나타나지 않아 애를 먹다가 겨우 전학할 수 있었다. 그리고 지금까지 자신들의 잘못을 반성하며 재비행 없이 성실히 생활하고 있다. 경숙이에 대한 사죄의 마음을 항상 간직하며 살아가고 있음은 물론이다.

#10

이제 저를 미워하지 마시고 이뻐해주십시오

내게는 별명이 많다. 선생님, 아버지, 바보, 호통대장…… 모두 소년법정에서 만난 아이들이 붙여준 별명이다. 별명이란 대개 어린 시절에 친구들 사이에서나 부르는 것이고, 그마저도 나이가 들면 저절로 사라지게 마련인데 나는 어쩐 일인지 나날이 별명이 늘고 있다. 그중 하나가 '천10호'이다.

소년재판을 통해 최종적으로 내려지는 결정을 '소년보호처분'이라고 한다. 소년법 제32조 제1항에는 제1호부터 제10호까지 규정되어 있는데 보통은 '1호처분', '2호처분' 등으로 부른다. 1호부터 5호까지는 보호자나 보호자를 대신할 수 있는 사람에게 위탁하거나 강의를 듣거나 사회봉사를 하게 하거나 보호관찰을 받도록 하는 처분이고, 6호부터 10호까지는 소년보호시설에 격리하거나 소년원에 보내는 처분이다.

소년원에 보내는 처분은 한 달간 보내는 8호처분, 6개월간 보내는 9호처분 및 2년간 보내는 10호처분 세 가지 종류가 있다. 그중 가장 무거운 처분은 10호처분이고, 이 처분은 열 가지 소년보호처분 중에서도 가장 무거운 처분이다.

10호처분은 비행이 매우 무거운 경우에 주로 하게 되나, 그렇지 않더라도 도무지 비행을 걷잡을 수가 없는 경우에는 소년들의 장래를 위해 부득이하게 내리기도 한다. 소년원은 집단적이고 폐쇄적 시설이라는 한계가 있지만 비행소년들의 교화나 재비행 예방을 위해서는 적합한 시설이 틀림없기 때문이다. 검정고시 합격을 위해 또 기술자격증 취득을 위해서는 9호처분보다는 10호처분이 오히려 소년에게 더 유익할 때도 많다. 그래서 소년들을 위해서라면 9호처분을 할 수 있을 때도 10호처분을 하는 경우가 더러 있다.

그래서인지 소년들은 내가 10호처분을 많이 한다고 생각하여 나의 별명을 '천10호'라고 지었다. 내 이름 '천종호'의 '종'자를 빼고 '10'을 넣어 만든 것이다. 어떤 아이는 소년원을 향해 항해하는 배를 그렸는데, 특이하게 그 배의 이름도 '천10호'였고 선장도 '천10호'였다.

이 10호처분은 고삐 풀린 망아지처럼 뛰어놀던 비행소년들에게는 커다란 충격으로 다가간다. 그만큼 처분을 내린 판사에 대한 원망도 크다. 10호처분을 받고 송천정보통신학교(전주소년원)에 보내진 한 소년은 "재판정에서 판사님이 저에게 10호처분을 내렸을 때 정말 판사님 원망 많이 했습니다. 10호가 믿기지가 않아서 자다가도 벌떡 일어나고 좌절에 빠져 있었습니다."라는 편지를 보내오기도 하였다. 아마 10호처분을 받는 다른 소년들의 마음도 이와 비슷할 것이다. 하지만 소년들로부터 당장은 원망을 받는다 해도 10호처분이 아이의 장래에 도움이 된다면 처분을 하지 않을 수 없다. 다만 처분 이후라도 관계의

어쩐 일인지 나날이 별명이 늘고 있습니다.
'호통대장'에 이어 '천10호'라는 별명도 얻었습니다.

끈을 놓지 않고 기회가 주어지는 대로 소통하며 아이들이 올바르게 자라는 데 도움이 될 만한 일은 무엇이든지 하려고 한다.

열여덟 살인 동식이의 부모는 이혼하였다. 동식이의 양육을 맡은 아버지는 아이의 성격이나 행동을 개선할 의지나 능력이 거의 없었고, 미용실을 운영하는 어머니는 재혼하여 부산에서 생활하고 있었기에 창원에 거주하는 동식이를 보살필 형편이 되지 않았다. 동식이에게는 한 살 위의 누나가 한 명 있다. 남매는 치아가 건강하지 않은 체질인 데다가 관리를 제대로 받지 못해서인지 입을 벌리면 듬성듬성 빠져 있는 이가 흉하게 드러났다. 애처로워 오누이의 얼굴을 똑바로 쳐다볼 수 없을 지경이었다.

동식이는 열네 살이던 2009년 4월 절도죄로 보호처분을 받은 것을 시작으로 비행 전력이 일곱 번이나 된다. 보호관찰소에서 동식이가 보호관찰처분에 정해진 사항을 잘 이행하지 않았다며 보호처분을 변경해달라는 신청을 하였다. 그래서 2010년 8월 심리를 열어, 동식이의 가정상황 등을 고려하여 2년간의 보호관찰을 조건으로 마야쉼터에 보호를 의뢰하는 처분을 내렸다.

그러나 동식이는 마야쉼터에서 무단이탈하여 문제를 일으키다 친구들과 저지른 절도죄 등으로 다시 소년재판을 받게 되었고, 2011년 4월 심리기일이 잡혔다. 공교롭게도 그의 누나 역시 절도죄로 소년보호처분을 받게 되었고, 동식이와 같은 날 심리가 예정되어 있었다.

동식이에 대해서는 가정환경, 장래 등을 생각하여 10호처분을 내리고, 누나에 대해서는 1년간의 보호관찰을 조건으로 이레센터에 보호를 의뢰하는 처분을 내리려고 하였다. 그런데 청소년회복센터의 운영자들과 국선보조인들이 한결같이 동식이를 선처해줄 것을 간곡히 부탁하였다. 동식이가 마야쉼터를 이탈한 가장 큰 이유가 함께 생활하던 아이들로부터 괴롭힘을 당한 것이었기 때문에 다시 기회를 주어야 한다는 것이 그들의 공통된 의견이었다. 그래서 고심을 거듭한 끝에 마음을 돌려 2년간의 보호관찰을 조건으로 샬롬센터에 보호를 의뢰하는 처분을 내렸다. 누나에게는 처음 생각한 대로 보호관찰을 조건으로 이레센터에 보호를 의뢰하였고, 동생인 동식이가 샬롬센터에서 잘 생활할 수 있도록 도와주라는 당부까지 하였다.

그러나 동식이는 샬롬센터에서 생활한 지 얼마 되지 않아 또 무단이탈해버렸고, 누나도 성실히 생활하지 못하고 이레센터를 들락거렸다. 동식이가 이탈하자 샬롬센터는 보호처분변경을 신청하였고 이후 관계자들이 동식이를 찾아 나섰으나 찾을 수가 없었다.

그런데 동식이는 대담하게도 얼마 후 친구의 소년재판을 보기 위해 제 발로 법원에 나타났다. 이레센터 관계자 등 몇 분이 도망가려는 동식이를 겨우 붙잡아왔기에 바로 소년분류심사원에 임시위탁하였다.

3주 뒤 동식이에 대한 재판이 다시 열렸고, 결국 10호처분이 내려졌다. 천둥벌거숭이 같은 데다 친구들에게 쉽게 휩쓸리는 성격의 동식이에게는 소년원이 더 도움이 될 거라고 판단했기 때문이다. 동식이는 말없이 법대를 응시하며 눈물을 글썽거렸다.

그로부터 며칠 뒤 동식이의 누나에 대해서도 보호처분 변경신청이 있었다. 하지만 다행히도 어머니가 동식이의 누나를 부산으로 데려가 잘 양육하겠다고 하기에 2년간의 보호관찰을 조건으로 어머니에게 보호를 의뢰하는 처분을 내렸다. 그리고 얼마 후 위탁보호위원으로부터 동식이의 누나가 부산에서 생활을 잘하고 있다는 보고를 받았다. 그로부터 얼마 지나지 않아 동식이한테서도 편지가 왔기에 반가운 마음에 얼른 열어보았다.

처음에는 10호처분이라는 과정이 정말 짜증 나고 싫었습니다. 하지만 지금은 중학교 졸업 검정고시를 합격하고 컴퓨터자격증을 따려고 준비 중입니다. 지금 와서 생각해보니 10호처분은 제 인생을 바꿔주고 저의 마음가짐도 바꿔주고 저의 손버릇까지 고쳐주고 있습니다. 저는 판사님께서 주신 10호처분을 안 좋은 쪽으로만 생각했는데 지금은 10호처분이 저에게는 정말 좋은 기회로 생각됩니다. 제가 밖에 있었다면 이 편지 쓸 시간에도 나쁜 짓을 하고 있을 것입니다.
판사님, 저에게 기회를 주셔서 감사합니다. 판사님이 아니었다면 지금쯤 저는 소년원보다 더한 곳에 있었을 수도 있습니다. 아직 1년이란 기간이 남았는데 그 기간 동안 생활 열심히 해서 여기서 딸 수 있는 자격증은 모두 따고 나갈 것입니다. 이제 판사님이랑 재판정이 아닌 더 좋은 자리에서 만나 뵙고 싶습니다.
판사님 이제 저를 미워하지 마시고 이뻐해주십시오.

먼 땅에서 오는 좋은 기별은 목마른 사람에게 냉수와 같다.

#11

밥 잘 먹었습니다

일반 형사재판 절차와는 달리 소년재판은 비행을 저지른 소년에게 그에 마땅한 처분을 내렸다고 해서 판사의 역할이 종료되지 않는다. 결정의 집행상황을 감독하고 처분을 변경할 권한이 판사에게 있기 때문이다. 처분을 내린 이후 소년부 판사가 어떻게 하느냐에 따라 비행소년들의 교정이나 복지 향상에 크게 기여할 수도 있다. 최근 사법부가 소년사건을 담당하는 가정법원의 '후견적·복지적 기능'을 강화하려는 것도 바로 이 때문이다.

후견적·복지적 기능이란 결국 잘 지켜보고 잘 지원해주어야 한다는 뜻이다. 소년재판부가 이러한 기능을 충실히 이행하려면 법정에서뿐만 아니라 법정 밖에서도 소년들과 지속적으로 소통할 수 있어야 한다. 나는 오히려 처분 이후 법정 밖에서의 소년들과의 소통이 아이들의 교정이나 재비행 예방에 더 큰 역할을 한다고 생각한다. 그래서 처분이 내려진 이후에도 손을 놓지 않고 가능한 한 청소년회복센터, 경청상담교육센터, 소년원 등에 맡겨진 소년들과 연락을 주고받으며 소통의 끈을 놓지 않기 위해 노력한다. 그러다 보면 어느 순간 비행에서 벗어나 훌륭하게 성장해가고 있는 소년들을 보게 되는데 이럴 때면 가슴 벅찬 감동을 느끼곤 한다.

특히 법원에서 재판을 받은 소년들만을 위한 상담교육기관이 필요하다는 나의 제안에 따라 김화원 이사장이 선뜻 기부를 하고 아동청소년상담 전문가인 이도경 교수의 주도 아래 2011년 1월에 설립된 경청상담교육센터는 소년들과 소통하는 데 있어 가장 중요한 도우미 역할을 하고 있다. 뿐만 아니라 가정의 해체로 인해 사실상 기댈 곳이 없는 어려운 처지의 비행소년들에게 필요한 맞춤 교육이나 상담 등을 해줌으로써 소년과 세상을 이어주는 훌륭한 가교의 역할을 하기도 한다. 이런 기관이 없다면 사실상 사회로 돌려보낸 비행소년들과의 소통은 지극히 제한적일 수밖에 없다. 석태도 이곳에서 도움을 받았다.

열일곱 살인 석태는 고등학교를 자퇴한 채 할머니와 함께 살고 있었다. 아버지는 병으로 입원해 있었고, 석태 어머니는 남편의 폭력에 못 이겨 집을 나간 뒤 행방을 알 수 없는 상태였다. 이런 가정 환경에서 자란 탓인지 석태는 이미 절도죄로 두 차례나 입건되어 검사로부터 기소유예라는 선처를 받았음에도 또다시 같은 비행으로 소년보호처분을 받게 되었다.

2011년 4월, 석태에 대한 심리가 열렸다.

기록과 보호관찰소의 결정전 조사서에 나타난 비행내용과 전력, 가정환경 등을 감안하여 경청상담교육센터에서 40시간의 정신심리치료 강의를 받는 외에 2년간 보호관찰을 받도록 하는 내용의 처분을 내렸다.

처분 이후 석태는 정신심리치료 강의를 받기 위해 경청상담교육센터를 다녔다. 그런데 강의를 끝마치는 날 오후에 경청상담교육센터에서 석태 일로 연락이 왔다.

"석태의 상태가 아무래도 이상합니다. 그냥 이대로 방치하면 큰 문제가 생길 것 같습니다. 청소년회복센터에라도 위탁하여 보호해야 할 것 같습니다."

"왜요? 강의를 방해하고 분위기를 흐립니까?"

걱정스레 묻는 내 말에 센터에서는 그게 아니라며 말을 이었다.

"아닙니다. 오히려 일체 아무런 반응을 안 하는 게 더 이상합니다. 강의 시간 내내 얼굴 전체를 가리는 검정 마스크를 쓰고 장발 사이로 거칠게 쏘아보기만 할 뿐입니다."

겉으로는 강의 진행에는 별다른 방해가 되지 않았고 또 강의가 종료되는 시점이었기 때문에 그냥 넘어갈 수도 있었지만 아이에 대한 관심이 위험신호를 감지하게 하였던 것이다. 이후 석태를 눈여겨보게 된 센터 측은 미술 지도를 하던 중 아이가 강한 자살충동을 가지고 있다는 것을 알게 되어 내게 전화를 했다.

전화를 끊고 경청상담교육센터로 달려가서 석태의 상태를 확인했다. 석태는 책상에 엎드려 있었다. 내가 일어나보라고 하자 "왜요?" 하며 귀찮다는 듯 느리게 몸을 일으키는데 무기력해 보이는 몸짓과는 달리 아이의 눈은 마치 야생 짐승 같은 눈빛을 하고 있었다. 심각한 상태라고 판단한 나는 서둘러 청소년회복센터 중의 하나인 자운영센터에 전화하여 석태를 맡아달라고 부탁했다.

마침 마산에 볼일을 보러 나와 있던 자운영센터장은 흔쾌히 승낙하며 비가 추적추적 오는데도 불구하고 한걸음에 달려와 석태를 데리고 갔다. 나는 석태를 데려가는 센터장에게 당부했다.

"석태 아버지께 사정을 설명해주시고, 혹시 문제를 제기하거든 저에게 연락을 하도록 하세요."

그날 밤 11시가 다 되어갈 무렵 석태 아버지한테서 연락이 왔기에 석태를 자운영센터에 위탁시킨 경위를 설명해주었다.

"석태를 위해서 한 일입니다. 그러니 내일 시간이 되시면 자운영센터로 가셔서 그곳이 어떤 곳인지 먼저 보십시오. 혹시 아버님께서 마음에 들지 않는다고 하신다면 석태를 다시 집으로 돌려보내드리겠습니다. 그러나 저희들의 결정을 한번 믿고 따라주십시오."

석태 아버지는 "잘 알겠습니다." 하고 나서 전화를 끊었다. 하지만 그는 그 다음 날은 물론 그 이후 단 한 번도 자운영센터를 방문하지 않았다.

그렇지만 석태는 그곳으로 간 지 불과 얼마 되지 않아 기적처럼 놀라운 변화를 보여주었다. 야생 짐승 같던 눈빛은 사라지고 또래 아이들처럼 순하게 웃는 석태를 보니 완전히 다른 사람이 된 것 같았다. 게다가 경청상담교육센터에서 정신심리치료를 위한 강의를 40시간 더 받았는데, 예전에 쓰던 검정 마스크는 온데간데없고 얼굴을 훤히 드러낸 밝은 표정으로 교육에 적극적으로 임했다. 경청상담교육센터와 자운영센터에서 일하는 분들의 애정 어린 관심과 따뜻한 보살핌이 석태를 밝고 긍정적으로 변하게 만든 것이다.

그런 석태가 하도 기특해서 점심 사 먹으라고 만 원을 전해주었더니 얼마 후 단정하게 머리를 깎은 사진과 함께 감사 메시지를 보내왔다.

판사님, 저 석태입니다. 잘 지내십니까? 밥 맛있게 사 먹었습니다.
좋은 하루 보내세요.

　짧은 편지였지만 석태의 마음을 보여주는 소중한 편지였다.
　그리고 몇 달 후 자운영센터의 소년들과 석태가 창원에 왔기에 점심을 사주었다. 한참 먹성이 좋은 나이인지라 석태는 혼자서 수 인분의 쇠고기와 밥 세 공기를 거뜬하게 해치웠다. 함께 생활하는 아이들과 해맑은 모습으로 스스럼없이 잘 어울리는 석태에게서 이전의 음울했던 표정은 전혀 찾아볼 수 없었다. 그런 석태를 보자 뿌듯한 기쁨에 절로 흐뭇한 미소가 지어졌다.
　석태는 그 후 6개월간의 보호생활을 잘 끝내고 집으로 돌아갔고, 지금은 취직을 하여 착실하게 생활하고 있다. 그리고 어려운 일이 있을 때는 가끔 내게 전화를 걸어오기도 한다.
　자칫하면 흘려보낼 뻔했던 인생의 기회를 주위 분들의 관심과 애정으로 붙잡을 수 있었던 석태는 지금 아주 훌륭한 청년으로 성장하고 있다.

법정에서 "미안합니다. 사랑합니다."라고 외치며 눈물을 쏟았지만
그건 아직 소년들의 의지에 불과합니다.
그 의지의 싹이 잘 자랄 수 있도록 도와주는 것이 어른들의 역할입니다.
그 싹이 세상 밖으로 나오기도 전에 짓밟아서는 안 됩니다.

#12

어젯밤에 판사님 꿈을 꾸었습니다

열여섯 살인 원규는 십수 명의 아이들한테서 상습적으로 돈이나 휴대전화기를 빼앗다가 공갈죄로 입건되어 소년재판을 받게 되었다. 원규에 대하여 창원 청소년비행예방센터에 상담 조사를 의뢰하였으나 원규가 조사에 응하지 않아 상세한 비행동기와 가정 형편 등에 관하여 알 수가 없었다.

2011년 12월 26일 원규에 대한 심리가 진행되었다.

원규는 같은 종류의 비행으로 2011년 9월에 기소유예처분을 받은 전력이 있었고, 상습적으로 공갈 비행을 저지르는 것으로 보이는 데다 학교도 자퇴한 상태라 아무런 조치 없이 보호처분을 하면 비행이 더욱 심화될 것 같았다. 그래서 원규의 정신심리상태 등을 조사하고, 자신을 돌아보는 시간을 갖도록 해주기 위해 소년분류심사원에 임시위탁한다는 결정을 내렸다.

그런데 처분이 내려지자 법정에 참석해 있던 원규 아버지가 자신이 간암 말기 환자라서 간이식수술을 받을 예정인데, 이식될 간의 제공자가 아들이니 이러한 사정을 참작해서라도 임시위탁결정을 재고 해달라고 하였다. 하지만 원규의 비행 성향을 누그러뜨리기 위해서는 단 며칠만이라도 원규를 소년분류심사원에 위탁해야겠다는 생각을 바꿀 수 없었다. 그래서 원규 아버지에게 일단은 임시위탁하겠으니 수술 예정 일시 등을 확인할 수 있는 자료를 빠른 시일 내에 제출해달라고 한 다음 기일을 지정하였다.

사정이 다급했던 원규 아버지는 다음 날 바로 자료를 제출하였다. 그 자료를 통해 2012년 1월 6일에 간이식수술이 예정되었다는 것을 확인할 수 있었다. 수술 일정을 맞추기 위해서는 원규에 대한 심리를 그 전에 마쳐야했기에, 부득이 신년 업무 시작일인 2012년 1월 2일 오후 2시에 판사실에서 예정에도 없던 특별심리를 진행하였다.

소년분류심사서에는 다음과 같이 되어 있었다.

> 원규 어머니는 원규가 네 살 되던 무렵 외도로 집을 나갔고, 그 후 아버지가 홀로 원규를 양육해왔다. 원규 아버지는 간염으로 오랫동안 고생하였는데, 간염이 간암으로까지 진전되어 2년 전에 구청 등의 도움으로 수술을 받았으나 재발되어 간이식수술에 마지막 희망을 걸고 있다. 한편, 원규는 공업고등학교에 입학하였으나 학교생활에 적응하지 못해 1학년 때 자퇴하였고, 건강하지 못한 아버지와 넉넉하지 못한 집안 형편 등으로 제대로 보호를 받지 못하자 용돈 마련을 위해 아이들한테서 돈이나 물건을 빼앗기까지 하였다. 그러던 중 아버지가 간이식을 받지 않으면 생명이 위독하다는 말을 듣고 자신의 간을 제공하겠다고 나섰고, 다행히 장기 제공 적합 판정을 받았으나 연령상 곧바로 수술에 임하지는 못하고 법적 허용 연령이 되기를 기다리고 있

던 중에 재판을 받게 되었다. 원규는 수술을 기다리던 중에도 또 한 건의 공갈 비행을 저질렀으나 그 이후로는 추가 비행 없이 생활해왔다.

원규 아버지에게 물었다.
"간이식수술은 어떻게 하는 겁니까?"
"원규의 간을 70% 정도 떼어서 제게 이식을 한다고 합니다."
깜짝 놀란 나는 다시 물었다.
"네? 그렇게 많이 떼어내도 원규에게 아무런 문제가 없습니까?"
"예. 간은 한 달 정도 지나면 거의 원상으로 회복되니까 괜찮다고 합니다."
"수술비는 어떻게 합니까?"
"원규가 기부금 모집 방송에 출연해서 모금할 예정입니다."
원규가 애처롭다는 생각이 들어 원규에게 물어보았다.
"수술이 무섭지는 않아?"
"괜찮아요. 무섭지 않습니다."
담담하게 대답하는 원규의 모습이 더욱 마음을 아프게 했다.

심리를 마친 뒤 원규에 대하여 2년간의 보호관찰을 받는 것을 조건으로 아버지에게 보호를 의뢰하는 처분을 내렸다. 두 사람은 감사하다는 인사를 한 뒤 판사실을 나갔다.

나는 신년 벽두부터 도무지 일이 손에 잡히지 않았다.
'아무리 건강이 좋지 않고 형편이 넉넉하지 못하다 해도 아이에게 관심과 애정은 쏟을 수 있고 옳고 그름의 사리 분별은 가르칠 수 있는 것이 아닌가. 그런데 자식을 방치하여 비행에 이르게 했으면서도 자신이 살기 위해 어린 아들한테서 장기를 제공받고 그것도 모자라 아들을 방송에 출연시켜 수술비를 마련하다니…….'

원규 아버지에 대하여 나도 모르게 묘한 반감이 일었다. 한편으로 아무리 회복력이 좋다지만 아직 어린 나이에 간을 70%나 떼어내야 하고 몸에 커다란 흉터 자국을 지니고 평생을 살아야 하는데 그것으로도 모자라 수술비를 마련하기 위해 모금 방송에까지 출연해야 하는 원규가 너무 안쓰러웠다. 반감과 연민이 교차하여 하루 종일 마음이 편치 못했다. 집에 돌아와서도 생각이 그치질 않아 꿈자리마저 뒤숭숭했다.

다음 날에도 아침부터 원규가 눈에 밟혀 사무실에 출근하자마자 원규 아버지에게 전화를 하였다. 병원에 입원하기 전에 원규에게 밥이라도 잘 먹여야겠다는 생각이 들었기 때문이다. 원규 아버지가 그러겠다고 하여 점심시간에 직원들과 함께 예약된 식당으로 갔다.

식사 도중 원규에게 말했다.

"야, 너 때문에 판사님이 어제 잠을 설쳤어. 수술하기 전에 많이 먹고 힘을 내서 빨리 완쾌해."

원규는 말없이 싱긋 웃었다.

그러자 병색이 완연한 원규 아버지가 작은 소리로 말을 꺼냈다.

"판사님, 사실은 저도 어젯밤에 판사님과 같이 식사하는 꿈을 꾸었습니다."

이 말에 순간 말문이 막히면서 소름이 돋았다. 함께 식사를 하던 직원들도 놀라는 눈치였다. 나는 애써 마음을 다독이며 식사를 마친 뒤, 원규에게 용돈을 주면서 말했다.

소년부 판사가 된 것도
비행소년들에 대한 소명감을 갖게 된 것도
내 의지로만 된 일은 아닐 것입니다.

"앞으로는 남의 돈 빼앗지 말고 모자라면 판사님께 연락하거라. 그리고 다시는 비행을 저지르면 안 된다. 그렇게 되면 사람들이 아버지를 위해 간까지 떼주고도 정신 못 차린다며 너를 더 이상 쳐다보려고 하지도 않을 거야."

그리고 돌아와 한동안 아무 일도 못한 채 원규 아버지가 말한 꿈 얘기를 떠올리며 망연하게 앉아 있었다.

원규 아버지는 어린 아들에게 못할 짓을 한다는 생각에 몹시 괴로웠고, 그런 괴로움이 그로 하여금 앞일을 미리 알게 하는 꿈까지 꾸도록 한 것인지도 모른다. 그런데 나는 그의 꿈 이야기로 인해 내가 원규 가족과 식사를 한 것이 내 의지가 아니라 어떤 보이지 않는 힘 때문이라는 생각에서 벗어날 수가 없었다. 그러다 결국에는 '내가 소년부 판사가 된 것도, 비행소년들을 포기하지 않고 바른 길로 인도해야 한다는 소명감을 가지게 된 것도 과연 내 의지로 된 것일까?'라는 질문까지 하기에 이르렀다.

원규와 식사를 한 지 어느새 1년여의 세월이 흘렀다. 아직 원규에 대하여 접수된 사건이 없는 것을 보니 비행 없이 잘 지내는 것 같아 다소 마음이 놓인다. 원규와 원규 아버지 모두 건강하고 행복하게 살고 있기를 바랄 뿐이다.

제2부
학교의 위기, 소년의 눈물

… #01

마약처럼 습관이 되어버린

 2012년 봄부터 학교폭력으로 창원지방법원 소년부에 송치되는 사건이 급증하였다. 전에 없던 학교폭력이 어느 순간 갑자기 늘어났기 때문이 아니다. 2011년 겨울에 발생한 대구 학생 자살사건 이후로 학교폭력 문제가 사회적으로 큰 반향을 일으키면서 사회적 인식이 크게 바뀌어 학교폭력 사건들이 형사사건화된 까닭이다.
 학교가 위기다. 최근 연구결과에 따르면 우리나라 전체 초·중·고 학생의 23.9%인 1,779,871명이 위기학생에 해당하고, 그중 4.5%인 335,122명이 고 위기학생에 해당한다고 한다. 위기학생이란 과거에는 위험행동이나 문제행동을 저지른 학생을 가리켰지만, 지금은 자존심, 또래의 지지, 학교에 대한 흥미 등이 없어 위험행동을 저지를 가능성이 높은 학생도 포함시킨다. 그런 위기학생이 한 학급당 5~6명, 일반적인 의미에서의 비행소년에 해당하는 고 위기학생이 한 명꼴로 존재한다. 우려하지 않을 수 없는 수준이다.
 학교폭력으로 법정에 선 소년들은 지금까지 소년재판에서 만난 소년들과는 많은 점에서 달랐다. 제대로 보호를 받지 못했던 가난한 결손가정의 소년들과 달리 신체적·정신적 상태, 가정환경, 학업 현황 등에서 양질의 환경에 속한 소년들이 많았다. 이는 학교폭력에 대해 범죄심리학적 입장에서만 접근하던 종전의 입장을 수정해야 한다는 것을 의미한다.

학교폭력은 다른 폭력과 같지 않다. 폭력이 발생하는 원인도, 폭력이 진행되는 양상도 일반 폭력사건과 사뭇 다르다. 학생들이 학교폭력을 저지르는 이유는 여러 가지가 있다. 하지만 실무를 처리하며 얻은 결론 중 가장 마음을 무겁게 했던 것은 학교폭력이 학교에 적응하지 못한 일부 청소년들에게는 일종의 쾌락 추구 수단이거나 고립감을 해소하기 위한 행동이라는 점이었다. 학교와 학원을 다람쥐 쳇바퀴 돌듯하고 있는 아이들에겐 꿈꿀 시간조차 없다. 성적 경쟁에서 뒤처지거나 적응에 실패한 소년들의 자아존중감이 흔들리는 것은 당연하다. 그 결과 주목받지 못한 아이들은 좌절감과 답답함, 막연한 분노 속에 비슷한 친구들끼리 어울려 잘못된 돌파구를 찾아 나선다. 이때 비행성 있는 친구들이라도 만나게 되면 일탈은 시간문제다. 사소한 일탈이 걷잡을 수 없는 폭력으로 발전하고, 폭력을 멈추지 못해 학교라는 공간을 벗어나 비행세계에 깊이 빠져버리는 소년들도 많이 보아왔다.

그런데 더욱 큰 문제는 미성숙한 청소년들의 경우 폭력에 한번 길들여지면 좀처럼 빠져나오기가 어렵다는 사실이다. 폭력은 중독성이 강하다. 권력처럼 폭력을 휘두르며 맛본 모종의 쾌감은 아이들을 학교폭력의 유혹에서 빠져나오지 못하게 만든다. 경태의 경우가 그랬다.

열아홉 살인 경태는 고등학교 3학년에 재학 중이었는데, 중학교

3학년 때부터 무려 4년여 동안 열 명의 후배들을 상습적으로 폭행하거나 그들로부터 수백 회에 걸쳐 금품을 갈취하였다. 빼앗은 현금은 3,600만 원 가량에 이르고, 옷, 신발, 지갑, 휴대전화기 등 빼앗은 물건만도 수백만 원어치에 이른다. 구속 당시 경태의 집에서는 후배들한테서 갈취한 의류 열 점과 신발 일곱 켤레가 발견되었다.

지금까지 소년재판을 처리하면서 이렇게 장기간에 걸쳐 엄청난 액수의 금품을 갈취한 사건은 본 적이 없었다. 그런데도 경태는 단 한 번도 형벌이나 소년보호처분을 받은 적이 없었다. 학교를 다니는 동안 가벼운 징계를 몇 번 받았을 뿐이었다.

경태는 열 명의 후배들을 메신저나 전화로 매일 불러내 돈과 옷을 구해 오라고 하고 증거인멸을 위해 문자는 반드시 지우게 하는 등의 치밀함도 보였다. 또 오토바이 수리비와 교통사고 합의금, 문신 비용 등을 요구하며 그들이 돈을 구해오지 않으면 주먹과 발로 때리거나 심지어 당구 큐대로 때리기도 했다. 후배들은 부모님께 받은 용돈은 물론 자신들이 가지고 있던 디지털카메라, 컴퓨터, 옷 등을 팔거나 '오토바이를 타다가 사고를 냈다, 교복과 체육복을 산다'는 등의 거짓말로 부모님께 돈을 타내어 경태에게 상납했으며 심지어 아르바이트를 하거나 친구들에게 빼앗거나 빌려서라도 경태에게 돈을 갖다 바쳤다. 경태의 폭력에 못 이겨 친구들한테서 돈이나 옷을 빌린 한 아이는 '친구들에게 매일 미안하다고 사과하고 있고, 조금만 기다려달라고 사정하고 있다'며 시달림의 고통을 호소하기도 하였다.

경태는 또 지나가는 아이들이 좋은 옷을 입고 있는 것을 보면 후배들에게 '빌려' 오라고 시키기도 했다. 경태가 가진 옷의 대부분은 후배들이 구해다 준 것이었다. 심지어 경태는 자신이 가지고 있는 물건을 팔아 오라며 '앵벌이'까지 시켰다. 후배들이 돈을 구해다 주면 '잘했다, 오늘도 고생했다, 동생들아 내일도 파이팅이다' '사람이 마음만 먹으면 안 되는 게 없다'라며 웃었다. 하지만 날이 갈수록 요구하는 금액은 늘어갔고 후배들은 맞는 것이 거의 일상생활이 되어갔다.

열 명이나 되는 후배들이 속수무책으로 당할 수밖에 없었던 배경은 경태가 읍이라는 좁은 지역에서 같은 학교에 다니는 직속 선배였기 때문이다. 키도 자신들보다 20㎝나 더 크고 문신까지 새긴 경태가 두려워서 대항을 못하기도 했지만, 중학교 때 선생님께 경태한테 갈취당한 사실을 알렸는데도 선생님이 별다른 조치를 취해주지 않았고, 오히려 고자질했다는 이유로 경태한테서 심한 보복성 폭행을 당했다고 한다. 그 후 어른들에게 이야기해도 해결이 되지 않는다는 생각에 아예 저항할 의지조차 상실하고 말았던 것이다.

견디다 못한 후배들은 경태를 피해 도망을 다녔지만 결국에는 붙잡혀 무자비하게 폭행을 당할 뿐이었다. 그들은 경태를 보면 치가 떨렸고 우울증에 자살충동을 느낄 때도 있었다고 했다. 그나마 열 명의 아이들은 동병상련의 심정으로 서로를 의지했기에 자살충동을 이겨낼 수 있었을지도 모른다. 하지만 후배들에게 갈취당하고 시달렸던 다른 많은 아이들의 심정은 어땠을까? 결국 열 명의 아이들은 자신들이 피해자이면서도 다시 가해자가 되어 또 다른 피해자들을 만들어내고 있었던 것이다.

그런데 더 놀라운 사실은 경태 역시 피해자에서 가해자가 된 케이스였다는 점이다. 다음은 경태의 진술 내용이다.

중학교에 입학하고 나서 6개월 동안 폭행과 갈취를 당했다. 그렇게 당하다 보니 원래 전통이 그런 것 같다는 생각이 들었다. 처음에는 아무것도 모르고 선배들이 하라는 대로 하다가 나도 한번 선배들처럼 해보았다. 처음에 돈 심부름을 시켰는데, 진짜로 돈을 가져오니 신기하고 좋았다. 그냥 말 한마디 했을 뿐인데 돈이 내 손에 들어오니까 진짜로 뭔가에 홀린 것처럼 황홀했다. 그 뒤로부터 마약처럼 습관이 되어버렸다.

경태 사건은 학교폭력이 마치 전통처럼 선배에서 후배로 대를 이어가며 뿌리내리고 있다는 것을 말해주고 있다. 더 나아가 왜곡된 권력으로서의 폭력성이 얼마나 쉽게 아이들의 인격 깊이 파고들 수 있는지를 보여준다.

그러나 부모나 교사들은 이런 사실을 잘 모르고 있거나 사건의 심각성을 인식하지 못하고 있었다.

경태 아버지는 "비행사실에 대해서는 전혀 몰랐습니다. 학교에서 그런 일이 발생했었다면 보호자에게 알려야 미연에 방지할 수 있었을 터인데 학교에서 소문이 나지 않게 자체적으로 해결한다는 방침이 있어 그랬는지 몰라도 알 수가 없었어요."라고 하였고, 어머니도 "사주지도 않은 옷과 신발들이 많았지만 별로 이상하게 생각하지 않았어요. 그냥 친구들끼리 바꾸어 입는 줄 알았고, 후배들이 집에서 자고 갈 때도 친해서 그러는 줄 알았습니다."라고 말했다. 하지만 피해를 당한 후배들의 진술에 따르면 자신들이 경태에게 빼앗긴 옷을 경태 아버지가 입고 다녔다고 하는데, 무슨 생각으로 그 옷들을 입고 다녔는지 도무지 이해할 수 없었다. 아들의 비행사실을 몰랐다는 그의 말도 믿기가 어려웠다.

학교 역시 마찬가지였다. 경태의 고등학교 1학년 생활기록부에는 '학급반장으로 궂은일을 솔선하여 처리하고, 즐겁고 단합된 학급을 만들기 위하여 뛰어난 지도력으로 헌신적인 노력을 함'이라고 되어 있을 정도였다. 경태가 학교에서 이런 평가를 받을 수 있었던 것은 학교 안에서는 최대한 말썽을 피우지 않는 동시에 자신의 폭력 사실이 학교에 알려지지 않도록 후배들을 철저하게 통제하고 괴롭히는 이중생활을 했기 때문으로 보였다. 경태에겐 학교가 최고의 오락거리를 제공해주는 공간이나 마찬가지였던 것이다.

2012년 4월, 경태에 대한 심리를 진행하였다.

경태 집은 부유하지는 않지만 부모와 형제들이 온전히 있는 보통의 가정이었다. 비행내용이 매우 심각해서 중한 처분을 내려야 하였지만, 경태가 고등학교 3학년이라 장래를 고려하면 섣불리 판단하기가 어려웠다. 그래서 경태 부모에게 일단 재판을 중단하고 시간을 드릴 테니 피해자들을 찾아가 사죄를 하고 용서를 받은 다음 다시 재판을 하자고 하였다. 그러나 경태 부모는 그러한 제안에 일언반구도 대답이 없었다. 나의 제안을 이해하지 못했나 싶어 거듭 말을 해보았으나 여전히 묵묵부답이었다. 결국 경태에 대하여 2년간 소년원에 보내는 처분을 내렸다. 하지만 마음은 편치 않았다.

다음 날 실무관한테서 경태 부모가 처분에 대해 항고를 했다는 소식을 듣고 내심 다행이라는 생각을 하며 경태가 후배들에게 피해를 변상하고 진심으로 용서를 구하기를 간절히 바랐다. 그런데 며칠 뒤 다시 항고를 취하했다는 말을 듣고 실망을 금치 못했다. 경태가 후배들에게 진심으로 사죄하고 피해를 변상할 기회가 어쩌면 영 사라져버린 것일지도 모르겠다는 생각이 들었기 때문이었다.

 이 사건에서의 폭력은 오랜 악습에서 배태된 구조적인 폭력이라고 할 수 있다. 이러한 폭력은 일회적이지 않고 대물림된다는 면에서 더욱더 위험하다. 경태가 선배들의 뒤를 이어 폭력을 행사했던 것처럼, 경태한테 피해를 당한 열 명의 후배들이 경태가 사라진 후 그의 뒤를 이어 가해자의 지위로 올라서지 않을까 염려된다. 그런 일이 일어나지 않기를 간절히 바랄 뿐이다.
 지금도 어딘가에서 이런 유형의 폭력으로 끔찍한 하루하루를 보내는 아이들이 있을 것이다. 더 심각한 문제는 이번 사건에서도 알 수 있듯 피해자인 학생이 언제 가해자가 되어 또 다른 피해자를 만들게 될지 알 수 없다는 것이다. 피해자에서 가해자로 변해가는 악순환의 고리는 반드시 끊어주어야 한다. 그러지 못하는 한 학교의 위기는 계속될 것이다.

피해자인 학생이 언제 가해자가 되어
또 다른 피해자를 만들게 될지 알 수 없습니다.
피해자에서 가해자로 변해가는 악순환의 고리는
반드시 끊어주어야 합니다.

#02

그냥 멋있어 보여서 가입했어요

학교폭력 문제로 사회 안팎이 연일 떠들썩하다. 왕따(집단따돌림)와 괴롭힘, 그로 인한 피해 및 자살이 끊이질 않고, 빵셔틀(빵 심부름), 담배셔틀(담배 심부름), 떼카(카카오톡을 통한 집단따돌림) 등 신조어와 함께 등장한 학생들 간의 서열, 세력 및 권력 문제 또한 염려의 수위를 넘어선 지 이미 오래다. 폭력의 청정지대가 되어야 할 학교에 폭력이 뿌리를 깊게 내리는 현상을 보는 것만으로도 안타까움을 금할 길 없는데 폭력의 구조나 방식이 어른들 세계의 부정적인 모습들을 그대로 반영하고 있다는 사실 앞에서는 참담한 마음밖에 들지 않는다.

열한 명의 소년들이 공동공갈죄로 소년재판을 받게 되었다. 이들은 고등학교 1학년 학생 한 명을 제외하고는 모두 중학교 3학년 학생들이었으며, 스무 명이 넘는 피해자들은 중학교 2학년생들로 모두 같은 시에 소재한 두 중학교를 중심으로 한 선후배 모임(이른바 '일진')의 회원이었다. 상급생인 가해소년들은 개별 또는 공동으로, 같은 모임의 하급생인 피해자들을 모아놓고 툭하면 버릇이 없다는 이유로 구타하고, 폭력을 쓰거나 협박하는 등의 방법으로 돈을 모아오게 하여 갈취하였다.

　가해소년들이 갈취한 돈의 합계는 매달 40~50만 원이 넘었는데, 피해자들은 십시일반으로 소년들이 정한 액수의 돈을 만들어 다달이 상납 형태로 바쳐야 했다. 가해소년들이 모임의 후배인 피해자들에게 이러한 비행을 저지른 것은 역시 자신들의 선배에게 상납하거나 유흥비에 쓸 돈을 마련하기 위해서였다. 선배들이 자신들에게 한 방식을 그대로 답습한 것으로, 이러한 관행은 상당히 오랫동안 지속되어 온 것으로 보였다.

　학교폭력은 범죄심리학적 접근 여부에 따라 '비행형'과 '인성형'으로 나눌 수 있다. 비행형 학교폭력은 일회성 폭력으로 그치지 않고 이를 방치할 경우 범죄로 전이될 가능성이 높은 경우이고, 인성형 학교폭력은 우발적, 충동적으로 발생하기에 범죄로 전이될 가능성이 낮은 경우이다. 이른바 '일진'이라 불리는 일진형 학교폭력이 비행형의 대표적인 예라면, 왕따 같은 집단따돌림은 인성형 학교폭력의 대표적인 예라고 할 수 있다. 그러므로 비행형의 경우는 그 내용이 범죄에 해당된다는 점을 분명히 인식한 뒤에 접근할 필요가 있으며, 그에 대한 예방 또한 범죄심리학이나 비행교정이라는 측면에서 접근하는 것이 좋다.

　범죄는 어느 사회에나 발생하지만 학교 안에서의 일진형 학교폭력은 단순하고 우발적인 폭력이 아니라 다수의 아이들이 조직적으로 움직이며 그 비행 정도가 심각하다는 점에서 일찌감치 그 싹을 제거하는 것이 좋다. 또한 사안에 따라 차이가 있겠으나 학교폭력에 대한 경종을 울리는 차원에서라도 엄하게 처벌해야 한다. 또 모임의 전모를 파악하여 와해시킨 다음 재구성하지 못하도록 사후관리를 철저히 해야 한다.

암암리에 자행되던 소년들의 비행이 사건화된 것은, 모임의 선배들이 후배들의 군기를 잡는다며 근처 초등학교로 소집한 후 폭행한 일 때문이었다. 그날 초등학교에 모인 학생들은 60~70명에 이르렀는데, 이 중 한 학생의 부모가 그 사실을 알고 경찰에 신고하는 바람에 이들 모임과 비행사실이 드러나게 된 것이다.

당시 경찰은 사건을 접수한 다음 2010년 5월에 일어난 두 건의 폭행과 공갈 행위에 대해서만 조사를 마친 뒤 그 사건의 가해자인 두 명의 소년만 공갈죄와 폭행죄로 기소해야 한다는 의견을 검찰에 올렸다. 하지만 검찰은 사건발생 보고서상에 나타난 상습갈취 사실에 대해서도 수사할 것을 지휘하였고, 이를 계기로 수개월간의 조사가 이루어진 끝에 소년들의 모임과 상습적 비행사실이 밝혀지게 된 것이다.

많은 아이들이 피해를 당하면서도 부모나 교사에게 사실을 알리지 못했던 것은 보복에 대한 두려움도 있었지만 모임의 회원이 되면 선배들이 보호해주거나 회원으로서 누리게 될 이익도 있었기 때문이다.

아이들이 모임에 가입하게 된 경위는 다양하다. 자발적으로 혹은 친구나 선배의 권유를 받고 가입하거나 같은 지역에 산다는 이유로 충동적으로 가입하기도 하고, 또 선후배들과 어울리다 부지불식간에 모임의 회원이 된 경우도 있었다. 또 어린 마음에 '애들에게 내보일 수 있고, 그냥 좋아 보이고 멋있어 보여서 가입하였다'는 아이들도 있었다. 아직 판단력이 부족한 아이들이라고는 하나 참으로 어리숙하고 위험한 발상이 아닐 수 없었다.

학년별 스무 명 내외로 구성된 이들 모임은 위로는 고등학교 선배들로부터 지역사회 폭력배들까지 연계되어 있었으며, 각 학년별 회장까지 있었다. 개중에는 학급의 반장, 부반장, 선도부장, 체육부장 등의 임원직을 맡고 있거나 맡았던 적이 있는 소년들도 꽤 있었고, 몇 명을 제외하고는 모두 외관상 온전한 가정에서 별 탈 없이 자란 아이들이었다.

부모와 교사들은 사건이 터지기 전까지 아이들이 이런 모임에 가입하여 비행을 저지르거나 피해를 당하고 있는 줄은 꿈에도 생각하지 못했다고 했다. 하지만 더 심각한 문제는 사건이 발생한 후에도 사건의 진상과 본질을 전혀 파악하지 못하고 있다는 데 있었다. 심지어 소년들에 대한 결정전 조사를 실시한 보호관찰소에서조차 '자신이 선배한테 당한 것에 대한 화풀이로 생각 없이 저지른 비행'이라며 그 본질을 제대로 파악하지 못한 보고서를 제출하였다.

하지만 그동안 조직적이고 지속적으로 진행되어온 모임과 비행내용은 치기 어린 학생들의 실수로만 받아들이기에는 사뭇 충격적인 것이었다. 그럼에도 소년들의 부모, 교사, 사건 관계자들은 가벼운 처분으로 서둘러 사건을 종결하려고만 하고 있었다.

기록을 검토하는 내내 나는 마음이 편치 않았다. 근본적인 해결책을 제시하지 않으면 앞으로도 이런 피해 사례가 끊이지 않을 것이고, 무엇보다 소년들의 장래에도 큰 문제가 될 것으로 생각되었기 때문이다. 물이 혼탁해지기는 쉽지만 혼탁해진 물을 다시 맑게 만들기까지는 이전보다 훨씬 더 많은 노력과 기회비용이 들어가는 법이다. 그래서 소년들이 다니는 학교와 학생들, 또 이들이 몸담고 있는 지역사회에 경종을 울리기 위해 다소 충격적인 조치를 취하기로 마음먹었다.

 2010년 12월, 소년들에 대한 심리가 열렸다.

 당사자들을 호명하니 불출석한 한 명을 제외한 나머지 열 명의 소년들과 부모, 친지 등 삼십여 명이 법정으로 들어왔다. 처분에 관한 보호관찰소의 의견이 그리 무겁지 않아서였는지 다들 크게 긴장을 하고 있지 않은 듯했다. 나는 소년들을 모두 호명한 뒤 가담 정도가 비교적 가벼운 한 아이를 제외한 아홉 명 전원에 대해 소년분류심사원에 임시위탁하겠다고 한 다음 심리는 3주 뒤에 다시 열겠다고 알렸다. 가벼운 처분으로 끝날 거라 예상했던 부모들은 당혹감을 감추지 못했고, 한동안 법정 안은 그 충격으로 술렁거렸다.

 그 후 가장 먼저 태도가 변한 것은 부모들이었다. 피해자들을 찾아가 용서를 구하고, 국선보조인들과의 긴밀한 소통을 통해 사건의 진상을 파악해나가기 시작한 것이다. 소년들도 달라졌다. 임시위탁된 소년분류심사원에서 작성한 반성문을 보자 소년들이 진심으로 반성하고 있다는 것을 알 수 있었다. 거의 매일 면회를 하러 간 부모들 역시 그런 소년들의 변화를 느낄 수 있었다. 하지만 교사들이 사건을 보는 시각에는 별다른 변화가 없는 것처럼 보였다. 그들이 재판부에 제출한 탄원서에는 다음과 같이 적혀 있었다.

> 금품 갈취라고 들었지만 경미한 사건으로 생각했다. 일진에 대해 많이 들었지만 우리 학생이 그런다고는 생각 못했다. 그런 일은 없을

거라고 본다. 본 사건의 학생은 학급 체육부장으로서 재치와 유머와 리더십을 갖추고 있으며 선생님들한테 인정을 받고 있다.

자신이 가르치는 학생의 성품을 제대로 파악하지 못한 것인지, 아니면 학교의 명예와 학생의 앞날을 위해 사건을 무조건 좋은 쪽으로 마무리하려는 것인지는 모르겠지만 이런 식으로 잘못을 덮는 것이 소년들을 위한 길이라는 생각은 들지 않았다.

그러나 무엇보다 당사자인 소년들의 태도가 크게 변했고 부모들도 사건의 심각성을 인식하고 빠르게 대처했기 때문에 3주 뒤로 예정한 심리기일을 한 주 앞당겨, 2010년 12월 말 소년들에 대한 심리를 진행하였다.

그날 법정에는 소년과 그 가족들뿐만 아니라 교사들도 몇 분 참석하였다. 나는 그들 모두에게 쓴소리를 했다. 특히, 사건의 심각성을 제대로 인식하지 못하고 있는 교사들에게 더욱 호되게 쓴소리를 했다. 학생을 보호하려는 마음은 이해하지만 원칙에 가까운 진실과 도덕, 그에 대한 사회적 책임을 가르쳐야 할 교사들이 사건의 진상을 파악하여 학생들을 선도하려 하기보다는 진실에 눈감으면서까지 학생들의 잘못을 무조건 덮으려 한 것은 옳지 못한 행동이었기 때문이다.

그런 뒤 소년들 모두에 대해 부모에게 보호를 의뢰하는 처분을 내렸다. 처분 당시 보호관찰처분을 조건으로 하는 것을 고려해보았으나 그랬다가는 소년들이 보호관찰소에 간다는 핑계로 집단적으로 뭉쳐서 몰려다니다가 다시 비행에 노출되지나 않을까 하는 염려 때문에 보호관찰은 부과하지 않았다. 첫 기일에 법정에 출석하지 않은 한 명의 소년도 아홉 명의 소년들과 같은 절차를 거쳐 처분을 받았다. 다행히 처분 이후 2년이 경과하였지만 열한 명의 소년들 중 한 명을 제외하고는 재비행을 하지 않고 있다.

재비행을 한 소년은 이 사건 후 얼마 지나지 않아 강간미수죄로 또다시 소년보호처분을 받게 되었다. 그 아이의 부모는 이번 사건이 벌어졌을 때도 전문가의 의견을 수용하지 않고 자신만의 훈육 방식을 강하게 고집했었다. 어쩌면 이 소년의 재비행이 부모의 잘못된 훈육 때문인지도 모른다고 생각하니 소년비행의 근본 원인과 해결책은 결국 가정과 부모에게 있다는 생각이 다시 한 번 들었다.

이 사건은 2011년 12월 대구 학생 자살사건 전에 일어난 사건이었다. 당시에는 학교폭력 문제가 사회적으로 이슈화되기 전이어서 그랬는지 교사와 학부모를 포함한 지역사회가 학교폭력 문제에 관해 너무 안이한 태도를 취하여 몹시 안타까웠다. 다소 늦은 감은 있지만 이제라도 학교폭력의 심각성을 깨닫고 이를 해결하기 위해 노력하는 자세를 보여 무척 다행스럽게 생각된다.

학교폭력으로 유명을 달리한 많은 아이들의 희생이 헛되지 않도록 지금부터라도 학교를 정상화시키도록 노력해야 한다. 그래야 우리 아이들이 마음 놓고 학교에 다닐 수가 있다.

#03

나는 모욕감에 학교에 가지 않았다

10여 년 동안 가출청소년쉼터를 운영해오고 있는 한 운영자한테서 "최근에 이르러 청소년들을 지도하기가 너무나도 힘이 든다. 도대체 어떻게 지도해야 할지도 모르겠다."라는 말을 들은 적이 있다. 가출청소년들을 오랫동안 대하며 누구보다 많은 상담을 해온 분이 이런 하소연을 할 정도니, 오늘날 우리 청소년들의 인성이 어떤 수준에 있는지 대략 짐작할 수 있다.

청소년 시기는 자기정체성을 확립하고 키워나가는 때이다. 이런 시기에 형성된 청소년들의 인성은 우리 사회 미래의 자화상이기도 하다. 청소년들의 인성에 관한 문제는 그들만의 문제가 아니라 우리 모두의 미래가 걸린 문제이기에 더욱 긴장할 수밖에 없는 것이다.

학교폭력 중 집단따돌림 같은 인성형 폭력은 기실 모든 학교에 있다고 해도 과언이 아니다. 인성형 학교폭력이 법적 분쟁으로 확대된 경우, 가해자에 대한 처벌보다는 가해자와 피해자의 관계를 회복하는 화해적 분쟁해결이 우선되어야 한다. 관계가 온전히 회복되지 않으면 폭력이 재발할 가능성이 여전히 남아있기 때문이다. 그런 맥락에서 형벌이나 소년보호처분을 활용하기 전에 가해자에게 상담이나 교육을 받도록 하는 일도 매우 중요하다.

　2011년이 거의 끝나갈 무렵, 중학교 2학년에 재학 중인 여섯 명의 아이들이 같은 학교에 다니는 철주라는 친구를 폭행하고 상해를 입혔다는 이유로 소년재판을 받게 되었다. 이들도 역시 부유하지는 않지만 부모와 형제들이 모두 있는 가정에서 자란 아이들이었다. 이 아이들은 중학교 입학 초기인 2011년 4월 중순부터 철주를 '빠가('바보'라는 뜻의 일본어)'라고 놀리기 시작한 이래 계속된 폭행으로 철주를 괴롭혀왔고, 이런 식의 집단적인 따돌림과 괴롭힘은 같은 해 10월 철주가 학교에 나오지 않을 때까지 집요하게 계속되었다.
　철주에게는 부모와 누나가 있는데 부모의 이혼으로 철주는 종교인이 운영하는 위탁시설에, 누나는 비행으로 소년원에 들어가 따로 떨어져 생활하고 있었다. 그런 가정 형편 때문인지, 아니면 성격상의 문제 때문인지 철주는 입학 당시부터 친구들과 잘 어울리지 못했다. 그러다가 학기 초, 사회 수업 시간에 선생님이 묻는 말에 답변을 제대로 못한 뒤부터 반 아이들 사이에서 '빠가'로 불리게 되었다.
　처음에는 반 친구들 중 일부가 장난삼아 놀리기 시작했는데 철주가 적극적으로 대응하지 않자 나중에는 학교 전체에 소문이 나서 다른 반 아이들까지 가세하게 되었다. 그러던 중 철주와 같은 반 아이들이 철주의 볼이 부드럽다고 소문을 낸 후부터는 더 많은 아이들이 철주의 볼을 꼬집거나 툭툭 치는 행동을 하게 되었고, 점점 그 정도가 심해져갔다. 결국 이를 견디다 못한 철주가 학교에 나가지 않다가 그해 11월 경찰서에 자신을 심하게 괴롭힌 아이들을 고소하기에 이른 것이다.

철주가 작성한 경위서를 보면 당시의 상황과 집단괴롭힘을 당할 때의 심리 상태가 잘 드러나 있다.

1학년에 입학하고 4월부터 내 볼을 만지며 놀리기 시작했다. '빠가'라고 놀려서 반의 다른 애들까지 그렇게 놀리게 됐다. 같은 학년에게 놀림을 받는 게 힘들었지만 참고 지냈다. 그렇게 내 볼을 만지며 놀다가 뺨을 때리기 시작했다. 놀리는 것도 싫은데 때리기까지 하니 학교에 가기 싫었다. 뺨을 때리다 이제는 허리나 등이나 배 같은 데도 때리는데 많이 아팠고, 힘들어서 많이 울었다. 지나갈 때도 발로 걸어서 넘어뜨리고 볼 때마다 어떤 식으로든 때리고 괴롭혔다. 하루도 빠지지 않고 쉬는 시간마다 이런 식으로 괴롭히고 놀리고 때려서 너무 힘들었다. 머리를 밀면서 툭툭 치고 때려서 머리를 숙였더니 더 세게 때려서 죽고 싶기까지 했다. 이런 일들이 하루도 빠지지 않고 있었지만 엄마가 이 사실을 알면 많이 속상하실 것 같고 힘드실 것 같아 참고 지냈다.

하루는 김○○가 내 목에 커터칼을 대고 '죽여줄까?' 하면서 괴롭히기도 했다. 겁이 나고 무서웠다. 나는 학교에 다니는 것이 너무 괴롭고 힘들어서 싫었고, 그래서 울은 적도 많았다. 아이들은 3학년 형들이 올 때면 안 그런 척하다가 형들이 지나가면 또 때리고 괴롭혔다. 내가 아프고 힘들어서 울면 '짜나?' '왜 짜는데?' '짜지 마라' 하며 더 때렸다. 복도에 지나갈 때 박○○가 갈비뼈 뒤쪽을 주먹으로 쳤을 때는 너무 아파서 숨 쉬기도 힘들었다. 나는 학교에 가기 싫어서 그만둘 생각도 많이 해봤다. 급식시간에 밥 먹으러 갈 때 애들이 나를 하늘로 던져서 맨땅에 떨어지게 한 적도 있다. 그때 왼쪽 검지를 많이 다쳐서 아직도 아프다. 체육시간에 나를 강제로 매트 위에 눕히고 매트 하나를 더 깐 후에 애들이 올라가서 막 밟았는데 이때 엄지손가락을 다쳤고 며칠 동안 온몸이 아팠다. 숨이 막혀서 죽을 것 같아 소리를 지르며 발버둥을 치고 울었지만, 애들이 멈추지 않고 계속 올라와서 밟았다. 나는 이날 한 번만 더 심하게 때리고 괴롭히면 학교에 안 나올 거라 결심했다. 학교에 마지막으로 가던 날인 10월 12일에는 6교시가 끝나고 청소시간에 이○○가 나를 눕히고 내 배 위에 앉아 팔을 못 움직이게 하고, 정○○는 뺨을 때리고, 옆에 있던 애들은 웃고 있었다. 나는 모욕감에 이제는 학교에 오지 않아야지 하고 다음 날부터 학교에 가지 않았다. 하루도 빠지지 않고 이런 식으로 볼 때마다 나를 때리고 괴롭혔다. 죽고 싶기까지 했다.

이에 대해 가해소년들은 다음과 같이 말하고 있었다.

1학기 때부터 여태까지 철주를 괴롭혀왔다. 처음에는 장난에서 시작했으나 점점 폭력으로 변했다. 철주가 괴로워하는 것을 알면서도 모르는 척 넘어가버리고 그의 볼을 만지고 때렸다. 그리고 애들이 괴롭힐 때도 그냥 모르는 척하고 넘어갔다.

철주의 볼을 만지기 시작한 날은 입학 후 한두 달 정도 지난 후였다. 뺨을 때린 것은 3월부터였을 것이다. 5월 중순쯤에 철주의 발을 걸어 넘어뜨리기도 하였지만 머리와 허리를 잡아주며 아프지 않게 누여주었다. 처음에는 장난으로 시작했지만 점점 강도가 세지며 철주를 괴롭혔다.

처음에는 철주가 친구들과 잘 어울리지 못하는 것 같고, 귀엽고 착해서 친해지고 싶어서 장난을 치다가 정도가 심해져서 이런 일이 일어났다. 1학기 말에는 정도가 지나쳤고, 2학기 개학식 날 반가워서 좀 많이 괴롭혔다. '팼다'기보다는 친해지고 싶다거나 그런 것이 맞는 것 같다. 솔직히 멍은 교통사고라 생각했다. 혹이라든지 손의 인대를 늘어나게 한다든지 그런 것은 내가 한 짓이 아니다. 놀린다든지, 심리적으로 상처를 주거나 한 것은 내가 한 것 같다.

철주는 계속된 집단괴롭힘으로 말할 수 없는 고통을 당해야 했지만 고소를 당한 가해소년들은 여럿이 함께 했다는 이유로 자기 잘못에 대해 별다른 죄의식을 가지고 있지 않았다. 가해소년들과 그 부모들은 철주와 그 가족에게 미안해하거나 화해를 도모하기는커녕 사건을 장난 정도로만 인식하고 철주의 보호자가 요구하는 배상금액이 터무니없이 높다고 불만을 토로하였다. 물론 가해자 개인별로 사건을 떼어놓고 보면 비행내용이 그리 심하다고 보기는 어렵다. 하지만 이 사건의 특성은 일부 학생들의 장난이 전체 학생들의 집단괴롭힘으로 발전했다는 데 있고, 전체 가해자의 비행내용은 철주의 입장에서는 가혹하기 짝이 없다는 것이다. 그런데도 가해자들은 철주의 입장이 되어보려는 생각조차 하지 않았다.

어느 소년의 어머니가 재판부에 제출한 탄원서 중에는 "무조건 철주 측에서 돈을 요구하는 대로 다 지불해야 하는 게 법으로 지정되어 있습니까? 너무 어이없이 많은 것을 요구하니 기가 막히고 당장 빚을 내서 줘야 할 형편이라 걱정이 태산입니다. 가해자 1인당 260만 원씩 요구하고 있습니다. 철주는 정상적으로 아무 문제없이 학교생활을 잘 하고 있고, 우리 아이와도 친하게 잘 지내고 있습니다."라는 내용도 있었다.

부모들의 태도가 실망스러웠지만 철주와 가해소년들과의 관계회복을 출발점으로 하여 전체 학생들과의 화해를 도모하지 않으면 철주가 학교에 다시 돌아가더라도 제대로 적응하기 어려울 것 같아 먼저 경청상담교육센터에 소년들에 대한 상담 조사를 명하였다. 상담 후 가해소년들은 자신들의 행위가 철주와 그 가족에게 얼마나 큰 상처를 주었는지 깨닫고 자기 잘못을 깊이 뉘우쳤다. 하지만 가해소년들의 부모들은 여전히 철주와 그 가족의 심정은 헤아려볼 생각도 하지 않고 오로지 합의금 조정에만 관심을 보이며 불만만 토로하였다. 뿐만 아니라 철주를 찾아가 무릎 꿇고 사죄라도 해보라는 경청상담교육센터의 요청도 묵살해버렸다.

나는 그 부모들의 태도가 심리기일까지도 바뀌지 않으면 특단의 조치를 취하기로 마음먹었다. 세상에는 역지사지易地思之하는 마음만 가지고도 해결할 수 있는 일이 많다. 그런데 아무리 상대방의 입장에서 사건을 보라고, 그래야 해결의 실마리가 보인다고 말해줘도 이를 따르는 사람은 많지 않다. 이럴 때 나는 생각할 시간을 벌어주기 위해 간혹 강경한 수단을 쓰기도 한다.

살다 보면 누구나 실수를 할 때가 있습니다.
실수를 하지 않도록 지도하는 것이 교육이라면,
실수로 인해 발생한 사태를 수습해나가는 과정을
보여주는 것도 역시 교육입니다.

2012년 2월, 심리가 열렸다.

가해소년들의 부모들은 그때까지도 여전히 입장을 바꾸지 않고 있었다. 그래서 부득이하게 가해소년들을 소년분류심사원에 임시위탁시키겠다고 한 뒤 3주 뒤로 기일을 연기했다. 3주 동안 자식들을 격리된 공간에 보내는 것은 보통 부모들로서는 충격적인 일이다. 그제야 발등에 불이 떨어진 가해소년들의 부모들은 부랴부랴 철주 가족을 찾아가 사죄하고 용서를 받은 뒤 합의서를 제출하였다. 이에 더 이상 소년들을 위탁시킬 필요가 없다고 판단하고 기일을 며칠 앞당겨 소년들에 대한 심리를 진행하였다. 그리고 그 아이들에게 정신심리치료 수강을 조건으로 보호자들에게 보호를 의뢰하는 처분을 내렸다.

그런데 재판을 마치자마자 법정 밖에서 어느 소년의 어머니가 자신들이 철주에게 준 돈은 피해배상금이 아니라 철주가 불쌍해서 장학금으로 준 것이라고 큰 소리로 말했다고 한다. 그 말을 들은 사람들은 모두 경악을 금치 못했다. 나 또한 홍두깨로 뒤통수를 맞은 듯 얼떨떨한 기분이었다.

그렇다면 그사이 철주를 찾아가 용서를 빈 것은 무엇이고, 또 합의서에 기재된 내용은 다 무엇이란 말인가? 그렇게라도 해서 구겨진 체면을 세우고 상처받은 자존심을 회복하고 싶었던 것인가? 그 모습이 너무나 옹색하고 초라하게 느껴졌다. 아이들에게 가장 영향력 있는 멘토는 다름 아닌 부모다. 아이들은 부모들이 보여주는 대로 자라간다. 법정에서 나오자마자 그런 소리를 하는 어머니를 보며 아이는 어떤 생각을 했을까?

살다보면 누구나 실수를 할 때가 있다. 실수를 하지 않도록 지도하는 것이 교육이라면, 실수로 인해 발생한 사태를 수습해나가는 과정을 보여주는 것도 역시 교육이다. 사태의 심각성과 책임을 인정하고 그것을 올바르게 수습하기 위해 노력하는 모습을 아이들에게 보여주는 것은 그들에게 또 다른 성장의 기회를 제공하는 살아 있는 교육이다. 진정한 사죄와 용서를 통해 한 뼘 더 성장할 수 있었던 아들의 기회를 그 어머니가 빼앗은 것 같아 씁쓸하고 뒷맛이 개운치 않았다.

#04

내 말을 들어줄 단 한 사람만 있어도

 학교폭력이 지닌 특성 중 가장 주목할 만한 것은 '관계성'과 '지속성'이다. 일반 범죄의 경우에는 특별한 상황을 제외하고는 범죄가 발생하기 전에 별다른 관계가 없는 것이 대부분이다. 하지만 학교폭력은 학교를 매개로 학교나 그 주변의 친구, 선후배 사이에서 발생하며, 그 관계성의 정도 또한 매우 밀접한 편이다.
 또 일반 범죄의 경우, 역시 특별한 상황을 제외하고는 일회적으로 피해를 입는 경우가 대부분이다. 예를 들어 같은 사람에게 두 번 이상 강도를 당할 가능성은 매우 희박하다. 하지만 같은 중학교나 같은 고등학교에 다니는 학생 사이의 폭력은 길 경우 3년간 지속되고, 심한 경우에는 그보다 더 오래가기도 한다.
 학교폭력이 피해자들에게 공포로 다가가는 것은 바로 이와 같은 관계성과 지속성 때문이다. 학교를 가는 한 가해자와 늘 대면해야 하고, 가벼운 폭력이라 하더라도 지속적으로 당할 경우 피해자가 겪는 고통은 엄청난 것이 되기 때문이다. 고등학교 입학식 당일부터 학교를 가지 않고 비행을 저지르다 소년보호처분을 받게 된 어느 소녀에게 왜

학교에 가지 않았느냐고 물어보니, 중학교 다닐 때 자신을 계속 괴롭히던 선배가 그 학교에 다니고 있어 겁이 나 가지 못했다는 말을 들은 적이 있다. 학교폭력이 지닌 관계성과 지속성이 얼마나 심각한 것인지 잘 보여 주는 예가 아닐 수 없다.

그런데 피해자들은 이처럼 공포에 가까운 폭력을 지속적으로 당하면서도 부모나 교사에게 알리거나 수사기관에 고소를 하는 등의 적극적인 해결 방법을 취하지 않는 경우가 대부분이다. 피해를 당한 것으로도 모자라 아예 학교를 그만두거나 우울증으로 고통을 받기도 하고, 심지어 자해나 자살을 택하기도 하는 등 비상식적이고 극단적인 선택을 하는 경우도 있다. 이는 누구도 자신을 도와줄 수 없다는 절망감과 함께 어려움과 고통을 나눌 사람이 전혀 없다는 고립감이 더 이상 해결책이 없다는 결론으로 이어지기 때문인 것으로 풀이된다.

학교폭력의 피해자들이 이처럼 극단적인 선택을 하지 않도록 하려면 그들이 절망감과 고립감을 느끼지 않도록 세심하게 배려해야 하며, 마음을 털어놓을 수 있는 누군가가 곁에 있어주어야 한다. 내가 담당했던 사건의 어느 피해자는 견디기 어려운 학교폭력으로 자살충동을 여러 번 느꼈지만 같이 피해를 당하는 친구와 서로 위로하며 지냈기 때문에 동병상련의 정으로 위기를 넘길 수 있었다고 했다. 거창한 도움을 주지는 않더라도 곁에 누군가가 있다는 것만으로 살아갈 힘을 얻는 것이 바로 인간이다.

한 설문 조사 결과에 따르면 학생들이 학교폭력에 대해 주변에 도움을 요청하지 않은 첫 번째 이유는 '일이 커질 것 같아서'이고, 두 번째가 '이야기해도 소용없을 것 같아서'이며, 세 번째가 '보복당할 것 같아서'라고 응답했다고 한다. 학교폭력의 피해자들이 비상식적이고 극단적인 선택을 하는 데에는 피해자 개인의 내적 요인뿐 아니라 외부적 요인도 크게 작용하고 있다는 것을 보여주는 대답들이다.

중학교 2학년생인 건호는 2011년 9월부터 2012년 3월까지 같은 학교에 다니는 동급생인 현진이를 수시로 폭행했을 뿐만 아니라 돈을 빼앗고 자신의 숙제까지 대신 하게 하였다. 아무에게도 이런 사실을 털어놓지 못하고 속으로만 끙끙 앓고 있던 현진이가 누나에게 비밀을 털어놓게 된 계기는 2012년 3월에 있었던 건호의 폭행 때문이었다. 그 일로 2주간의 치료를 요하는 상해까지 입은 상태였지만 건호와 건호의 사촌형으로부터 경찰서와 부모님께 절대 알리지 말라는 협박을 듣고 겁이 났기 때문에 현진이는 이 일도 끝까지 감추려고 했다. 하지만 도저히 더는 견딜 수 없다는 생각에 누나에게 지금까지의 피해사실을 모두 털어놓았고, 누나로부터 그 소식을 전해 듣고 놀란 어머니가 학교폭력신고센터(117)에 피해사실을 신고하여 수사가 시작된 것이다. 현진이가 건호한테 당한 일들을 요약하면 다음과 같다.

1학년 2학기가 시작되는 날, 동급생임에도 존댓말을 쓰지 않는다는 이유로 폭행당한 것을 시작으로 현진이는 건호에게 거의 매일같이 맞아야 했다. 건호는 주로 주먹으로 머리를 때리거나 발길로 무릎을 걸어찼으며 교실 바닥에 넘어뜨린 후 또다시 발과 주먹으로 때리고 일으켜 세워 재차 넘어뜨리기도 했다. 건호가 세게 미는 바람에 현진이는 벽에 머리를 부딪혀 크게 다칠 뻔한 적도 있다. 또 이유 없이 돈을 달라거나 형들에게 돈을 줘야 한다며 약 40회에 걸쳐 8만 6천 원을 갈

취하였다. 그런가 하면 건호가 돈과 게임아이템을 가져오지 않는다고 폭행을 하는 바람에 약 50회에 걸쳐 100만 원 가량의 게임머니를 빼앗겼다. 건호는 현진이에게 숙제를 대신 시키는가 하면 친구와 이유 없이 싸우라고 지시까지 했다. 그리고 교복바지의 통을 마음대로 줄여 입고 다니다가 선생님에게 빼앗기자 현진이의 교복바지를 달라며 주먹으로 머리 등을 때려 2주간의 치료를 요하는 상해를 입혔다.

지속적으로 폭력을 당하면서 느꼈던 고통은 현진이가 작성한 진술서에 고스란히 드러나 있다. 만일 누나에게 그 사실을 알리지 않았더라면 현진이도 다른 학생들처럼 극단적인 선택을 했을지 모른다. 현진이에게는 하소연할 수 있는 누나가 있었기에 불행을 막을 수 있었을 것이다.

> 솔직히 참을 수가 없어서 몇 번이나 가족에게 말하고 싶었습니다. 하지만 어머니에게 말씀드리면 놀라서 병원에 실려갈 것이 뻔하기 때문에 계속 참다가 누나에게만 몰래 말했습니다. 하지만 누나도 정신이 없었는지 결국 어머니에게 사실대로 털어놓았습니다.
> 정말 자살하고 싶은 생각이 하루에도 수십 번 수백 번도 더 듭니다. 이런 나를 주체할 수가 없습니다. 정말 죽고 싶습니다. 사는 게 너무 힘이 듭니다. 힘들어서 죽고 싶습니다.
> 더 이상 저 같은 피해학생이 있어서도 나타나서도 안 됩니다. 저 같은 청소년을 구해주시면 감사하겠습니다.

그에 비해 건호의 진술 태도를 보면 진지함이라고는 찾아볼 수가 없고, 자신의 행위가 미칠 파장이 얼마나 중대한 것인지조차 인식하지 못하고 있다. 그야말로 세상 무서운 줄 모르는 풋내기 소년이라고밖에 달리 할 말이 없었다. 다음은 건호와 경찰관이 나눈 대화 내용이다.

"2011년 9월 1일 12시 50분경 1학년 1반 교실 앞에서 현진이가 너에게 존댓말을 쓰지 않았다는 이유로 넘어뜨린 뒤 주먹으로 얼굴을 때렸다고 하는데 사실이니?"

"때리기는 때린 것 같은데 이유는 잘 기억나지 않습니다."

"현진이는 그 이후부터 2012년 3월 28일까지 매달 약 20여 회씩 총 90여 회 맞았다고 하는데 사실이니?"

"예, 좀 때렸어요, 거의 장난으로요."

"장난으로 거의 매일 때린 이유는?"

"그냥 그랬어요."

"현진이는 50회에 걸쳐 게임머니를 100만 원 정도 빼앗겼다고 하는데 사실이니?"

"횟수도 많고 금액도 좀 되는데 그 정도는 아닌 것 같아요. 정확한 액수는 모르겠어요."

"2011년 10월 마지막 주 목요일부터 2012년 3월까지 영어 숙제를 시켰지?"

"예, 숙제가 너무 많아서 그랬어요."

"2012년 2월 중순 1학년 2반 교실 앞에서 하기 싫어하는 현진이와 재성이에게 싸움을 시켰지?"

"그거도 장난으로 그랬어요."

진술 내용으로 볼 때, 건호는 처음에는 장난으로 폭행을 시작했으나 점차 죄의식이 무뎌지고 대범해져갔으며, 별다른 저항이 없는 현진이의 모습에 신고를 할 때까지 계속 폭행을 했던 것 같다.

2012년 6월 건호에 대한 심리가 열렸다. 건호는 자신의 비행사실을 모두 인정했고, 현진이의 가족과 만나 합의도 하였다. 하지만 답변 태도로 볼 때 아직도 폭력의 심각성을 제대로 인식하지 못하고 있다고 판단되었다. 그리고 재성이라는 학생도 건호한테 괴롭힘을 당해온 것으로 보이는 데다 건호의 사촌형이 건호가 활개를 치고 다닐 수 있는 배경이 되는 것으로 보여 이 상태에서 그냥 돌려보냈다가는 다시 학교에서 다른 학생들을 괴롭힐 가능성을 배제할 수 없었다.

학교폭력은 가해자의 수에 따라 집단형과 개인형으로 나눌 수 있다. 개인형 학교폭력을 처리함에 있어 주의를 기울여야 할 부분은, 폭력이 개인적으로 행해졌다 하더라도 그 배후에 누가 있는지를 살펴야 한다는 것이다. 대부분의 개인형 학교폭력사건에서 가해자의 배후에는 이른바 학교 '짱'이나 선배들처럼 가해자에게 힘이 되어주는 아이들이 존재할 개연성이 높기 때문이다. 실제 사건에서 같은 학교에 다니는 친형이나 어릴 적부터 함께 자라온 친한 선배들이 배후가 된 경우도 있었다.

이러한 사건에서는 이른바 '숨어 있는 가해자'를 파악해서 조치를 취하는 것이 아주 중요하다. 이 사건에서도 건호의 폭력을 막기 위해서는 그의 사촌형에 대한 조치가 필요하였으나 그에 대해서는 사건이 접수되지 않았기에 나로서는 달리 조치를 취할 수가 없었다. 이런 점을 모두 고려하여 건호에게는 폭력의 심각성을 일깨우고, 건호의 사촌형을 포함한 숨은 가해자들에게 경각심을 일깨워주기 위해 건호를 소년분류심사원에 임시위탁시켰다.

2주 뒤 건호에 대한 심리가 다시 열렸다. 애가 타다 못해 처절한 목소리로 건호 어머니가 말했다.

"현진이를 몇 번이고 찾아가 무릎 꿇고 사죄하고 합의했습니다. 지난 번 재판 받으러 올 때 합의만 하면 끝나는 줄 알고 가볍게 생각하여 아침, 점심도 먹이지 않고 왔는데 끼니도 못 챙기고 바로 버스에 태워 소년원으로 보내게 되어 가슴이 찢어졌습니다. 아들이 가는 모습을 보려고 버스가 보이지 않을 때까지 바라보았습니다. 집으로 어떻게 돌아갔는지 모르겠고 사흘 동안 식음을 전폐하고 앓아누워 있었습니다."

2주간 격리되어 생활한 탓인지 건호는 다소 달라진 모습을 보였다. 그래도 여전히 미성숙함에서 비롯된 치기가 배어 나와 좀 더 따끔하게 반성할 기회를 주는 게 낫겠다는 생각도 들었다. 하지만 아직 나이도 어린 데다 피해자로부터 용서를 받았으며, 무엇보다 건호 어머니가 이 사건을 대하는 태도가 남달랐기에 보호관찰을 조건으로 보호자에게 보호를 의뢰하는 처분을 내렸다.

건호가 약 6개월이라는 짧지 않은 기간 동안 계속 현진이를 괴롭힐 수 있었던 것은 물론 건호의 잘못이다. 그러나 현진이가 신고도 하지 않는 등 소극적으로 대응한 탓도 무시할 수 없다. 현진이는 왜 사태가 이토록 심각해질 때까지 적극적으로 대응하지 않았을까? 진술서에 따르면 어머니가 받을 충격과 선생님께 끼치게 될 누 때문이라고 했지만 그 이면에는 신고를 하게 되면 학교생활을 제대로 하기 어려울 거라는 두려움도 얼마간 숨어 있었을 것이다. 하지만 결국 용기를 내어 누나에게 자신이 당하고 있는 고통을 고백함으로써 위기를 넘길 수 있었다. 불가항력처럼 느껴지는 상황 앞에서 절망하고 고립되어갈 때 의지할 누군가가 곁에 있다는 것은 현진이와 그 가족, 더 나아가 우리 모두에게 고맙고 다행스러운 일이 아닐 수 없다. 그로 인해 하마터면 큰 슬픔을 겪을 뻔한 것을 피할 수 있었기 때문이다.

사람들은 때로 상대에게 부담을 지울까 봐 말해야 할 것을 하지 못할 때가 있다. 심지어 가장 가까운 가족에게조차 비밀을 털어놓지 못하는 경우가 적지 않다. 하지만 그들이 나중에라도 사랑하는 사람이 홀로 고통받아왔음을 알게 된다면 더 아파할 것이고, 혹여 그 일로 사랑하는 가족을 잃게 되기라도 한다면 그 고통은 이루 말할 수 없을 것이다.

외롭고 절망스러울 때 누군가가 당신 곁에 있다는 것을 기억하자. 그리고 그에게 달려가 마음속 괴로움을 털어놓자. 꼭 가족이 아니어도 좋다. 위기의 순간에 떠오르는 사람, 그가 바로 당신을 위해 항상 기도하고 있는 사람임에 틀림없으니.

당신이 지쳐서
기도할 수 없고
눈물이 빗물처럼
흘러내릴 때
누군가 널 위하여
누군가 기도하네
네가 홀로 외로워서
마음이 무너질 때
누군가 널 위해 기도하네

#05

죽어도 거기에는 안 가요

　일반 범죄의 경우 특별한 상황을 제외하고는 드러내놓고 범죄를 저지르는 것은 매우 드문 일이다. 하지만 학교폭력은 같은 반 학생들이나 전교생들이 지켜보는 데서 공개적으로 행해지는 경우가 많다. 심지어 학생들이 모두 지켜보는 데서 성폭행이 자행되는 경우도 있다. 바로 학교폭력의 특징 중 하나인 '공연성公然性'이다.
　아이들이 이렇게 공개적으로 학교폭력을 행사하는 이유는 자신과 피해자의 우열 관계를 다른 학생들에게 알려 자신의 존재를 드러내는 한편 다른 학생들도 자신에게 도전했다가는 이처럼 된다는 것을 알리고 싶어서이다.
　공개적으로 폭력을 당하면 신체적 상처보다 수치심이나 모욕감 같은 정신적 상처로 인해 더 큰 고통을 겪게 된다. 이 때문에 피해를 당한 학생이 오히려 학교를 그만두고 범죄세계로 빠지는 경우도 많다.

　열아홉 살인 일수는 친구들과 공모하여 2010년 11월경 당시 근무 중이던 영농조합법인 계좌에서 수천만 원의 돈을 가로채 이듬해 3월 부산지방법원 가정지원(현 부산가정법원)에서 2년간의 보호관찰 등을 내용으로 하는 소년보호처분을 받았다.

하지만 일수는 보호처분이 내려진 지 한 달도 채 되지 않아 거주지인 거제를 떠나 부산으로 가출해 보호관찰처분에서 정한 준수사항을 위반하였고, 생활비를 마련하기 위해 인터넷에서 십여 회에 걸쳐 수백만 원에 달하는 물품 판매 사기를 저질렀다. 그 후 다시 부산을 떠나 인터넷 채팅으로 사귀게 된 여자 친구가 있는 전북 정읍으로 가 동거를 시작했고, 노래주점에 취직한 뒤부터는 더 이상 비행을 저지르지 않았다.

그런데 이처럼 대담하게 도피생활을 하던 일수는 2012년 1월 갑자기 부산 해운대경찰서에 자수하였다. 고등학교에 다닐 때 친구의 폭행으로 머리를 다쳐 수술한 적이 있는데, 그 후유증 때문인지 참을 수 없는 고통 때문에 진통제를 먹지 않으면 안 될 정도로 두통이 심해져 치료를 받기 위해 자수를 하지 않을 수가 없었던 것이다.

일수의 신병이 확보되자 창원보호관찰소 통영지소는 일수에 대하여 보호처분변경을 신청하였고, 2012년 2월에 심리가 열렸다. 일수의 가족으로는 초등학교 1학년 때 이혼한 부모와 누나가 있었다.

크고 다부진 체격의 일수는 힘깨나 쓰는 친구들과 어울려 다니며 중학교 때까지는 일명 '짱' 노릇을 하는 등 그런 생활을 즐겼다고 한다. 그런데 2008년 거제에 있는 고등학교에 입학한 직후 학교 선배들이 1학년 짱들을 모아놓고 속칭 '맞짱다이'(일 대 일 싸움)를 시키면서 일이 벌어졌다. 일수도 옥상에서 한 학생과 싸우게 되었다. 그런데 그 아이는 일찌감치 선배들의 눈에 든 아이였다. 선배들은 그 아이 뒤에 포진하여 눈빛으로 일수를 위협했고, 일수는 그 아이를 한 대도 때릴 수가 없었다. 결국 일수는 전교생이 다 보는 자리에서 일방적으로 무수히 얻어맞았고, 특히 이마 부위를 발로 걷어차여 두개골이 함몰되는 상해를 입고 말았다. 그로 인해 일수는 뇌수술을 받고 4개월 동안이나 병원신세를 졌다.

그 사건으로 일수의 인생은 급변하고 말았다.

퇴원한 후 등교하고 보니 상대 학생은 학교에서 '날아다니고' 있었던 반면, 학생들은 노골적으로 일수를 무시하고 깔보았다. 중학교 때까지만 해도 '잘나가던' 일수는 자존심을 구기고 건강까지 잃게 되자 마음이 위축되고 소심해져 더 이상 학교에 다닐 마음이 생기지 않았다. 그래서 고등학교 1학년 때 학교를 자퇴하고 가출한 다음 이른바 '형님들'을 따라 다니며 '꼬봉 생활'을 시작한 것이다. 하지만 막노동을 해서 번 돈까지 형님들에게 바쳤는데도 자신의 처지가 나아지기는 커녕 오히려 점점 더 힘들어지자 부산으로 달아났다. 일수는 그때 그 형님들에게 보복당할 것이 너무도 무서워 "거제는 죽어도 안 간다."라고 다짐하였다고 한다.

부산으로 간 일수는 그곳에서 만난 친구들과 여러 건의 절도죄를 저지르다 2009년 6월 부산지방법원 가정지원에서 아동복지법상의 복지시설에서 6개월간 생활해야 하는 6호처분을 받았다. 그런데 그 시설에서 일수는 또 다른 폭력을 경험하게 되었다. 소년들을 보호하고 선도해야 할 시설에서 소년들을 너무 가혹하게 다룬 것이다. 일수는 그곳에서 거의 매일 맞거나 기합을 받곤 했는데 어떤 날은 몽둥이로 100대를 맞기도 하고, 앉았다 일어서기만 2,000개씩 한 날도 있었다고 했다.

　그러는 사이 길고 힘든 6개월이 모두 지났지만 기관에서는 일수를 보내주지 않으려 했다. 하지만 이런 곳에 더 있다가는 어떻게 될지 모른다는 생각에 일수는 그곳을 도망쳐 나왔고, 자신이 그토록 가기 두려워하던 거제로 다시 돌아갔다. 아버지에게 도움을 요청하기 위해서였다. 일수의 아버지는 그때 일수가 파랗게 겁에 질린 얼굴로 집에 왔다고 했다.

　거제로 도망 온 지 얼마 지나지 않아 일수는 폭력조직을 피해 다시 부산으로 갔고, 그곳에서 취직한 영농조합법인에서 돈을 가로채다 결국 다시 2년간의 소년보호처분을 받았던 것이다.

　나는 제반사정을 참작하여 일수에게 6개월간 소년원에서 생활해야 하는 9호처분을 내렸다. 하지만 처분을 내리고도 마음이 편치가 않았다. 그간 일수가 경험한 좋지 않은 일들은 미숙한 소년시절의 잘못된 선택 하나가 얼마나 위험한 결과를 가져올 수 있는지 보여주는 극단적인 사례였다. 더욱이 젊디젊은 나이에 피폐하게 망가진 한 소년의 인생과 그 비극이 시작된 곳이 학교라는 사실이 그저 참담할 따름이었다.

#06

반성하고또 반성해

　과거에도 학교폭력은 있었다. 그런데 근래에 이르러 학교폭력 문제의 심각성이 대두된 것은 폭력의 비인격성과 집단성 때문이다.
　최근 청소년들의 비행내용은 끔찍하리만큼 흉포하고 잔인하다. 대구 학생 자살사건의 경우에도 비인격적 폭력들이 피해자 가족뿐만 아니라 일반 국민들의 가슴을 참혹하고 아프게 하였다. 라디오 전선줄을 피해자의 목에 감아 잡아당긴 후 마치 개를 훈련시키듯 먹고 있던 과자를 방바닥에 던져주면서 피해자로 하여금 주워 먹게 한다든지, 커터칼을 들고 피해자의 손목을 긋거나 가스라이터를 들고 불을 켜 피해자의 손목에 들이대는 등의 행위들이 그것이다.
　이러한 비인격성에 집단성이 더해져 학교폭력은 더욱 심각한 수준에 이르렀다. 하나하나 개인으로 만나보면 그지없이 순하디 순한 아이들도 함께 패거리를 만들어 집단을 이루고, 그 광기에 한 번 휘둘리게 되면 정글의 피라니아 떼처럼 흉포하고 잔인해져 통제불능의 상황으로 치닫는 경우가 많다.
　집단성의 문제는 집단에 동조한 개인에게 이성적인 판단에 따른 행동을 허용하지 않는다는 데 있다. 게다가 집단행동의 특성상 큰 피해가 발생해도 책임의식이 매우 희박하고 아무런 양심의 가책도 느끼지 않는 경우가 많다. 집단폭력사건에서의 폭력의 정도는 상상을 초월한다. 평범한 소년들 간에 지극히 사소한 동기에서 출발한 폭력이 집단성이라는 복병을 만나 소년들로 하여금 이성을 잃게 만들어 걷잡을 수 없는 상황으로 몰아가기 때문이다.

집단폭력 사건에서는 피해자와 가해자 쌍방이 노력하여 관계를 수습하는 것이 무엇보다 중요하다. 피해자와 가해자의 관계가 원만히 수습되지 못할 경우 피해를 당하는 쪽은 다수인 가해자들이 아니라 소수인 피해자다.

가해자와 피해자가 같은 학교의 학생들인 경우, 가해학생들은 퇴학이나 전학 등의 처벌을 받게 되는데 이것만으로는 집단폭력사건을 둘러싼 문제를 진정하게 해결하였다고 하기 어렵다. 가해학생들은 퇴학이나 전학을 당하지만 여전히 학교에는 가해학생들과 관계를 맺고 있는 학생들이 남아 있고, 그럴 경우 이들과의 갈등이 또다시 불거질 수 있기 때문에 가볍게 볼 일이 아니다. 그렇다고 이들 모두를 학교에서 퇴출시킬 수는 없으므로 퇴학이나 전학으로 문제를 수습하려는 것은 적절한 해결책이 아니다.

2011년 1월, 친구들과 놀고 있던 윤희는 경미와 정희한테서 창원 시내에 있는 어느 교회 앞으로 오라는 연락을 받았다. 그곳에는 경미, 정희를 비롯한 아홉 명의 남녀 학생들이 윤희를 기다리고 있었다. 다짜고짜 "우리를 걸레라고 소문을 낸 것이 맞느냐?"라며 윤희의 뺨을 때린 경미와 정희는 근처 야산으로 윤희를 끌고 가 약 2시간 30분 동안 돌아가며 집단으로 윤희를 폭행하였다.

이로 인해 윤희는 4주간의 치료를 요하는 다발성 타박상, 머리 내 열린 상처가 없는 대뇌 타박상, 뇌진탕, 눈꺼풀 및 눈 주위 영역의 타박상, 넓적다리의 타박상, 어깨 및 팔죽지의 타박상 및 근육 손상, 허리뼈의 염좌 및 긴장, 가슴의 타박상을 입었고, 끼고 있던 안경은 심하게 부서졌으며 입고 간 바람막이 점퍼에는 담뱃불로 지져진 흔적이 선명하게 남아 있었다.

윤희는 경찰에서 폭행 당시의 상황을 다음과 같이 진술하였다.

어떤 언니가 발로 명치를 걸어차 숨이 멎을 정도로 아팠다. 어떤 남학생은 피우던 담뱃불을 내 왼쪽 무릎에 가까이 대서 뜨겁게 하였고, 또 다른 학생은 썹던 껌을 머리에 붙여 짓이겨놓았다. 어떤 학생은 라이터로 오른쪽 머리카락을 약간 태웠고, 담뱃불로 바람막이 점퍼를 지졌다. 남학생들이 언덕 위에서 온몸을 마구 걸어차 언덕 아래로 데굴데굴 굴러떨어지기도 했다. 그러고 나서 다시 '원위치'라고 하면서 제자리로 오게 하였고, 기어올라가니 같은 행동을 반복하였다. 남학생들은 주로 발로 때리고 언니들은 손으로 얼굴과 머리 등을 마구 때리며 몇 시간에 걸쳐 폭행하는 바람에 두 번이나 기절 직전까지 갔다. 어떤 언니는 '또 학교 가서 일러줄 거지. 엄마한테 애기하든지 경찰에 신고하든지 해라. 그랬다간 오늘 여기가 네 무덤이다'라는 식의 말을 여러 번 하였다. 집에 오기 전 자기들 말로는 '오늘 니 200대 정도 맞은 것 같다'고 하였다. 폭행을 당하고 나서 어떤 언니가 '가진 돈 있으면 내놓아라'라고 하여 겁이 나서 6,000원을 주었다. 동전 소리가 나자 '동전도 내놓으라'라고 하여 800원을 마저 주었다.

가해소년들이 윤희를 때린 이유는 제각각이다. 경미와 정희는 윤희가 걸레라며 자신들에 대해 나쁜 소문을 내고 다녔기 때문에 화가 나서 윤희를 때렸다지만 다른 아이들은 별다른 감정도 없으면서 경미와 정희가 윤희를 때리는 것을 보고 그냥 부화뇌동하였을 뿐이다. 그들이 윤희를 때린 이유는 단지 '싸가지가 없어서' '평소 감정이 안 좋아서' '여자 친구에 대해 안 좋은 소문을 내서'였다. 심지어 어떤 아이들은 아무런 이유 없이 '친구들이 때리니까 분위기에 휩쓸려서' 때렸다고 했다. 결국 경미와 정희를 제외한 아이들은 사건 당일과 같은 폭력적인 분위기만 아니었다면 폭력을 행사하지 않았을 것이다. 게다가 혹시 윤희를 때려야 할 나름의 이유가 분명하게 있었다고 하더라도 그토록 심하게 때릴 필요까지는 없었다. 이들은 나중에 자신들이 저지른 일에 대해 스스로도 몸서리칠 정도로 심하게 폭력을 행사했다.

이런 상황이 어떻게 가능했을까? 한마디로 가해소년들은 비이성적이고 광포한 상태에서 폭력을 행사한 것으로 볼 수 있는데, 이렇게 된 가장 큰 원인은 바로 집단이라는 상황에 있었다.

보통의 사건은 보호관찰소의 결정전 조사나 비행예방센터의 상담 조사로 충분하였을 터이나 위 사건에서는 가해자들 중 일부가 윤희와 같은 학교에 다니고 있었으므로 윤희와 가해소년들과의 관계회복이 되지 않는 한 앞으로도 원만한 학교생활을 할 수가 없다고 판단되어 경청상담교육센터에 상담을 의뢰하였다.

가해소년들은 자신의 부모와 함께 3개월 동안 지속적으로 상담을 받았다. 상담 초기에 가해소년들은 자신의 잘못을 인정하기는 했지만 윤희가 겪는 고통은 제대로 이해하지 못했었다. 그들의 부모들도 윤희와 그 가족들이 겪는 고통과 충격은 전혀 고려하지 않고 합의가 되지 않을 경우 금전공탁을 하면 된다는 생각으로 자신들이 왜 부모상담까지 받아야 하느냐며 강한 불만을 품었다. 하지만 상담이 진행되면서 가해소년들과 그 부모들은 점차 윤희와 윤희의 가족이 겪는 고통을 이해하게 되었고, 단순히 금전배상만으로 해결될 일이 아니라는 것을 깨닫게 되었다.

그 후 피해자 측과 가해자 측이 합의를 위해 2011년 7월 중순 경찰청 상담교육센터에 모이기로 하였다. 그런데 이날 윤희는 참석하지 않고, 그의 어머니만 참석하였다. 윤희 어머니 역시 가해소년들과 그 부모들을 대면하지 않으려 했으나, 국선보조인의 끈질긴 설득 끝에 겨우 화해의 장에 나오게 되었던 것이다. 가해소년들은 무릎을 꿇고 눈물을 흘리며 진심으로 용서를 구했고, 소년의 부모들도 거듭 미안하다고 하며 윤희 어머니를 껴안았다. 예상치 못한 상황에 윤희 어머니는 당황스러워했으나 그런 과정을 거치는 사이 마음이 조금 움직이는 듯했다.

그리고 그로부터 일주일 후, 최종적으로 합의서를 작성하기 위해 윤희를 포함한 당사자들이 모두 모였다. 가해자들과 대면한 윤희는 몹시 불안해하며 손을 떨었는데, 그 모습을 본 가해자들과 부모들은 죄책감으로 고개를 떨구고 말았다. 그러다가 장시간에 걸친 합의가 끝나고 사죄의 선물로 사 온 책을 받아든 윤희가 순간 희미하게 웃음을 띠우자, 가해자와 부모들도 조금 안도하는 모습을 보였다. 마침내 윤희 어머니는 가해소년들에게 개별적으로 용서의 말을 전했고 윤희 역시 떨리는 목소리로 완전히 회복된 것은 아니지만 그래도 용서해 보겠다고 말했다. 가해소년들은 모두 고개를 숙이고 눈시울을 붉히고 말았다.

한 소년은 자신들을 다시 만난 윤희가 벌벌 떠는 걸 보면서 그날 폭행을 말리지 못한 것을 후회한다며 진심으로 미안해하고 반성하는 모습을 보였다. 또 용서받지 못할 짓을 한 자신을 용서해준 윤희 어머니에 대해 마음 깊이 고마워했다.

상담이 종료되고 2011년 9월 가해소년들에 대한 심리를 열었다.
윤희와 그 부모들이 법정에 출석하기를 기대했으나 그들은 보이지 않았다. 그래서 방청객의 휴대폰을 빌려 윤희 어머니에게 전화를 걸어 윤희 어머니로 하여금 소년들과 그 부모들에게 하고 싶은 말을 하게 하였다. 윤희 어머니는 전화를 통해 자신이 하고 싶은 얘기를 충분히 하였고, 소년들과 그 부모들은 스피커폰을 통해 들려오는 윤희 어머니의 말을 조용히 듣고 있었다. 윤희 어머니의 말이 끝나자 전화기를 켜놓은 상태에서 나는 한 소년에게 그가 윤희에게 쓴 사죄의 편지를 읽게 하였다. 그가 눈물로 편지를 읽어나가자 듣고 있던 다른 소년들과 부모들도 모두 따라 울기 시작하였다. "이 일을 기억하고 또 기억하면서 반성하고 또 반성해. 미안해 윤희야……."라고 말하며 눈물을 흘리는 그 소년에게서 피해자에 대한 진정한 사죄의 마음을 볼 수 있었다.

그 다음 한 소년의 아버지에게 그가 직접 쓴 사과의 편지를 낭독하

뉘우침에서 나온 진심 어린 사죄의 말 한 마디가
얼어붙었던 마음을 녹입니다.
변명하기에 급급하면 감정의 골은 더 깊어집니다.

게 하였다. 그는 눈물을 흘리며 편지를 읽어나갔다.

　　윤희 부모님께.
　　고개 숙여 용서를 빕니다. 죄인이 무슨 말이 필요하겠습니까? 잘못했습니다.
　　윤희에게도 용서를 빕니다.
　　한창 민감한 시기에 너무나 큰 상처를 준 것 같아 자식을 키우는 부모 입장으로서 어찌할 바를 모르겠습니다.
　　'제 자식이 그렇게 된다면……' 하고 생각해보면 끔찍합니다.
　　부모된 입장은 동일할 것이라 생각됩니다.
　　이 일을 윤희도 빨리 잊어버리고, 건강을 되찾아 다시 친구들과 잘 어울리고, 부모님도 예전의 모습으로 생활했으면 하는 마음 간절합니다.
　　아빠로서 무한한 책임을 통감합니다. 다시 한 번 용서를 빕니다.

편지 낭독이 끝난 뒤 나는 소년들에게 말했다.
"애들아, 거기에 꿇어앉아서 지금 이 자리에 오지 못한 윤희가 들을 수 있도록 '윤희야, 우리가 잘못했다, 용서해라'를 열 번씩 크게 외쳐라."
그러자 소년들뿐만 아니라 그들의 부모들도 모두 바닥에 꿇어앉았다. 그리고 다 함께 외치기 시작했다.
"윤희야, 우리가 잘못했다. 용서해라."
열 번의 외침이 끝나자 여기저기서 흐느낌 소리가 들렸다.

나는 다시 소년들에게 말했다.

"이번에는 '윤희 어머님, 감사합니다'를 열 번씩 외치거라."

소년들과 그 부모들은 또다시 하나가 되어 외쳤다.

"윤희 어머님, 감사합니다."

소년부 판사는 심리 결과 보호처분을 할 필요가 없다고 인정하면 처분을 하지 않을 수 있다. 이를 근거로 윤희에 대한 소년들의 비행은 전체로 볼 때 크고 무거웠지만 가담정도가 아주 경미한 소년들도 있는 점을 고려하여 이들 모두를 경청상담교육센터에서의 상담을 통하여 감호를 받는다는 조건으로 불처분하는 결정을 내렸다. 이 사건에서의 폭력은 지속적인 것이 아니라 지극히 우발적으로 발생한 것인데다 집단적이기는 하였지만 조직적인 것이 아니었고, 폭력도 단 일회에 그쳤기 때문에 전형적인 학교폭력이라고 보기가 어려웠으며, 또 앞서 밝힌 대로 아이들 모두가 각자 자신의 부모와 함께 장기간에 걸쳐 상담을 받으며 진심으로 자신들의 잘못을 뉘우쳤고, 윤희와 그 가족으로부터 용서도 받았기 때문이다.

그러나 이보다 더 중요한 이유는 따로 있었다. 피해자에게 깊이 사죄해 용서를 받고 이로 인해 재판에서도 선처를 받게 되면 가해자는 피해자와 그 가족들에게 큰 고마움을 느끼는 동시에 더욱더 죄스러운 마음을 갖게 된다. 그렇게 되면 다시는 피해자를 괴롭히려는 마음이 생기지 않는다. 윤희에게 집단폭력을 행사한 소년들 역시 윤희와 그 가족들에 대한 사죄의 마음을 간직한 채 지금까지 다시 비행을 저지르지 않고 있다.

학교폭력, 특히 집단적 학교폭력사건의 해결에 있어서는 이와 같은 관계회복을 도모하는 화해적 분쟁해결이 무엇보다 중시되어야 한다. 참된 관계회복을 위하여 대책과 방법을 세우지 않는 분쟁해결은 미봉책에 불과하기 때문이다. 화해를 위한 시도조차 없이 처벌이 내려진 경우 가해자로서는 법에서 정해진 벌을 모두 받았다는 생각에 화해의 장에 서지 않을 가능성이 높다. 이 경우 피해자가 원하더라도 진정한 사죄를 받아내기는 결코 쉬운 일이 아니다. 진정한 사죄와 용서를 내용으로 하는 화해적 분쟁해결이 쉬운 일은 아니지만 피해자가 다시 건강한 학교생활로 돌아가기 위해서는 결코 포기해서는 안 되는 일이다.

#07
남의 눈에 눈물이 나게 하면

학교폭력 문제가 심각한 또 다른 이유는 폭력 발생 건수의 차이만 있을 뿐 거의 모든 학교에서 일어나는 일반적인 현상이라는 점이다. 그동안 처리한 학교폭력사건의 가해자들을 보면 학교나 학급에서 간부를 맡고 있는 경우도 있었지만 대부분 학교 성적이 썩 좋지 않았다. 성적이 뛰어난 학생이 가해자인 경우는 많이 보지 못했다.

학교가 본래의 기능을 상실한 채 대학입시를 위한 전초기지의 역할을 하는 사이, 성적이라는 서열에서 일찌감치 밀려난 아이들은 불안할 수밖에 없다. 그런 상황 속에서 일부 아이들은 학업보다 친구나 선후배들과의 관계에 더 큰 비중을 두고 학교를 다니게 된다. 그러다 보면 마음이 맞는 학생들끼리 무리를 짓기 마련인데, 그 과정에서 힘의 우위에 따른 서열이 생겨나고 자연히 폭력이 발생될 수 있는 조건이 형성되는 것이다. 어쩌면 이들에게 있어 폭력은 '서열에서 밀려난 아이들의 또 다른 서열 짓기'라는 놀이문화의 하나일 수 있다. 이렇게 되면 학교폭력은 결국 학교라는 공간이 빚어낸 구조적 현상이라고 말할 수 있다. 또한 이러한 전제에 서면 폭력이 존재하지 않는 학교는 없다는 결론에까지 이르게 된다. 실제로 학교폭력실태 전수 조사결과는 이를 뒷받침하고 있다.

이렇게 구조적으로 이루어지는 학교폭력을 부모들이 속속들이 알기는 어렵다. 설령 안다고 하더라도 단순히 사소한 말썽을 피우는 정도로만 생각할 뿐, 구체적으로 어떠한 폭력을 어떤 방식으로 행사하는지에 대해서는 모르고 있는 경우가 많다. 일단 학교폭력이 사건화되고 난 이후에는 부모가 사건의 전모를 투명하게 알고 있어야 여러모로 도움이 된다. 그래야만 피해변상 등 피해자의 피해를 온당하게 회복해줄 수 있을 뿐만 아니라 자녀들의 재비행도 예방할 수 있기 때문이다. 그런데 사건이 법원에 접수되어 재판을 받게 될 때까지도 여전히 자녀들이 행한 사건의 전모를 파악하지 못하고 우왕좌왕하는 부모들을 꽤 많이 보았다. 부모가 자신의 자녀에 대해 객관적이고 냉정한 입장을 견지하기란 어려운 일이지만 사건화된 이후까지 사태를 안이하게 생각하며 방심하다가는 큰 낭패를 볼 수 있다.

명호, 진우, 형규를 포함한 여덟 명의 소년들은 같은 학교 동급생들을 상대로 상습적으로 폭력을 행사하다 소년보호처분을 받게 되었다. 중학교 2학년 무렵부터 함께 어울려 다니던 여덟 명의 소년들은 학교에서 '무적'이라는 이름으로 불리고 있었다. 그 이름은 자신들이 지은 것이 아니라 체육 교사가 체육복을 챙겨오지 않은 벌로 청소를 시키면서 농담 삼아 부른 것인데, 이를 지켜보고 있던 다른 학생들이 따라 부르기 시작하면서 자연스럽게 이들 무리를 가리키는 이름이 되었.
소년들의 폭력은 주로 3학년 하반기부터 겨울방학까지 집중되어

나타났는데 이는 시기적으로 소년들이 무적이라고 불리게 된 이후이다. 아마도 무적이라고 불리기 시작하면서 소년들 사이에 일종의 동류의식이 형성된 것으로 보인다. '이름을 불러주기 전에는 다만 하나의 몸짓'에 지나지 않았던 소년들은 '무적'이라는 이름을 갖게 된 이후부터 집단적 폭력을 서슴지 않았고, 이로 인해 다른 학생들은 두려움 속에서 그들의 존재감을 인식하기 시작했던 것이다.

피해자들은 자신들이 주동자격인 명호를 두려워할 수밖에 없었던 이유가 바로 그의 주변에 있는 무적이라는 친구들 때문이라고 했다. 상습적으로 급우들을 폭행한 그들과 같은 고등학교로 진학할 경우, 혹시 보복을 당하지나 않을까 하는 걱정까지 하고 있었다.

무적패들이 다른 학생들을 폭행한 이유는 사소했다. 바지의 통을 줄여 입고 호주머니에 손을 넣고 있어서 건방져 보인다거나, 자신의 패거리 중 하나인 형규의 여자 친구를 좋아한다는 말을 했다거나, 자신들의 말을 듣지 않는다거나 하는 이유로 폭력을 휘둘렀고 심지어는 자신들의 폭력으로 상해를 입은 아이가 상해 치료기간을 속였다는 이유로 구타를 하기도 하였다.

이들이 피해자들에게 폭력을 행사한 주된 원인은 주동자 격인 명호와 진우가 피해자들과 사이가 좋지 않았기 때문이었고, 나머지 소년들은 공범의 행위에 대한 특별한 자각 없이 동조한 것으로 보였다.

소년들은 한 명을 제외하고는 모두 환경 면에서 부족함이 없는 일반 가정에서 자란 아이들이었다. 그런 소년들이 집단을 이루어 지속적으로 학교 친구들에게 폭력을 행사한 이유에 대해 보호관찰소의 결정전 조사서에는 다음과 같이 평가되어 있었다.

소년은 평범한 가정에서 출생하여 양친 슬하에서 성장해오다가 중학교에 입학한 후 노력한 만큼 1학기 성적이 나오지 않자 학업에 흥미를 잃으면서 비슷한 성향의 동급생 또래집단과 무리지어 다니다 본건을 저질렀다.

창원청소년비행예방센터의 의견도 이와 비슷하였다.

　소년은 중학교 진학 후 1학년 1학기 성적이 원하는 만큼 나오지 않자 '노력해도 안 된다'는 생각으로 학업에 대한 흥미를 상실하였고, 또래와의 놀이에 집중하면서 무리지어 다니며 죄의식 없이 자신의 감정이나 기대에 거슬린다는 이유로 피해자들에게 폭력을 행사하였다.

　한마디로 성적 부진에서 오는 스트레스와 좌절감을 다른 방식으로 메우려 했던 것이다. 이 여덟 명의 소년들은 대구 학생 자살사건의 영향으로 2012년 2월 소년들의 폭력행위에 대한 수사가 시작되면서 2012년 3월 소년부로 사건이 보내졌다. 그사이 고등학생이 된 아이들은 여덟 명 중 두 명을 제외한 여섯 명의 소년들이 같은 학교로 함께 진학해 있는 상태였다.

　기록을 검토하면서 가장 염려가 되었던 점은 어느 피해자의 말과 같이 같은 고등학교에 진학한 여섯 명의 소년들이 다시 무리를 지어 학교폭력을 행사하지나 않을까 하는 것이었다. 소년들이 수사기관에 '써클 해체 다짐서'를 제출한 상태였지만 그것만으로는 부족해 보였다. 게다가 소년들의 부모들이 사건을 바라보는 시각이 너무 안일하고 단편적이라는 게 마음에 걸렸다. 창원청소년비행예방센터의 상담 조사를 거쳤는데도 부모들은 사건의 전모와 특성을 제대로 파악하지 못하고 있는 듯이 보였다. 결정전 조사나 상담 조사를 거치는 과정에서 제대로 교육이 이루어지지 않은 탓인지 소년의 보호자들은 자기 자녀가 저지른 비행내용에만 초점을 맞추고 있을 뿐 이 사건의 특성과 문제점이 집단성에 있다는 것을 전혀 이해하지 못하고 있는 것 같았다.

문제의 핵심은 여기에 있었다. 폭력의 집단성, 즉 패거리 문화에 초점을 맞추어 소년들의 모임을 와해시키지 않는 한, 소년들은 고등학교에서도 집단의 힘을 과시하며 폭력을 저지를 가능성이 다분해 보였고, 이는 이후 소년들을 비행세계로 내몰 수도 있다는 것을 의미한다. 나는 심리기일에 부모와 학교, 그리고 지역사회에 경종을 울릴 수 있는 조치를 취하기로 마음먹었다.

2012년 6월, 소년들에 대한 심리를 진행하였다.

가담 정도가 중하지 않은 여섯 명의 소년들에 대해서는 보호관찰과 정신심리치료를 위한 수강을 조건으로 부모에게 보호를 의뢰하는 처분을 내리고, 가담 정도가 비교적 무거운 명호, 진우에 대해서는 소년분류심사원에 임시위탁하는 처분을 내렸다. 명호와 진우의 부모들은 자신의 아이들에게만 이런 판정이 내려진 것이 억울했던지 당혹감에 휩싸였고, 며칠 뒤 두 아이의 아버지가 법원에 찾아와 내게 면담을 요청하였다. 하지만 그들이 이번 사건의 전모와 특성을 알기 전에는 면담을 해도 큰 도움이 되지 않을 것 같아 면담을 거절하였다.

두 아이의 부모는 자신의 아들이 선처를 받을 수 있도록 탄원서를

제출하는 등 나름대로 최선을 다하였다. 하지만 탄원서는 보호자들이 사건을 보는 시각이 그다지 변하지 않았음을 보여주고 있을 뿐이었다. '밤마다 아들의 빈방을 열어보면서 부모로서의 무능함을 스스로 원망했으며, 이제야 학교폭력의 심각성을 더 깊이 알게 되었습니다' 라고 쓰여 있었지만 그것만으로는 이 사건의 핵심을 제대로 이해했다고 볼 수 없었기 때문이다.

나는 국선보조인에게 이 사건의 문제점과 접근 방식을 부모들에게 알려주도록 하였다. 그러자 그제야 문제의 심각성을 깨달은 명호의 아버지는 아들과 같은 패거리 친구였던 형규를 만나 그사이 저지른 비행내용을 빠짐없이 적어달라고 하였다. 형규가 자신들의 비행을 남김없이 적어주자 그 내용을 읽은 진우 아버지는 큰 충격에 휩싸였다. 그는 그때의 심정을 다음과 같이 말했다.

"내 아들이 불량서클인 무적파가 아니라고 우겼으나 형규를 공장으로 불러 사건의 진실을 들어보니 맞았다. 재판장의 처분에 동감하며 조사과정에서 진실을 잘 몰라 피해자처럼 행동하고 탄원서도 제출했던 행동이 부끄러웠다. 보기에는 약하고 어리기만 한데 이렇게 악질적으로 행동하는 줄 몰랐다. 이제야 학교폭력이 뭔지를 실감했다. 내가 어릴 때 너무 못살아서 자식에게는 좋은 환경에서 자라게 해주려고 나름대로 노력했는데 이럴 줄은 상상도 못했다. 아들이 없는 방을 정리하며 펑펑 울었다."

사건의 전모를 알게 된 이후 부모들의 태도는 급변했다. 임시위탁된 직후에는 소년분류심사원에 찾아가 어떻게든 꺼내줄 테니 걱정하지 말라고 했던 그들이 "네가 뭘 잘못했는지 진심으로 반성해야 하고, 결과가 어떻게 될지 장담할 수 없으니 좋지 않은 결과가 나와도 받아들여야 한다."라고 말할 정도가 되었으니 사건을 바라보는 시각 자체가 변한 것이었다. 소년들에 대한 진짜 교육이 비로소 시작되는 시점이었다. 한편, 명호의 어머니도 다음과 같은 편지를 보내왔다.

> 판사님!!
> 처음에는 섭섭한 마음과 억울한 마음도 있었습니다.
> 하지만 아들의 잘못된 행동에 깊이 반성하고 또 반성하는 그런 시간들을 가질 수가 있었으며 뒤를 돌아볼 수 있는 시간을 주셔서 정말 감사드립니다. 우리 아들 일진이 아니라고 무적파가 아니라고 그것만 아니라고 밝히고 싶었던 저 자신이 부끄럽고 한심할 뿐입니다. 내 자식 억울하다고만 생각하고 상대방 피해가족의 심정을 더 많이 헤아리지 못한 그런 못된 부모였습니다. 정말 이 어미가 잘못 키웠고 부족한 어미였습니다. 무조건적인 사랑이 전부는 아니었다는 걸 뒤늦게 깨닫고 가슴 깊이 뉘우치고 있습니다.
> 저의 큰애 딸아이가 대학 친구들에게 괴롭힘을 당하여 자살기도까지 하고 병원에 입원했을 때에도, 왜 우리에게 이런 일들이 벌어지는지, 우린 정말 남들에게 베풀면서 산 것 같은데…… 하며 제가 딸아이 대학친구들을 신고하려고 할 때 남편은 그 아이들에게 용서의 편지를 받고 모두 용서해주었습니다. 이렇게 남들에게 당하고만 사는 것 같은데 왜 우린 이렇게 힘이 들어야 하나 생각했습니다. 그런데 이제

야…… 아, 우린 너무 이기적인 부모였구나 반성하고 있습니다. 남의 눈에 눈물 나게 하면 우리 눈에선 피눈물이 난다는 말이 현재 우리가 겪고 있는 현실이었습니다.

늦게 후회의 눈물로 내 자신을 원망하고 채찍질하며 명호가 피해를 준 친구와 부모님의 심정을 가슴 깊이 헤아릴 수가 있었습니다. 피해자 가족분들에게 진심으로 죄송하고 송구스럽고 사죄드리며 두 번 다시는 이런 일이 발생하지 않도록 책임을 지고 아들을 엄하게 교육을 시키고 저희도 용서를 빌겠습니다.

중학교 담임교사까지 소년분류심사원을 찾아와 걱정 말라고 격려해주었기에 그때까지만 해도 자신들의 잘못을 인식하지 못한 채 마음 놓고 느긋하게 지내던 소년들은 갑자기 돌변한 부모의 태도에 몹시 당황스러워했다. 그리고 비로소 자신들을 심각하게 되돌아볼 시간을 가지게 되었다. 진우가 자신의 아버지에게 보낸 편지를 보면 그러한 마음의 변화가 잘 드러나고 있다.

아버지에게……
안녕하세요, 아버지. 저 아버지에게 하나밖에 없는 아들 진우예요.
위탁소 첫 면회 때 제가 울자 아버지가 따라 우시는 것을 보았는데 정말로 그렇게 슬픈 눈물은 제가 태어나서 처음 보았습니다. 저는 이때까지 아버지는 너무 강해서 울지 않는 사람인 줄 알고 있었습니다. 하지만 아버지의 눈물을 보는 순간 저는 너무 슬퍼서 아버지와 같이 펑펑 울었습니다.

2주 뒤 명호와 진우에 대한 심리가 다시 열렸다.

소년들은 소년분류심사원에 임시위탁되던 날과는 전혀 다른 모습이 되어 나타났다. 심리가 진행되는 동안 소년들과 그 부모들은 하염없이 눈물만 흘렸다. 나는 두 소년의 부모들에게 소년들을 임시위탁한 취지에 관해 설명해주었다. 그런 뒤 피해자들을 모두 찾아가 사죄하고 용서를 받았고, 소년들도 자신들의 잘못을 진심으로 깊이 뉘우치고 있으며, 무엇보다도 비행의 전모를 알게 된 부모들이 소년들에 대한 훈육 방향을 바로잡을 수 있게 된 점 등을 고려하여 보호관찰과 정신심리치료를 위한 수강을 조건으로 부모들에게 보호를 의뢰하는 처분을 내렸다.

명호와 진우의 건전한 육성은 지금부터다. 그들이 무리를 지어 학교에서 폭력을 행사하는 일이 다시는 일어나서는 안 된다. 또, "중학교 3년 동안 동일한 선생님이 담임을 맡았는데 한 번도 아이의 문제 행동에 대해 연락을 받지 못했다. 아이에게 문제가 있을 때 담임이 문제를 덮어두는 식으로 수습하여 아들이 중학교를 졸업할 무렵에야 비행사실을 알아 너무나 충격을 받았다."라는 진우 어머니와 같은 하소연이 다시는 되풀이되지 않도록 해야 한다.

가족과 학교와 사회가 혼연일체가 되어 학교폭력의 특성을 제대로 인식하고 비행을 막아내고자 노력할 때 비로소 학교가 학교다워질 수 있을 것이다.

#08

후련함보다는 가슴이 아팠습니다

우리 사회의 왜곡된 성 문화가 한창 성장기에 있는 청소년들에게 심각한 악영향을 미치고 있다. 제대로 된 성교육이 부재하는 현실에서 범람하는 음란물에 노출된 아이들이 건전한 성 관념을 갖기는 몹시 어려운 일이다. 이를 증명이라도 하듯 아이들이 호기심으로 저지르는 각양각색의 성범죄 또한 경악할 만한 수준이다.

학교 안에서의 성폭력사건도 더 이상 좌시할 수 없는 지경에 이르렀다. 이성에 대한 성폭력은 물론 동성 사이의 성폭력도 날이 갈수록 증가하고 있으며, 아이러니하게도 여성의 성폭행 가해자로 소녀가 가담한 경우도 있다. 어떤 중학교 2학년 여자아이는 선배 언니가 불러 여관으로 갔다가 그곳에서 소주를 맥주잔에 가득 따라주며 마시라는 강요를 못 이겨 연거푸 두세 잔을 마시고 기절했는데, 그사이에 기다리고 있던 소년들 몇 명이 그녀를 집단으로 성폭행한 일까지 있었다. 아직 어리다는 이유로 어른들이 방치한 사이, 어디서부터 손을 대야 할지 도무지 감을 잡을 수 없을 만큼 혼탁하고 문란한 지경에 이른 것이다.

중학생인 순옥이는 같은 학교 동급생인 정대, 기태, 만수에게 성추행을 당했다. 정대는 2011년 11월 말경 피시방에 있던 순옥이에게 접근하여 '나랑 기태 중에 누구랑 섹스할 거냐, 대답하기 싫으면 '왕게임'을 해야 한다'고 한 다음 면사무소 부근 골목길로 데려가 순옥이가 거부의사를 밝혔음에도 성추행을 하였다.

  추행은 그걸로 끝나지 않았다. 그 다음 날에도 정대는 학교에서 청소를 하고 있던 순옥이의 손목을 억지로 잡아끌고 교내에 있는 사육장 앞으로 가, 뒤에서 끌어안은 상태로 추행을 반복하였다. 그리고 며칠 후 다시 시외버스터미널의 작은 통로로 순옥이를 데려가 또다시 자기의 몸을 강제로 만지게 하는 등 말로 표현하기 어려운 추악한 행위를 감행하였다. 뿐만 아니라 이듬해인 2012년 3월경에는 자신과 순옥이가 성관계를 했다는 거짓말까지 친구들에게 퍼뜨려 순옥이를 매우 곤란한 지경에 빠지게 하였다.

  순옥이는 성추행을 당한 직후 담임교사에게 피해사실을 알렸고, 담임교사는 소년들을 불러 사실 여부를 확인하였다. 하지만 정대는 순옥이 아버지가 있는 자리에서 자신은 순옥이의 동의를 받고 한 것이라며 완강하게 비행사실을 부인했다. 순옥이 아버지는 정대의 태도가 의외로 강경하고 피해사실이 외부로 알려지는 것이 딸의 장래에도 그다지 좋지 못하다는 생각이 들어 그냥 묻어두기로 했다. 그럼에도 불구하고 정대가 자신과 순옥이가 성관계를 했다며 거짓 사실을 학교에 퍼뜨려 딸의 명예를 훼손하자 결국 정대를 고소하기에 이른 것이다. 순옥이의 진술에 따르면 정대한테 피해를 당한 여학생이 또 있는 것으로 보였다.

정대는 기태, 만수와는 달리 계속 자신의 추행 자체는 인정하면서도 동의를 받고 하였기에 강제성이 없다고 주장해왔고, 정대 어머니도 아들의 말만 믿고 사실관계를 확인할 생각은 하지 않은 채 억울하다는 태도만 보였다. 그런 태도에 분개한 순옥이와 그의 부모는 기태와 만수는 용서를 했지만 정대만은 엄벌에 처해줄 것을 호소하였다.

순옥이를 법정에 부르는 것은 그 아이에게 또 다른 상처를 줄 수 있기에 나는 가사소년조사관에게 사실관계를 조용히 조사해줄 것을 부탁하였다. 기록과 가사소년조사관의 조사서를 살펴보니 추행이 순옥이의 동의 없이 강제적으로 이루어진 것이라고 볼 수밖에 없었다. 더군다나 정대는 왕따 문제로 곤란을 겪고 있는 순옥이에게 그 문제를 해결해 주겠다며 의도적으로 접근하여 성추행을 저질렀다는 점에서 비행 정도가 더 심각했다.

한편 조사관 보고서나 소년의 보호자가 제출하는 탄원서 등을 보니 정대와 그 어머니의 입장은 크게 변한 것 같지 않았다. 정대 어머니는 순옥이가 동의를 했는데도 정대만의 잘못이라고 하면 너무 억울하니 끝까지 재판으로 가겠다는 입장을 굽히지 않았다.

2012년 6월, 심리가 열렸다.
나는 정대에게 물었다.
"정대야, 정말로 순옥이의 동의를 받았느냐?"
그러자 정대는 주저하지 않고 "예." 하고 대답하였다.
정대의 비행은 학교 내 성범죄 사건으로는 죄질도 나쁜 데다 비행마저 부인하니 엄하게 처벌할 수밖에 없었다. 하지만 사건이 지난 해인 중학교 3학년 때 발생한 것이라 이미 상당 시일이 경과한 데다 정대가 이 사건으로 학교에서 3개월간의 출석정지라는 징계도 이미 받은 상황이었다. 정대는 이 일로 집 근처가 아닌 타 지역 고등학교로 진학하였고 학급에서 반장을 하며 나름대로 성실하게 생활하고 있었다. 나는 이를 두루 참작하여 일단 임시위탁시켜 반성의 기회를 주기로 하였다. 늘 그렇지만 임시위탁의 효과는 컸다. 정대는 임시위탁된 이후 자신의 잘못을 크게 뉘우치고 다음과 같은 편지를 보내왔다.

> 존경하는 재판장님.
> 저는 범죄 중에서도 제일 추잡하고 더러운 성범죄를 저질러서 이곳에 오게 되었습니다. 저의 죄를 부인했었다는 사실이 너무 어이가 없고 비겁했던 것 같습니다. 이곳에 와서 위탁교육을 받으면서 철도 들었고 가치관도 달라지고 진심으로 마음속에서 순옥이에게 미안한 마음이 생겼습니다. 순옥이는 그때 따돌림도 당하고 있었기에 더 거부를 못했던 것 같습니다.

아들의 말을 곧이곧대로 믿던 정대의 어머니도 정대가 비행사실을 인정한 이후에는 태도를 완전히 바꾸었다. 그리고 순옥이 부모를 찾아가 아들의 잘못을 인정하며 진심으로 사죄를 구했다. 그러자 순옥이 아버지는 정대가 위탁된 것에 대해 '또래 자식을 키우는 부모의 입장에서 후련함보다는 가슴이 너무 아팠다'며 조건 없이 용서해주었다. 순옥이 아버지는 정대의 처벌보다는 '잘못했습니다. 용서해주십시오'라는 진심 어린 반성과 사과의 말을 기다리고 있었던 것이다.

3주 뒤에 정대에 대한 심리가 다시 열렸다.

심리가 진행되는 동안 정대와 그의 어머니는 내내 흐느끼며 울고 있었다. 그들에게 처음부터 정직하게 사실을 말하고 용서를 구했더라면 이런 결과가 발생했겠느냐며 따끔한 소리를 했다. 그런 다음 정대가 깊이 사죄하고 있고, 순옥이와 그 가족도 정대를 용서했으며, 선생님들도 선처를 탄원하므로 보호관찰과 성폭력가해자치료를 위한 수강을 조건으로 보호자에게 보호를 의뢰하는 내용의 처분을 내렸다.

정대로서는 3개월간이나 학교에서 출석정지를 당했고, 또 순옥이 가족의 요구대로 생활근거지에서 멀리 떨어진 고등학교로 진학하였기 때문에 나름대로 벌을 다 받았다고 생각할 수도 있었다. 하지만 그러기에 앞서 가장 먼저 순옥이에게 진심으로 사죄하고 용서를 구했어야 했는데 정대와 그의 어머니는 변명을 하기에만 급급했었다. 그 모습이 감정의 골을 더욱 깊게 만들어 결국 화를 부른 것이다.

'말 한마디로 천 냥 빚을 갚는다'는 말이 있다. 뉘우침에서 나온 진심 어린 사죄의 말 한 마디가 얼어붙었던 마음을 녹이는 법이다. 재판을 진행하다 보면 뉘우침에는 인색하면서 사건을 은폐하고 축소하는 데만 정신이 팔린 사람들을 자주 접하게 되는데, 그럴수록 상대의 마음은 오히려 더 단단해지고 처분 역시 강화될 수도 있다는 걸 모르는 것 같아 안타까울 때가 많다. 이번 경우도 마찬가지다. "정말 죄송합니다."라는 진심 어린 사죄의 말 한마디만 했더라도 이렇게 법정까지 오는 일은 없었을 텐데 싶어 마음이 씁쓸했다.

#09
꼭 아이를 볼모로 잡아야만 화해를 합니까?

한 사회의 분쟁해결 패러다임은 그 사회의 성숙과 품격을 재는 척도다. 의도적이든 우발적이든 사람이 사는 곳 어디에나 분쟁은 발생하기 마련이고, 그 해결을 위한 제도적 장치들도 마련되어 있다. 그런데 우리 사회는 분쟁이 발생한 경우 화해나 조정과 같은 자치적 결정에 따른 해결보다는 법원이나 국가기관의 결정에 따른 해결 방식을 더 선호하는 것 같다.

이는 스스로 자율성을 포기하고 외부의 권위에 기대어 문제를 해결하려고 한다는 점에서는 낮은 차원의 해결 방식이라고 할 수 있다. 특히, 법원의 판결 등을 통한 분쟁해결 방식은 과다한 사회적 비용이 소모될 뿐만 아니라 분쟁으로 인해 파괴된 관계를 회복해주지 못할 가능성이 더 높다. 국가 전체의 기회비용을 절감하는 차원에서나 분쟁당사자 사이의 관계회복적 측면에서 보더라도 화해나 조정 같은 자치적 결정에 따른 분쟁해결 방식, 이른바 '화해적 분쟁해결 방식'이 활성화될 필요가 있다.

우리 사회가 법원이나 국가기관의 결정에 따른 분쟁해결 방식을 선호하는 이유는 여러 가지가 있겠지만 실제 사건을 처리하면서 나름대로 얻은 결론 중 하나는 '우리 사회의 강한 이중성'에 그 뿌리가 있지 않을까 하는 것이다. 이중성이 강하다는 것은 사회가 일관된 행위기준을 갖고 있지 않다는 것을 의미하며, 이는 우리 사회가 이해관계에 따라 얼마든지 원칙을 무너뜨릴 수 있는 위험성을 내포하고 있다는 뜻이기도 하다.

우리 사회의 이중성을 보여주는 사례는 비일비재하다. 장애인의 인권을 다룬 영화에는 열광하면서도 정작 자신의 주거지 근처에 장애인 시설이 들어서는 것은 극구 반대한다. 또한 학벌주의가 문제라고 개탄을 하면서도 자기 아이는 과도한 사교육을 통해서라도 어떻게든 조금이라도 서열 높은 대학에 입학시키려 한다. 이런 이중성은 법감정에서도 그대로 드러난다. 누군가 잘못을 저지르면 가차 없는 엄벌을 주장하지만 정작 자신이나 가족이 잘못을 저지른 경우에는 합리화하기 바쁘거나 가볍게 처벌받기만을 바란다.

우리가 갖고 있는 이러한 이중성은 학교폭력사건의 해결 과정에서도 여지없이 드러난다. 피해자는 가해자의 경제 사정을 고려하지 않은 채 과도한 배상금을 요구하거나 형평에 맞지 않게 엄벌해주기를 바라는 반면, 가해자들은 터무니없이 낮은 배상금을 제시하거나 자신들의 잘못이 별 게 아니라고 우겨댄다. 하지만 그러다가 가해자에서 피해자로 처지가 바뀌면 순식간에 태도가 급변하여 가해자를 엄벌해달라고 요청하기 일쑤다. 부조리한 이중 잣대를 내려놓기 위해서는 무엇보다 먼저 상대의 처지가 되어 생각할 줄 아는 역지사지의 정신이 필요하지만 그것이 생각처럼 쉬운 일은 아니다.

　열여덟 살인 성규는 한 고등학교의 학생회장이다. 성규는 지난 2011년 4월, 같은 학교 1학년생인 민웅이를 포함한 아홉 명의 학생들이 학교 내 남자 화장실에서 친구들과 술을 마시고 담배를 피웠다는 이유로 한 학생으로 하여금 망을 보게 한 다음 민웅이의 뺨을 몇 차례 때리고 허벅지를 발로 걷어찼다. 학생회장으로서 문제학생을 선도한 것이라고 하지만 그 정도가 지나친 게 문제였다. 하지만 민웅이는 그때까지만 해도 자신이 잘못했다는 생각에 아무런 항의도 하지 않고 그냥 넘어갔다. 그런데 몇 달 후 이번에는 민웅이가 학교 강당 화장실에서 담배를 피웠다는 이유로 성규가 양 손바닥으로 민웅이의 뺨을 수십 회 때렸고, 그 결과 민웅이가 좌측 고막이 파열되는 등 4주간의 치료를 요하는 상해를 입게 되었다. 이번에는 민웅이도 그냥 넘어갈 수가 없다는 생각에 부모님에게 이 사실을 얘기했고, 민웅이 부모는 학교에 정식으로 이의를 제기했다.
　성규가 민웅이를 때린 의도는 전교 학생회장으로서 후배들을 일깨워주고 교내 질서를 바로잡기 위한 것으로 볼 수 있다. 하지만 문제는 성규의 계도 행위가 도를 넘어 폭력으로 변질되었다는 데 있다. 이는 어떤 이유로도 합리화될 수 없는 일이다. 그럴 리는 없겠으나 학교에서 면학 분위기를 조성한다는 이유로 폭력을 방관한 결과 이와 같은 일이 발생한 것이라면 문제가 아닐 수 없다.
　학교에서는 성규 어머니가 암으로 투병 중에 있음을 배려한 것인지 보호자에게 알리지도 않은 채 학교 측 독단으로 중재에 나섰다가,

법원의 판결을 통한 분쟁해결 방식은
과다한 사회적 비용이 소모될 뿐만 아니라
분쟁으로 인해 파괴된 관계를 회복해주지 못할
가능성이 더 높습니다.

민웅이 측이 많은 배상금을 요구하자 비로소 성규 아버지에게 사건에 대해 알려주었다. 뒤늦게 수습에 나선 성규 아버지가 화해를 시도했지만 양측의 의견 차이가 너무 커 화해는 결렬되었고, 결국 민웅이 부모가 성규를 고소해 법정에까지 오게 되었다.

2012년 2월에 성규에 대한 심리를 열었다.

나는 먼저 성규의 아버지에게 물었다.

"민웅이 부모님과 화해를 했습니까?"

"아니요."

"사건이 발생한 지 벌써 수개월이 지났는데 왜 아직도 화해가 되지 않습니까?"

나는 성규 아버지에게 호통을 쳤다. 사건발생 시점으로부터 시간이 제법 흘렀음에도 아직까지 화해를 하지 않았다는 것은 소통의 문제라기보다는 의지의 문제라는 생각이 들었기 때문이다.

그런 다음 성규에게 물었다.

"민웅이는 지금 학교에 잘 다니고 있느냐?"

"아닙니다. 민웅이는 이번 사건 이후 학교를 자퇴하였습니다."

"그래? 그럼 너는 학교에서 어떤 처분을 받았니?"

"예, 저는 1주일간 특별교육을 받는 것으로 끝났습니다."

성규에 대한 징계는 그렇다 치더라도 피해자인 민웅이가 학교를 그만두었다는 말을 듣고 나니 뭔가 잘못되어도 크게 잘못되었다는 생각이 들었다. 그래서 성규의 아버지에게 말했다.

"아버님, 들으셨지요? 동기야 어떻든 지금 피해자는 이번 사건이 주된 원인이 되어 학교를 그만두었습니다. 반면 가해자인 성규는 학교를 잘 다니고 있습니다. 이건 뭔가 잘못됐다는 생각이 들지 않습니까? 민웅이에게 피해를 변상하고 반드시 화해해 오십시오. 화해가 되지 않을 경우에는 각오를 하고 오십시오."

이렇게 말한 뒤 심리를 속행하였다.

2주 뒤에 성규에 대한 심리가 다시 열렸다.

성규 아버지는 민웅이 측의 요구가 지나쳐 합의를 할 수 없어서 합의금으로 250만 원을 공탁했다고 하였다. 성규 아버지의 무성의한 태도는 변함이 없었다. 성규도 성규 아버지도 피해자의 상황을 전혀 고려하지 않고 자기들 주장만 내세우고 있었다. 나는 충격 처방을 하지 않을 수가 없었다. 그래서 성규를 임시위탁시킨다고 명하고 기일을 다시 잡았다.

아들이 소년분류심사원에 위탁되자 다급해진 성규 아버지는 그제야 민웅이 가족을 찾아가 사죄를 구했고, 성규의 위탁 소식을 전해들은 민웅이 가족은 분노를 누그러뜨리고 피해배상금을 받은 뒤 합의서를 작성해 주었다. 성규 아버지가 합의서를 제출하였기에 위탁된 지 일주일 만에 심리를 다시 열었다.

나는 성규 아버지에게 호통을 쳤다.

"민웅이가 학교를 그만둔 것에 대해 미안한 마음을 조금이라도 가져보셨습니까? 이렇게 화해가 되는 것을 그동안 왜 안 하셨습니까? 좀 더 일찍 성규와 화해가 됐더라면 민웅이가 학교를 떠나지 않아도 되었을지 모릅니다. 꼭 아이를 볼모로 잡아야만 화해를 합니까?"

그러고 나서 성규에 대하여 경청상담교육센터에서 40시간의 정신심리치료강의를 받을 것을 조건으로 부모에게 위탁하는 처분을 내렸다. 지금 성규는 대학교에 진학하여 학교생활을 잘 하고 있다고 한다.

성규는 모범생인 데다 전교학생회장으로 교사들에게 호감을 주는 아이였지만, 학교에서 말썽만 피우는 민웅이는 참으로 성가신 존재였을 것이다. 이러한 차별적 시선이 폭력사건의 처리 과정에서 공정하지 않은 방식으로 드러났고, 결국 피해자인 민웅이가 학교를 자퇴해야 하는 엉뚱한 결과를 초래하고 만 것이다. 그래선지 재판은 끝났지만 여러 모로 마음이 편치 않았다.

모범생 성규는 교칙에 반하는 행동을 하는 민웅이를 지도한다는 명분 아래 폭력을 행사했다. 어쩌면 성규의 지나친 행동은 '문제학생은 이렇게 대해도 된다'는 우리 사회의 묵시에서 비롯된 것은 아니었을까? 때로는 드러난 개인의 폭력보다 '그럴 수도 있다'는 묵시적 관용이 더 무서운 법이다. 학교와 교사는 두 아이의 차이를 인정하는 대신 일상화된 차별을 받아들이는 쪽을 택했다. 팔은 안으로 굽는 게 당연하다지만 최소한 학교에서만큼은 그런 태도를 버려야 하지 않을까? 밉든 곱든 모두 교사가 품어주어야 하는 학생들이기 때문이다.

학교를 그만둔 민웅이가 지금 어떻게 지내고 있는지 궁금하다. 학교를 벗어나면 비행에 노출되기가 쉬운데 빠른 시일 안에 다시 학교에 복귀하여 어엿한 사회인으로 성장해가기를 바라는 마음 간절하다.

#10

이제 쎔쎔이다 쎔쎔이야, 알았지?

사회는 관계로 이루어진 세계다. 복잡다단한 관계망을 가지고 있는 사회는 이를 지탱해 줄 '관계의 준칙', 다시 말해 법과 같은 사회적 규범이 필요하다. 그런데 엄밀히 말하면 사회를 지탱하는 역할을 하는 것은 법이 아니라 실상은 법 안에 스며들어 있는 덕목 또는 정신이다. 법은 다만 그러한 덕목을 세부화시켜 표현한 것에 불과하다고 할 수 있다.

실정법을 지배하고 있는 덕목은 '신뢰'와 '책임'이고, 우리 민법에서는 이를 '신의와 성실'로 표현해놓고 있다. 하지만 신뢰와 책임만으로는 인간다운 사회를 만들기엔 역부족이다. 이를 위해서는 보다 높은 차원의 '관계의 덕목'이 필요하다. 정직, 양보, 존중, 봉사, 자선, 관용, 용서, 자비, 박애, 희생, 헌신, 우정, 효, 충성 등이 이러한 덕목인데, 이들은 법의 영역에서는 규율되기 어려운 것들로서 '법을 넘는 법'의 영역에서 의무지울 수 있는 것들이다. 이러한 덕목 없이 오직 법으로만 옳고 그름을 가린다면 우리가 몸담고 있는 사회는 사막처럼 메마르고 황량하게 변할 것이고, 인간의 존엄과 가치도 차츰 소멸되어갈 것이다.

그런데 실정법 중에서 예외적으로 '용서'와 '관용'의 정신을 바탕으로 하는 것이 있다. 그것이 바로 '소년법'이다. 소년법에 들어 있는 용서와 관용의 정신은 구체적으로 어떻게 드러나는가?

　열여섯 살인 소년 두 명이 함께 오토바이를 훔쳤다고 한번 가정해 보자. 이러한 행위는 형법상 '특수절도'에 해당하고, 특수절도죄는 1년 이상 10년 이하의 징역형에 처하도록 되어 있다. 만약 이들이 일반 형사재판을 받게 된다면 특별한 경우를 제외하고 징역형의 집행유예를 선고받거나, 심한 경우 실형을 선고받을 가능성도 있다. 그렇게 되었을 경우 그 아이들이 더 이상 범죄를 저지르지 않고 성실하게 살아간다고 해도 훗날 공직 임용이나 취업에 지장을 받는 등 삶을 살아가는 데 막대한 타격을 입을 가능성이 있다. 하지만 이와는 달리 소년재판을 받게 되면 가장 무거운 처분을 받는다고 해도 2년간 소년원에서 생활하는 것뿐이다. 그리고 처분으로 인해 장래의 신상에 어떠한 영향도 받지 않게 된다. 한마디로, 같은 범죄라도 형사재판 절차로 처리되느냐, 아니면 소년재판 절차로 처리되느냐에 따라 결과에 현격한 차이를 보인다.

　최근의 실제 사례를 통해 좀 더 현실적으로 살펴보면, 같은 학교폭력사건인데도 대구 학생 자살사건의 경우에는 가해자들이 형사재판을 받은 뒤 실형을 선고받았고, '영주 학생 자살사건'의 경우에는 가해자들이 '촉법소년'(만 10세 이상 만 14세 미만의 형사미성년자로서 형벌을 받을 범법행위를 한 사람을 촉법소년이라고 하는데, 촉법소년은 형사책임능력이 없기 때문에 형벌이 아닌 보호처분을 받게 된다)이라서 소년보호처분을 받았다. 이러한 결과의 차이는 엄정해야 할 법이 소년들에게 일종의 은전恩典

을 베푸는 것으로 비쳐져 때로 오해와 억측을 낳기도 한다. 피해자 측이 가끔 이의를 제기하는 것도 이 부분이고, 국민들이 소년비행과 관련한 양형에 관해 의아해하는 것도 바로 이 부분이다. 그러나 소년법은 소년이 다시 비행이나 범죄를 반복하지 않도록, 소년이 안고 있는 문제를 해결해 보통의 인간이 되도록, 소년이 가지고 있는 숨은 가능성을 끌어내서 개성이 넘치는 인간으로 성장하도록 배려하는 법이다. 미래 사회의 자원이자 주인공인 소년들이 저지른 실수나 잘못에 대해 관용을 베풀지 않는다면 그 사회의 미래는 없는 것과 다름없다.

소년비행이 발생한 경우, 소년보호처분이나 형벌 중 어느 것을 부과할지에 관해서는 일률적으로 말할 수 없고 개개 사건별로 소년의 연령, 사안의 경중 등을 종합하여 법률과 양심에 따라서 가장 적합한 판단을 내릴 수밖에 없다. 소년사건의 운용의 묘미는 바로 이 용서와 관용의 정신에서 비롯된다. 이 정신을 얼마나 잘 활용하느냐에 따라 소년의 인생에 크나큰 전기를 마련해줄 수도 있기 때문이다.

2011년 8월, 정호에 대한 심리를 진행하였다.

정호는 사우나 라커룸에서 신용카드와 휴대전화기를 훔친 다음, 그 신용카드를 사용한 것으로 입건되어 소년재판을 받게 되었다. 하지만 재판에 오기 전 훔친 물건은 되돌려주고, 사용한 카드대금은 모두 변상해주었다.

고등학교 3학년에 재학 중인 정호는 절도죄로 기소유예처분을 한 번 받은 것 외에는 별다른 비행 전력이 없었다. 그런데 창원청소년비행예방센터에서 보낸 상담 조사서를 읽던 중 특이한 사항을 발견하였다. 응급환자 이송업에 종사하던 정호 아버지가 화재 진압 현장에서 배기가스를 마셨는데 그것이 발단이 되어 2004년에 병사했다는 것과 정호가 '우울증에피소드'라는 진단명으로 부곡정신병원에서 40일간의 입원치료를 받은 적이 있다는 것이었다.

재판 당일 법정에서 정호 어머니에게 물었다.

"정호의 정신병이 아버지의 사망과 관련이 있습니까?"

그러자 정호 어머니가 대답했다.

"그게 아니라 정호가 몸집이 작았을 때 학교에서 아이들한테서 집단폭행을 당한 적이 있는데 그것이 정신병을 얻게 된 주된 원인입니다. 당시 정호는 아이들한테서 맞아 7주간의 치료를 요하는 중상을 입을 정도로 심한 폭행을 당했습니다. 심지어 얼굴의 형체조차 알아볼 수가 없을 정도였습니다. 하지만 저희들은 친구들과의 관계가 더 중요하다는 생각에 치료비 한 푼 받지 않고 그들을 용서해주었습니다."

이런 말을 하는 동안 정호 어머니는 서러움에 목이 메어 울기 시작했고, 정호도 함께 흐느꼈다.

정호 어머니의 말에 나는 "그런 녀석들을 왜 그냥 내버려두셨어요? 혼을 내주셨어야지요."라는 말이 목울대까지 차올랐지만 애써 눌렀다.

정호와 정호 어머니는 어떤 마음으로 그 아이들을 용서한 것일까? 용서는 결코 쉬운 일이 아니다. 아무 조건 없는 용서는 죄를 지은 상대방을 진심으로 참회하게 만든다. 피해자 역시 자신에게 상처를 준 가해자를 용서하는 순간 고통스럽기 짝이 없는 미움과 원망의 감옥에서 벗어날 수 있다. 그러나 용서는 하고 싶다고 아무나 할 수 있는 일이 아니다. 나는 정호와 정호 어머니에게 왜 가해자들을 용서했는지 물어보지 못했다.

정호에게 보호관찰처분을 내리거나 의료소년원에라도 위탁하려 했지만 정호 어머니의 얘기를 듣는 사이 나는 모든 것을 내려놓게 되었다. 그리고 사전에 미리 생각지도 않았던 말을 하고 말았다.

"어머니 잘 하셨습니다. 어머니께서 용서하셨으니 저도 용서하겠습니다. 이 사건에 대해서 저는 처분을 하지 않도록 하겠습니다."

그리고 정호를 향해서도 다시 한 번 말했다.

"정호야, 앞으로 다시는 이런 일을 해서는 안 된다, 알았지? 너도 용서 받았으니 이제 쎔쎔이다. 알았지? 쎔쎔이야."

이 말을 들은 정호와 어머니는 주체할 수 없을 만큼 많은 눈물을 쏟아냈다. 나의 불처분이 정호 어머니의 용서에 버금갈 수는 없겠지만, 이 결정으로 정호가 조금이나마 어린 날의 상처를 위로 받고, 또 이를 변곡점으로 아픔을 뛰어넘어 건강한 청년으로 성장해나가기를 마음 깊이 간절하게 빌어주었다.

계속 이어지는 보복의 고리는 누군가가 먼저 희생하고 양보하지 않고선 절대 끊어지지 않는다. 보복의 고리가 계속 연결되어 가면 사회 전체는 혼란에 빠질 수밖에 없다. 희생과 양보를 전제로 하는 용서는 보복의 고리가 연결되지 않게 하고, 평화롭고 인간다운 세상을 만들게 하기 위한 필수 덕목이다. 하지만 피해자에게 용서를 의무지울 수는 없다. 그렇게 하는 것은 피해자에게 또 다른 피해를 줄 뿐이다. 용서는 사회가 짊어져야 할 책무다. 이러한 책무를 잘 이행하는 사회가 인간을 인간답게 존중해주는 사회라고 할 것이다.

제3부
벼랑 끝의 아이들

01

비행으로 치닫는 아이들

 소년보호처분을 받은 소년들은 대개 해체된 가정, 가난한 가정의 아이들이다. 특히 다시 비행을 저지르는 소년들 중에서 결손 내지 빈곤층 가정 출신 소년들이 차지하는 비율은 압도적이다.

 창원지방법원에서 2011년도에 소년보호처분을 받은 전체 소년들의 가정 현황을 보면 결손가정이 46.54%에 달한다. 결손가정이 아닌 경우엔 적어도 그중 50% 이상의 가정이 저소득·빈곤층에 해당되는 것으로 추정되었다. 사건 처리 경험으로 볼 때도 보호소년의 약 70% 이상이 결손가정이나 저소득·빈곤층 가정의 소년들이었다.

 가정의 결손과 빈곤은 한창 자라야 할 아이들의 성장을 가로막는다. 그래서 비행소년들 중에는 신체적 건강상태가 좋지 않은 소년들이 많다. 가정의 불화나 해체로 보살핌을 제대로 받지 못한 상태에서, 흡연, 음주, 외박, 가출, 성매매 등과 같은 비정상적이고 무절제한 생활을 계속해왔기 때문이다. 애정결핍 등으로 인한 폭식으로 비만에 걸린 소년들이 있는가 하면, 제대로 된 음식을 먹지 못해 영양 불균형으로 성장이 멈추어버린 듯한 소년들도 있다.

가정이나 학교에서의 폭력으로 건강을 잃은 소년, 오토바이로 무면허 운전을 하다가 교통사고로 부상을 당한 소년, 결핵을 앓는 소년, 지금은 거의 사라진 옴과 같은 피부병이나 매독과 같은 성병을 앓는 소년……. 심지어 자신이 병에 걸리거나 임신했다는 사실을 소년분류심사원에 임시위탁되어 신체검사를 받는 중에 비로소 알게 되는 경우도 적지 않다. 매독을 포함하여 대여섯 가지의 성병에 걸린 어느 소녀는 치료를 받지 않으면 죽을지도 모른다고 붙잡아도 절대 치료를 받지 않겠다며 뿌리치고 달아나기도 하였다.

몸에 별다른 문제가 없다 해도 가난과 결핍에 시달리는 보호소년들 중에는 정신적 건강 상태가 좋지 않은 소년들도 많다. 불화나 해체를 겪고 있는 가정의 소년들은 화목한 가정의 소년들에 비해 정신적인 면에서 훨씬 더 문제가 많은 것으로 나타난다. 특히 감정이나 상황에 대한 자기조절능력이 부족하거나 주의력결핍과잉행동장애(ADHD)로 고생하는 소년들이 많다. 이런 경우 대개 관계를 폭력적으로 다루려는 성향을 띠게 되는데 실제로 보호소년들은 분노와 타인에 대한 적개심이 보통의 소년들에 비해 상당히 높은 편이다. 또한 이를 조절하는 능력도 부족해 사소한 일에도 과도하게 폭력을 행사하는 일이 많다.

소년보호시설 관계자들은 비행소년들의 품성과 행동이 몇 년 전에 비해 급격히 나빠지고 있다고 입을 모은다. 빈곤과 결손, 그로부터 오는 몸과 마음의 상처는 아이들의 마음에 증오와 분노를 자라게 한다. 정심여자정보산업학교(안양소년원) 소녀들 중 잘사는 사람을 보면 적개심을 느낀다고 대답한 소녀들이 34.1%에 이른다.

가정에서 버림받고 학교와 사회에서 소외된 소년들 중에는 우울증을 앓고 있는 소년들도 많고, 대인기피증까지 보이는 소년들도 있다. 더 나아가 무기력증이라고 할 정도로 삶의 의욕을 상실한 소년들도 있다. 그 어느 때보다 활기차야 할 나이에 아이들은 삶에 거의 흥미를 느끼지 못한다. 그냥 그날그날 닥치는 대로 살아갈 뿐이다. 질병, 가난, 소외감에 짓눌려 인생을 어떻게 헤쳐나가야 할지 갈피를 잡지 못하고 절망감만 키워나가고 있는 것이다. 아니 어쩌면 자신이 절망하고 있다는 사실조차 느끼지 못한 채 무기력 속에 자신을 방치하고 있는 것이다.

이런 아이들은 게임, 인터넷, 니스의 유혹에 쉽게 빠져드는 것은 물론 중독에까지 이르게 된다. 니스 흡입은 절도나 폭행처럼 타인을 대상으로 한 것이 아니라 자신을 향한 것이므로 죄의식도 크지 않고 어디에서든 쉽게 구입할 수 있어 중독자가 점점 확산되고 있는 추세다. 소년보호처분 기일을 기다리던 학생이 니스를 흡입하고 환각 상태에서 자신의 집 옥상에서 추락하여 사망한 일도 있었다.

게임 중독에 빠져 가상과 현실을 제대로 구별하지 못해 비행으로 나아가는 소년들 또한 많다. 게임을 하지 못하게 하는 어머니를 살해한 소년, 게임에서처럼 가장 빨리 가장 잔인하게 사람을 살해하기로 모의한 뒤 아무런 이유 없이 택시기사를 살해하고 그 뒤에도 계속 사람을 죽이는 환상에 사로잡혀 있는 소년들도 있었다.

빈곤으로 인한 절도가 치료해야 할 수준의 도벽으로 옮아가는 경우도 많다. 도벽은 하루아침에 형성되는 것이 아니므로 그만큼 가정과 사회로부터 방치됐었다는 것을 의미한다. 실무 경험상 도벽은 참

으로 고치기 어려운 습성이다. 때문에 소년재판을 할 때 도벽을 완전히 끊을 수 있도록 소년원이나 의료소년원에 송치하는 경우가 많지만, 안타깝게도 정해진 기간을 마치고 나오면 거의 대부분 재비행을 저지른다.

무면허로 오토바이를 훔쳐 굉음을 내며 폭주하는 것에 광적으로 빠진 소년들에겐 쇠꼬챙이 하나만 있어도 시동을 거는 일쯤이야 누워서 떡 먹기다. 이 아이들은 오토바이를 타고 다니다 기름이 떨어지거나 하면 아무 데나 내버린 뒤 또 다른 오토바이를 훔쳐 타기를 반복한다.

자포자기에 빠진 소년들은 자신도 세상도 돌아보지 않는다. 피시방이나 오락실에서 밤 늦게까지 게임을 하며 시간을 보내고 술집에 출입하기 위해 신분증을 변조하거나 구멍가게나 마트에서 술이나 담배를 훔친다. 유흥비가 떨어지면 다른 아이들한테서 돈을 갈취하거나 인터넷 사이트에서 물품 판매 사기 행각을 벌이기도 하는데, 요즘은 이런 인터넷 판매 사기가 청소년들 사이에 급격히 확산되고 있다. 차량털이, 집털이, 아리랑치기(취객 상대 절도), 퍽치기와 같은 절도 및 강도 행위도 서슴지 않는다.

분노와 적개심, 자포자기가 극에 달하면 아이들은 떼를 지어 다니며 패싸움을 하거나 사소한 이유로 지나가는 행인을 두들겨 패기도 한다. 심할 경우 감금을 하거나 각목이나 쇠파이프로 때리고, 담뱃불로 지지고, 머리카락을 자르고, 땅에 파묻거나 간혹 죽이기까지도 하는 등 소년들이 한 것이라고 보기에는 상상을 초월할 정도로 심한 폭력을 행사하는 일마저 벌어진다.

아이들이 성범죄에 내몰리는 현장은 더욱 참담하다. '조건만남'이라는 이름으로 성매매를 하는 소녀들, 유흥비를 마련하기 위해 여자아이들에게 성매매를 강요하고 돈을 받아 챙기는 소년들이 있는가 하면, 30만 원짜리 붙임머리 살 돈을 마련하기 위해 여중생을 납치하여 여관에서 성매매를 시키는 소녀들도 있다. 아이들을 성적 대상으로 이용하는 추악한 어른들과 도처에 넘쳐 나는 음란물 속에서 아이들을 보호하는 일은 어렵기만 하다. 오늘도 유흥가는 휘황한 불을 밝히고 사람들을 쾌락으로 유혹하고 있다. 저 불빛 안에 어린 소년 소녀들이 얼마나 있을 것인지, 어떻게 하면 그들을 저곳에서 빼내 또래에 맞게 건강하고 밝은 생활로 돌려보낼 수 있을 것인지……. 더는 미룰 수 없는, 그러나 답 없는 숙제를 잔뜩 껴안고 있는 기분이다.

가출한 아이들이 찜질방이나 여관, 모텔에서 혼숙하며 성폭행을 저지르거나 이를 휴대전화로 촬영하여 협박에 이용하기도 한다. 컴퓨터와 스마트폰을 통해 무제한으로 공급되는 음란물에 빠져든 소년들은 바이러스를 옮기듯 여기저기로 음란물을 배포하는 것은 물론 음란한 문자메시지를 보내기도 한다. 또한 성적 충동을 제어하지 못해 심한 경우 대낮에 발바리 행각을 벌이는가 하면 야간이나 새벽에 성추행을 시도하기도 한다.

소년들의 비행은 본인의 불행으로 끝나는 것이 아니라 가정이나 사회의 불안으로 확대되어 사회 전체의 문제로 대두된다. 그러나 아직은 희망을 버릴 때가 아니다. 비행내용의 참담함에만 분노하고 비행을 저지른 소년들을 비난하기 전에 왜 어린 소년들이 비행으로 치닫게 되었는지, 우리 사회가 어떻게 그들을 내몰았는지 반드시 되물어야 한다.

비행을 저지른 소년 역시 아직 소년이기에 얼마든지 다시 새로운 삶을 시작할 수 있다. 소년범죄는 충분한 보호와 감독, 적절한 교육을 통하면 치유 가능성이 매우 높기 때문에 청소년 스스로의 노력과 더불어 사회적 차원에서 우리 모두의 노력이 필요하다. 비행을 교정하기 위한 노력이 빠른 시간 안에 결실을 맺기는 물론 힘들다. 하지만 소년비행이 성인범죄로 나아가기 전에 그들에게 손을 내밀어준다면 그들은 비행의 그늘에서 벗어나 우리 사회의 건강한 구성원의 한 사람으로 성장할 수 있을 것이다. 소년들의 인생에 서둘러 마침표를 찍기 전에 그들이 발 딛고 선 벼랑 끝, 그 가파른 현실에 먼저 눈을 돌려야 할 것이다. 그래야 진정한 어른이고, 그래야 어른 대접도 받을 것이 아닌가.

#02

네 번의 개명은 누구를 위한 것이었습니까?

이혼으로 인한 가정의 해체가 사회적으로 심각한 수준에 이르렀다. 본인들 입장에서는 불가피한 선택이었겠지만 이혼은 당사자인 부부뿐 아니라 자녀들의 삶에 적지 않은 영향을 미친다는 점에서 보다 신중하게 접근해야 할 필요가 있다. 아직 미성년인 아이들에게 부모의 이혼은 삶의 근간을 송두리째 흔드는 일이 될 수도 있기 때문이다.

이혼을 하거나 재혼을 하는 데 있어 가장 신경을 써야 할 부분은 다름 아닌 미성년 자녀의 정신적·심리적, 사회관계적 안정이다. 특히 그 중에서도 재혼을 하면서 자녀들의 성姓을 바꾸는 문제는 정체성이 형성되어가는 시기인 청소년들에게 조심스럽게 접근해야 하는 문제 중 하나이다. 호주제의 폐지와 함께 이혼 후 미성년 자녀의 성을 바꿀 수 있게 되었지만, 민법 제781조 제6항에는 자녀들의 성 변경은 그들의 '복리福利'를 위함이 원칙으로 되어 있다. 자녀가 새아버지와 성이 다르다는 이유로 학교생활이나 일상생활에서 불필요한 고통을 겪거나 새로운 가정에 갈등 요인이 된다면 성을 바꾸는 것이 자녀의 복리에 보탬이 되는 길이겠지만 반대로 오히려 자녀의 심리적 안정과 사회적 관계를 깨뜨린다면 이는 자녀를 위한 올바른 선택이 아닌 것이다.

열세 살의 어린 소년이었던 중수는 2008년 7월경 절도죄로 2년간의 보호관찰 등을 내용으로 하는 소년보호처분을 받았으나, 보호처분에 정해진 준수사항을 제대로 이행하지 못해 다음 해 7월 다시 같은 내용의 소년보호처분을 받았다. 그런데 이번에도 제대로 지키지 못해 2010년 3월, 2년간의 보호관찰을 받는 5호처분과 함께 한 달 동안 소년원에서 생활해야 하는 8호처분을 받았다. 중수는 소년원 생활은 무사히 마쳤으나 2년간의 보호관찰기간 중에 또다시 거주지를 무단이탈하는 등 준수사항을 제대로 지키지 못해, 그로 인해 다시 보호처분을 변경해달라는 신청이 와서 소년분류심사원에 임시위탁되었다.

그런데 소년분류심사원의 분류심사서를 보니 중수의 어머니가 세 번 이혼하였고, 중수는 네 번이나 개명을 했다는 사실이 적혀 있었다. 중수의 어머니는 재혼할 때마다 아들의 성을 바꾸면서 이름까지 바꾸었던 것이다.

굳이 김춘수 시인의 「꽃」을 들먹이지 않더라도 이름은 주어짐으로써 의미를 얻게 되고 불리어짐으로써 존재를 인정받게 되며, 바로 그 이름을 통해 사회적 관계를 맺고 자신의 이미지도 형성해나간다. 그런 이름을 네 번씩이나 바꿔야 했으니 그동안 중수가 겪었을 혼란이 어땠을지 짐작이 되고도 남았다.

분류심사서에는 중수에게 6개월간 소년원에 보내는 9호처분을 내려야 한다는 의견이 제시되어 있었다. 그러나 중수는 첫 비행 이후 추가 비행으로 입건된 적도 없고, 단지 보호처분에서 정한 준수사항을 제대로 이행하지 못한 잘못밖에 없었기에 9호처분은 다소 무겁다는 생각이 들었다.

2011년 2월, 중수에 대한 심리가 열렸다.

사건을 호명하니 중수의 뒤를 따라 어머니와 새아버지가 함께 법정으로 들어왔다. 중수는 법정에서 고분고분 자신의 잘못을 반성하는 태도를 보였고 국선보조인의 의견을 종합해볼 때도 역시 9호처분은 과하고, 다시 8호처분을 하면 되겠다는 판단이 들었다. 그러나 중수에게 경각심을 심어주어야겠다는 생각에 중수를 소년원에 보낸다고 엄포를 놓고 일단 법정 밖의 철창 안에 가둬두라고 지시했다.

잠시 다른 사건에 대한 심리를 마친 뒤 중수와 어머니를 다시 법정으로 들어오게 하였다. 그런데 법정에 들어온 것은 중수뿐이었다. 중수를 철창 속에 있게 한 지 채 30분도 지나지 않았을 때였다.

"중수 어머님은 왜 들어오지 않습니까?"

내 물음에 국선보조인이 민망하다는 듯 대답했다.

"중수가 철창 안으로 들어가자마자 바로 가버렸습니다."

아들이 철창에 갇혔는데 외면하고 그냥 가버렸단 말인가. 나는 즉시 국선보조인에게 말했다.

"중수 어머니를 빨리 법정으로 돌아오라고 해주세요!"

국선보조인은 부랴부랴 중수 어머니에게 전화를 했고, 얼마 뒤 중수 어머니가 법정으로 들어오기에 물었다.

"어머님, 중수가 네 번이나 개명을 한 것이 중수의 장래를 위한 것이었습니까? 아니면 어머님의 체면을 위한 것이었습니까?"

중수 어머니는 답변을 하지 않았다.

그래서 다시 물었다.

"네 번이나 개명을 한 아이가 과연 정체성이 제대로 형성되고 있을까요? 아드님이 보호처분을 세 번씩이나 받게 된 이유가 어디에 있다고 생각하십니까? 가정에서뿐만 아니라 사회적으로도 아이가 겪어야 될 혼란은 생각해보셨습니까?"

중수 어머니는 여전히 입을 꼭 다문 채 눈을 내리깔고 말이 없었다.

그래서 중수 어머니에게 호통을 쳤다.

"중수가 소년원에 가게 되면 당분간은 아이를 볼 수 없게 됩니다. 오늘 법원에서 소년원으로 가기까지는 시간적 여유가 있습니다. 그동안만이라도 아들과 함께 있을 수는 없었나요? 저희 세대들은 이런 어머니상을 가슴에 품고 있습니다. 학업이나 군복무로 어머니와 헤어져야 할 때 동구 밖까지 따라 나오셔서 버스가 먼지 속에 사라져 보이지 않을 때까지 울며 손을 흔들고 서 계시는 어머니를요. 그런 어머니의 모습을 가슴에 담고 있었기에 어떤 어려움도 극복하고 참아낼 수 있었습니다. 그런데 어머니는 어떠셨습니까? 단 몇 분도 곁에 있지 못하고 아들을 철창 속에 내버려두고 떠나셨더군요. 중수가 소년원으로 가는 차에 탈 때까지 아드님을 위해 철창을 붙잡고 통곡하고 계셨다면 얼마나 좋았겠습니까? 그렇게 하셨다면 그 모습은 아드님의 가슴에 깊이 새겨졌을 겁니다. 그리고 그것이 계기가 되어 아드님이 방황을 끝냈을 수도 있었을 겁니다."

하지만 중수 어머니는 남의 집안일에 당신이 무슨 참견이냐는 듯 듣는 내내 마뜩찮은 표정만 짓고 있었다.

나는 예정대로 중수에게 2년간의 보호관찰을 조건으로 8호처분을 내렸다. 하지만 판결 이후에도 안타깝고 씁쓸한 마음이 떠나지 않았다. 중수가 자신의 정체성을 잃지 않고 더욱 단단한 자아를 형성하여 다시는 이 법정에 서지 않기만을 바랄 뿐이다.

#03

얘를 우선 소년원부터 데려다 놓으세요!

　소년비행을 예방하기 위한 첫걸음은 가정과 가족관계의 회복에서부터 시작되어야 한다. 이는 병들고 지친 소년들을 치유하는 데 그 어떤 것보다 효과적이다. 하지만 어긋난 가족관계를 회복하는 것이 말처럼 쉬운 일은 아니다. 한번 깨진 관계와 무너진 신뢰가 회복되려면 깨어지고 무너져 있던 시간보다 몇 곱절 더 많은 시간과 노력이 필요하기 때문이다.
　비행자녀에 대해 진저리를 치며 시쳇말로 '호적에서 파버리겠다'라고 말하는 부모들이 종종 있다. 하지만 그 마음 깊은 곳에는 여전히 자식이 정신 차리기를 간절히 바라는 부모지정父母之情이 숨어 있을 것이다. 부모와 자식의 연이 끊고 싶다고 해서 끊을 수 있는 것도 아니지만 무엇보다 그 분노와 원망의 이면에는 서로에 대한 두터운 애정이 담겨 있기 때문이다. 그런데 요사이 만나는 법정 풍경은 꼭 그렇지만도 않은 것 같아 씁쓸해질 때가 많다.

　열일곱 살인 영우는 아르바이트를 하던 피시방에서 돈을 훔쳤다는 이유로 소년재판을 받게 되었다. 절도죄로 이미 한 차례 기소유예처분을 받은 전력이 있는 영우는 공무원인 아버지와 새어머니, 이복동생과 함께 살고 있었고, 친어머니와는 연락이 끊어진 상태였다.

영우에 대한 처분을 내리기 전, 자료 수집을 위해 먼저 창원청소년비행예방센터에 상담 조사를 받도록 하였다. 그런데 조사를 받던 영우가 또다시 상담교사의 돈을 훔쳐 달아났고 재판에도 출석하지 않은 채 일탈을 계속했다. 절도 사건의 재판이 영우의 불출석으로 공전을 거듭하는 가운데 영우가 다시 오토바이를 훔쳐 무면허로 운전을 하다 붙잡히는 바람에 소년재판을 받게 되었다. 결국 영우는 2011년 10월 법정에 나타났다. 영우에 대한 조사를 마저 진행하는 한편 반성의 시간을 갖도록 하기 위해 소년분류심사원에 임시위탁하는 결정을 내리고 심리기일을 연기했다.

얼마 후 임시위탁되어 있던 영우에 대한 심리가 열렸다. 그런데 뜻밖에도 영우의 부모가 국선보조인을 통해 아이를 소년원으로 보내거나 청소년회복센터에라도 위탁하기를 바란다는 요청을 해 왔다. 보통의 부모라면 어떻게 해서라도 선처를 받아 자식을 집으로 돌려보내주길 바라는데, 이렇게까지 하는 것을 보니 부모와 영우의 관계가 생각보다 심각한 것 같았다. 게다가 '새어머니가 소년에 대한 관심이 적은 듯하다'라는 소년분류심사서의 보고 내용도 저간의 사정을 짐작케 했다.

그러나 영우의 비행은 소년원에 갈 정도는 아니었고, 또 생계에 큰 어려움이 없는 가족이 있기 때문에 청소년회복센터에 위탁하기도 어려웠다.

이날 심리에는 새어머니가 참석했는데, 새침하고 차가운 표정으로 앉아 있는 모습이 어쩔 수 없이 나왔음을 역력히 보여주고 있었다.

나는 고개를 숙이고 있는 영우에게 물었다.

"왜 자꾸 가출을 하고 그래?"

"독립하기 위해서 그랬습니다."

"왜 독립이 하고 싶었는데?"

영우는 대답하지 않았다.

"독립한다는 게 겨우 도둑질이야?"

"……잘못했습니다."

"위탁생활을 해보니 어때?"

"처음엔 힘들었는데 좋은 기회가 된 것 같습니다. 반성도 많이 하고 장래에 대한 생각도 하게 되고…… 언제까지 이렇게 살 수 없다는 생각도 들고…….."

"집으로 돌아가고 싶어?"

"예. 그렇습니다."

이 말에 뒷자리에 앉아 있던 영우의 새어머니가 무슨 말을 하려는 듯 몸을 움직였다. 나는 모르는 척하고 말을 이었다.

"집으로 돌려보내면 또 가출하고 그럴 거 아니야?"

"아닙니다. 절대로 그러지 않겠습니다."

"그 말을 어떻게 믿어? 지금은 잘하겠다고 해놓고 다시 가출하고 도둑질하고 말썽 피우고 그럴 거 아니야? 그럴 거라면 소년원이나 청소년회복센터에 가는 게 좋지 않아?"

잘못을 저질렀어도 아무 조건 없이
두 팔 벌려 품어주는 존재가 있어야 합니다.
방황하며 상처 입은 마음, 눈물로 얼룩진 마음을
누군가는 다독여주어야 합니다.

나는 다짐을 받기 위해 짐짓 호통을 쳤다.

"아닙니다. 절대로 가출하지도, 말썽을 부리지도 않겠습니다."

영우는 다급하게 대답했다.

수년간 많은 비행소년들의 심리를 열고 재판을 해왔기에 아이들이 진실을 말하는지 상황을 벗어나기 위한 방편으로 거짓말을 하는지 어느 정도 구별이 가능한 편인데 영우는 진심을 말하고 있는 것 같았다. 그런데 그 말을 듣고 있는 새어머니의 표정은 여전히 새침한 데다 몹시 불편해 보이기까지 했다. 무언가 할 말이 있는 듯 가끔씩 몸을 움찔거렸지만 법정의 권위적인 분위기에 눌려 참고 있는 것 같았다.

영우가 부모와의 관계를 회복하지 못하면 가출과 재비행은 불 보듯 뻔한 일이었기에 영우를 집으로 돌려보내기 전에 새어머니와의 관계를 조금이라도 풀어줘야겠다는 생각이 들었다. 영우가 비행과 일탈을 반복하는 원인에는 부모의 책임이 없다고 할 수 없겠지만 어떻든 비행을 저지른 영우의 잘못이 더 크기에 영우에게 새어머니 앞에 꿇어앉아서 '어머니 잘못했습니다. 다시는 그러지 않겠습니다'를 열 번 외치게 하였다.

사람들은 누구나 불완전하기 때문에 실수를 저지르게 마련이다. 그러나 잘못이 있을 때 '미안합니다' 또는 '죄송합니다'라는 말을 억지로라도 하게 되면 관계와 소통에 적지 않은 도움이 된다. 또 스스로 그런 말을 반복하다 보면 남의 탓을 하는 대신 자기 성찰을 하게 되므로 그 지혜를 벗 삼아 언젠가 인생행로에서 만나게 될 지도 모를 광풍을 무사히 넘길 수도 있다.

영우는 새어머니 앞에 꿇어앉았다.

"어머니, 잘못했습니다. 다시는 그러지 않겠습니다."

스스로 우러나온 것이 아니라 시켜서 하는 것이기에 처음엔 다소 어색한 듯 보였지만 서너 번 외친 후부터 영우는 흐느끼기 시작했다.

"어머니…… 잘……못했습니다……. 다시는 그러지 않겠습니다."

하지만 영우의 눈물어린 사죄에도 불구하고 새어머니의 표정에는 변함이 없었다. '잘못했습니다'라는 말만으로는 차갑게 닫힌 새어머니의 마음을 열 수는 없었던 것이다. 그래서 다시 영우에게 '어머니, 사랑합니다'를 열 번 외치게 하였다.

'사랑합니다'라는 말은 생명의 묘약과도 같은 말이다. 또 사랑이 없다면 인간의 삶은 너무 삭막할 것이고 인간다운 삶을 영위할 수 없을지도 모른다. 그 말 안에는 미움으로 딱딱하게 굳어진 마음을 풀어주고, 실망으로 냉랭해진 마음을 녹여 다시 살게 만드는 힘이 들어 있다. 그래서 나는 소년들에게 '사랑합니다'라는 말을 자주 시킨다.

영우는 다시 시작하였다.

"어머니…… 흑흑…… 사랑합니다."

진심이 담긴 오열에 법정 안의 사람들은 눈물지었지만 새어머니는 곤혹스럽다는 표정 외에 별다른 반응을 보이지 않았다. 무엇이 이토록 새어머니의 마음을 닫게 했는지 참으로 안타까웠다.

그래서 다시 영우에게 말했다.

"영우야, 가서 어머니 안아드려라. 어머니, 영우가 진심으로 반성했으니 받아주시고 안아주세요."

영우는 포옹을 하고서도 계속 울었다. 하지만 새어머니는 이런 상황이 어색하고 불편한 듯 엉거주춤하게 영우의 어깨만 형식적으로 끌어안을 뿐이었다.

하루아침에 관계가 씻은 듯 회복되기는 어려운 일이기에 앞으로의 몫은 가족들의 노력 여하에 달린 것이라 생각하고 영우에게 보호관찰을 조건으로 부모에게 돌려보내는 처분을 내렸다.

그런데 영우와 새어머니가 법정을 나간 지 얼마 되지 않아 국선보조인이 들어오더니 "영우의 어머니가 재판장님께 꼭 하고 싶은 말이 있다고 합니다."라고 하여 두 사람을 다시 법정으로 불렀다. 법정으로 들어온 영우의 새어머니는 처음과 변함없는 새침한 표정에 고집스러움이 더해진 얼굴로 말했다.

"영우를 절대로 집에 데려갈 수 없습니다. 소년원에 보내거나 청소년회복센터에라도 보내주세요."

"어머니, 이미 판결은 내려졌습니다. 아이를 데리고 집으로 돌아가십시오."

말은 그렇게 했지만 난감했다. 이렇게까지 아이를 거부하는 상태에서 돌려보냈다가는 오히려 관계가 악화되어 겨우 마음을 다잡으려고 하고 있는 영우가 다시 겉돌다가 재비행을 하게 될 우려가 컸기 때문이다.

그래서 새어머니 옆에서 얼굴이 빨개진 채 서있는 영우에게 물어보았다.

"어머니 말씀이 저런데 어떻게 할래?"

"제가 맹세를 했는데 어기겠습니까? 집으로 돌아가 생활을 잘하겠습니다."

이렇게 말은 했지만 영우의 표정은 점점 굳어져갔다.

"어머님. 어머님이 원한다고 소년원에 보내고, 원하지 않는다고 보내지 않고 할 수 있는 게 아닙니다. 법이란 게 부모님 뜻에 따라 좌지우지 되는 게 아닙니다. 그러니 영우를 데리고 집으로 돌아가십시오."

나의 태도가 완고하자 더 이상 말을 하지 못하고 법정 밖으로 나간 새어머니는 법정 안에서와는 전혀 딴판으로 격앙되어 소년원 직원들을 향해 소리를 질러댔다.

"나는 이 애를 집으로 데려갈 수 없어요. 그러니 애를 호송차에 태워 소년원으로 데려가세요!"

새어머니가 하도 소란을 피우자 소년원 직원들이 나서서 말렸다.

"판사님의 결정이 없는데 어떻게 데려갑니까? 그만하시고 어서 아이를 데리고 돌아가세요."

그러자 새어머니는 한술 더 떠서 말했다.

"항고를 해서 소년원에 보내는 결정을 반드시 받아내고 말 거예요. 그러니 애를 우선 소년원부터 데려다 놓으세요!"

나는 당혹감을 감출 수가 없었다. 큰마음으로 그 동안의 허물을 덮고 '아들아 고생 많았지. 자 어서 집으로 가자'라며 기쁘게 맞이해줬다면 영우가 얼마나 고마워했을까? 그랬다면 혹 영우가 크게 뉘우치고 변할 수도 있었을 텐데. 법정에서 '미안합니다', '사랑합니다'라고 외치며 눈물을 쏟아내긴 했지만 그건 아직 영우의 의지에 불과하다. 그 의지의 싹이 잘 자랄 수 있도록 도와주는 것이 어른들의 역할이다. 그런데 그 싹이 세상 밖으로 채 나오기도 전에 무참하게 짓밟힌 것이다. 자신을 소년원에 보내버리라며 악다구니를 지르는 새어머니의 모습을 본 영우가 과연 집에서 잘 지낼 수 있을지 걱정이 되었다.

우려했던 대로 영우는 처분 이후 집에 붙어 있지 못하고 가출해 생활하다 붙잡혀 다시 재판을 받게 되었다.

1년여 만인 2012년 11월에 법정에서 다시 영우를 만나자 안타까움을 금할 수 없었다. 그런데 이번 재판에는 새어머니 대신 영우 아버지의 모습이 보여 내심 반가웠다. 친아버지이기에 아들의 선처를 호소하지 않을까 기대했기 때문이다. 하지만 그런 기대는 어이없이 무너졌다.

"영우야, 왜 약속을 어기고 다시 가출했어?"

"지난 번 재판을 마치고 집으로 가니 부모님께서 화를 내시며 '소년원에 가지 왜 왔냐'라고 하는 거예요. 그래서 화가 나서 대들었습니다. 판사님과 약속한 것이 있어 부모님 말씀 잘 듣고 지내려고 하는데 집으로 돌아간 첫날부터 부모님께서 그러시니 참을 수가 없었어요. 그래서 홧김에 소년원에 갈 테니 태워다 달라고 아버지께 말씀드렸습니다. 그랬더니 아버지께서 정말로 저를 차에 태워 창원지방법원 앞에 내려놓더니 돌아가버렸어요. 그렇게까지 하시는데 다시 집으로 갈 순 없었습니다. 그래서 다시 가출 생활이 시작된 거예요."

너무나 어처구니가 없었다. 새어머니와의 관계가 좋지 않은 것은 알았지만, 친아버지마저 영우를 그렇게 박대하고 있을 줄은 생각도 못했다. 더구나 직접 차를 몰아 자식을 법원 앞에 데려다 놓은 영우 아버지의 마음을 도저히 이해할 수가 없었다.

이번 가출에 대한 책임은 전적으로 영우 부모에게 있었다. 그래서 이번에는 영우 아버지가 용서를 구할 차례였다. 영우 아버지에게 영우 앞에 꿇어앉으라고 하였다. 하지만 그는 오랜 군 생활로 단련된 듯

한 탄탄한 몸매로 꼿꼿이 서서 법대를 노려보며 절대로 자식 앞에 꿇어앉을 수는 없다고 말했다. 그러면서 다시 한 번 영우를 소년원에 보내줄 것을 강하게 요구했다.

그런 영우 아버지의 태도를 보니 영우를 가정으로 돌려보내기는 어렵겠다는 생각이 들었다. 지난번처럼 다시 내쫓을 것이 분명해 보였기 때문이다. 이제 남은 것은 영우를 청소년회복센터에 보내느냐 아니면 소년원에 보내느냐 하는 것이었다. 나는 잠시 생각에 잠겼다.

'만약 영우 부모의 의사와 달리 영우를 청소년회복센터에 보낼 경우 영우 부모가 자신들 뜻대로 되지 않았다는 이유로 영우에 대하여 닫힌 마음을 더욱 굳게 닫을 수 있다. 그렇게 되면 설령 영우가 센터에서 생활을 잘해서 새사람이 된다고 하더라도 영우와 그 부모와의 관계회복은 더욱 어렵게 될 가능성이 높다. 더구나 센터에 맡겨지는 아이들 중에는 이탈하여 비행을 저지르다 소년원이 아니라 교도소에서 형을 복역하는 아이들도 가끔 있다. 영우도 센터에서 성실히 생활하지 못하고 이탈하여 더욱 중한 죄를 저지르다 교도소에 가게 될 가능성을 배제할 수 없다. 만일 그런 일이라도 발생하게 되면 영우 부모는 판사와 센터 관계자들을 원망할 뿐 아니라 영우를 지금보다 더욱 냉랭하게 대할지도 모른다. 지금 어떤 관계에 놓여 있든 영우에게는 여전히 그 부모가 세상에서 가장 가까운 사람들이다. 결국 가족과의 관계가 원만해야 앞으로 영우의 인생 또한 행복해질 수 있다. 지금 불신의 벽이 높지만 시간이 흐르고 나면 상황이 변할 수 있으니 되돌아갈 수 있는 다리 하나는 남겨놓아야 한다. 그 다리가 영우를 소년원에 보내는 것이라면 그렇게라도 해야 한다. 그렇게라도 하여 영우 부모의

화가 풀리고 관계회복의 여지가 생긴다면 그게 오히려 영우에게는 더 낫지 않을까?'

이런 생각을 하고 나니 영우를 소년원에 보내야겠다는 쪽으로 생각이 기울었다. 그래서 영우에게 이렇게 말했다.

"영우야, 오늘 이 법정에서의 대화를 통해 부모님의 마음을 좀 더 이해해주었으면 좋겠다. 청소년회복센터에라도 가고 싶어하는 네 마음 잘 알지만, 그렇게 할 수 없다는 것도 이해해주기를 바란다. 소년원에서 학교도 마치고, 기술도 배우고 나와 어엿한 사회인이 되도록 해. 알겠지?"

영우는 처분을 순순히 받아들였다. 어쩌면 자기 스스로 부모에게 되돌아갈 수 있는 다리를 남겨둔 것인지도 모른다.

이제 공은 영우 부모에게로 넘어갔다. 지금부터 그들이 어떤 태도를 취하느냐에 따라 아들을 다시 찾을지 아니면 영영 잃어버릴지가 결정된다. 영우의 부모가 본래의 따뜻한 마음을 회복하여 "아들아 고생 많았지? 자, 어서 집으로 가자."라며 먼저 손 내밀 날이 오기를 간절히 바랄 뿐이다.

#04

판사님, 10호처분해주십시오

 2012년 2월에 용규에 대한 심리가 있었다. 사건의 내용은 2011년 2월부터 10월까지 모두 12회에 걸쳐 300만 원 가량의 돈과 물건을 상습적으로 훔친 것이었다.
 열여덟 살인 용규는 일곱 살 무렵에 아버지를 잃고 누나와 함께 홀어머니 밑에서 자랐다. 생계를 책임져야 했던 용규 어머니는 공장에서 일하다 손가락 두 개를 잃는 사고로 6급장애판정을 받았고 이 때문인지 가벼운 우울증 증세도 보이고 있었다. 용규는 어머니의 신경질적인 잔소리, 폭언, 감정 섞인 체벌 등에서 벗어나고 싶어 초등학교 6학년 때부터 집에서 겉돌기 시작하다가 나중에는 습관적으로 가출을 하기에 이르렀다. 가출 초기에는 돈이 없어도 남의 것을 훔치진 않았는데 중학교 2학년 무렵부터는 피시방 요금 등을 마련하기 위해 다른 사람의 물건이나 돈에 손을 대다가 2008년에 절도죄로 기소유예처분을 받은 것을 시작으로 이미 두 번의 기소유예처분과 네 번의 소년보호처분을 받은 상태였다. 그중 마지막 소년보호처분은 2010년 11월에 있었는데, 당시 가정 형편 등이 참작되어 2년간의 보호관찰을 조건으로 샬롬센터에 6개월간 맡겨졌다. 소년재판에서는 원칙적으로 부모를 참석하게 하고 있으나 당시 용규 어머니는 법정에 출석하지 않았다.

심성이 착하고 행동이 굼뜬 용규는 샬롬센터에 위탁된 이후 동생들한테서 놀림을 많이 받았지만 잘 참아냈고, 니스를 흡입하거나 센터를 무단이탈하는 등 몇 번의 고비는 있었지만 센터장 내외분의 헌신적인 노력으로 6개월의 위탁기간을 무사히 넘기고 집으로 돌아갔다.

하지만 용규에게 집은 여전히 낯선 곳이었다. 어머니의 폭언은 여전했고, 가족 간의 따뜻한 교류도 없었기 때문이다. 용규는 얼마 뒤 샬롬센터가 더 편하다며 제 발로 다시 센터를 찾아왔다. 그 후 얼마간 성실하게 생활하는가 싶더니 어느 날 아르바이트하러 간다며 나간 이후 복귀하지 않은 채 피시방을 전전하며 다시 절도를 저지르기 시작했다. 용규의 말을 그대로 옮기면 '어느 순간 정신을 차려보니 남의 것에 손을 대고' 있었다고 한다.

결국 용규는 상습절도죄로 구속되어 형사재판을 받게 되었는데 담당 재판부의 선처로 소년재판 절차로 넘겨져 소년분류심사원에 임시위탁되었다. 용규가 위탁되어 있는 기간 동안 어머니는 한 번도 용규를 찾아오지 않았다. 건강 문제와 장기간에 걸친 용규의 비행으로 지칠 대로 지쳐 자포자기 상태에 빠져 있었기 때문이라고 한다. 하지만 어머니와는 달리 샬롬센터의 센터장 내외분은 구치소와 소년분류심사원을 부지런히 뛰어다니며 용규를 만나고 선처를 위해 백방으로 뛰어다니며 노력하였다.

국선보조인도 소년분류심사원을 여러 차례 찾아가 용규와 이야기를 나누며 작은 도움이라도 주기 위해 최선을 다하였다. 다음은 국선 보조인과 용규가 나눈 대화이다.

"지금 기분은 어때?"
"죄송해요."
"누구한테?"
"센터장님과 사모님께요. 그리고 판사님께도요."
"왜 자꾸 비행을 저지를까?"
"습관인가 봐요."
"말이 돼? 습관인 거 알면 고쳐야지."
"장기로 소년원에 들어가면 고칠 수 있을 것 같아요. 엄마를 위해서도 들어가야 해요. 엄마한테 합의나 변호사 신경 쓰지 말라고 했어요. 링거 맞으며 돈 벌고 노래방 같은 술집에서 일하는데…… 그래서 매일 아프다고 하고 짜증이 많아요. 엄마랑 사이가 안 좋아요."
"그럼 네 비행이 엄마 때문이라는 말이니?"
"그건 아니고요. 다 제 잘못 때문이에요. 전에는 엄마를 원망했지만 지금은 엄마를 이해해요. 혹시 내가 먼 훗날 군대 갔다 와서 어른이 되었을 때 엄마가 병이 나서 돌아가시면 어쩌나 걱정이 돼요."
"엄마가 없어질까 두려워?"
"……엄마와는 센터 생활 이후 남남처럼 살았어요. 그래도 내가 커서 어른이 되면 엄마랑 살고 싶어요."
"요즘 무슨 생각을 제일 자주 해?"
"아버지 생각을 자주 해요. 그리워요. 그냥 있는 것만으로도 힘이 되었을 텐데…… 엄마도 덜 고생하셨을 테고…… 저흰 친척도 없어요."

"뭐 더 하고 싶은 말 없어?"

"지난 재판 때는 제 의지가 약해서 집에 있지 못하고 센터로 갔어요. 재판 후 두세 달은 공부도 하고 열심히 살았는데 막상 상황에 부딪히면 대처 방법도 잘 모르겠고 그래서 자꾸만 나쁜 짓을 저지르게 돼요. 지금은 나 자신을 알겠고 소년원에 가서 기술 배우고 공부도 하고, 나오면 군대도 가고 싶어요."

"위탁 기간 동안 달라진 게 있어?"

"재판받으러 올 때마다 한 걸음씩 조금씩 나아지는 것 같고…… 생각도 깊어지는 것 같아요."

"혹시 원하는 거 있어?"

"큰 죄를 지었으니 벌을 받아야겠지만 소년원 가기 전에 엄마를 뵙고 싶어요."

"엄마와 통화하게 해줄까?"

"예."

용규는 국선보조인의 도움으로 잠시 어머니와 통화를 했지만 이내 끊었다.

"어머니가 뭐라고 그러셔?"

"재판 때 참석해달라고 부탁드렸어요. 그런데 '전화는 왜 했냐, 보고 싶지도 않다, 집에 들이지 않겠다'라고 하셨어요. 후…… 엄마는 여전히 똑같아요, 자기 할 말만 하고……."

"그럼 내가 엄마라 생각하고 하고 싶은 말 해봐."

"엄마, 죄송해요. 조금만 기다려주세요. 군대 갔다 오면 변한 모습

보여줄게요. 엄마께서 술도 하고, 담배도 하고, 아프기도 한데 내 변한 모습 못 볼까 봐 걱정이 돼요. 그리고 감사해요."

"말하고 나니 어때?"

"이제 속이 시원해요. 감사합니다."

그러나 용규의 눈에는 눈물이 글썽거리고 있었다.

2012년 2월, 용규를 법정으로 부르니 예상과는 달리 용규 어머니가 함께 법정으로 들어왔다. 전화로 그렇게 말은 했지만 아들의 부탁을 거절하기가 어려웠던 모양이다.

국선보조인이 말했다.

"용규는 어머니에게 돈이나 변호사 선임을 원하는 것이 아니라 자기 속을 얘기하고 싶어합니다. 소년원에 들어가더라도 전화나 편지, 면회로라도 가족관계를 계속 이어가고 싶어합니다. 이 사건을 계기로 용규는 철이 들고 생각이 깊어져 어머니에 대한 걱정이 많습니다. 그동안 고생하며 맘 끓이신 어머니의 심정에 공감도 하고 있습니다. 용규는 2년간 장기로 소년원에 가서 기술이라도 배워오겠다고 합니다. 판사님의 현명하신 처분 부탁드립니다."

국선보조인의 말을 들은 후 용규 어머니에게 물었다.

"어머니, 용규가 소년분류심사원에서 전화드렸을 때 왜 그리 매정하게 대하셨어요?"

용규 어머니는 질문에 대한 답은 하지 않고 오히려 화를 내며 말했다.

"센터에 있으면 아이에게 공부도 시키고 잘 가르쳐야지 애를 잘 돌

소년법정에서 만나는 아이들 중에는
유난히 일찍 철이 든 아이들이 많습니다.
비행이라는 드러난 거푸집을 벗기고 나면
삶의 부조리와 폭력에 아무런 보호막 없이 내던져진
아이들의 슬픔과 여린 마음이 보입니다.

보지 못했으니 다시 도둑질을 하고 나돌아다닌 것 아닙니까? 저는 더 이상 신경 쓰고 싶지 않네요. 소년원에 보내버리세요."

용규 어머니는 용규가 샬롬센터의 소개로 일자리를 구했을 때 센터장 내외분께 전화하여 월급은 자신이 받겠다고 나서기도 했었다. 그러던 그녀가 지금은 자신의 아들을 돌봐준 센터분들에게 감사하기는커녕 적반하장 격으로 원망하며 계속 소년원에 보내버리라는 말만 되풀이하고 있는 것이다.

용규는 어머니의 냉정한 독설을 묵묵히 듣고 있었다. 하지만 친어머니로부터 그런 말을 듣는 용규의 심정은 오죽했을까? 용규 어머니를 애써 이해할 수 있는 길은 그녀가 우울증을 앓고 있고, 고단한 삶에 지쳐 있다는 것뿐이었다.

같은 시간, 법정 밖에서는 그동안 노심초사하며 용규를 돌보아오던 샬롬센터의 박선옥 선생님이 안절부절못하며 내내 눈물을 흘리며 울고 있었다. 마음 같아서는 법정 안으로 들어와 6개월 동안 용규를 보살핀 '새로운 어머니'로서 용규의 선처를 부탁하고 싶으련만 용규 친어머니 때문에 들어오지 못하고 있었던 것이다.

나는 용규에게 다시 물었다.

"어머니께서 오셨는데 드릴 말씀이 있느냐?"

"아니요, 없습니다. 어머니께서 이곳에 와주신 것만으로 감사드립니다."

용규는 끝내 어깨를 들썩이며 눈물을 터뜨렸다.

"정말로 소년원에 가기를 원하느냐?"

"예, 소년원에 가서 새사람이 되어 나오겠습니다. 판사님, 저에게

10호처분을 해주십시오."

하지만 아무리 본인이 원한다고 해도 특별한 경우가 아니라면 비행 정도에 비해 과한 처분을 내릴 수는 없는 일이다. 특히 곧 성년이 될 용규의 나이를 감안할 때 장기간 폐쇄적인 시설에서의 생활은 그에게 나쁜 영향을 끼칠지도 모를 일이었다.

국선보조인의 의견과 용규의 구금 기간 등 모든 사정을 참작하여 용규에 대하여 6개월간 소년원에 보내는 9호처분을 내렸다.

재판이 끝난 후 용규 어머니는 아들의 뒷모습도 보지 않고 사라져 버렸다. 반면에 샬롬센터의 박 선생님은 심리가 끝난 후 법정 밖으로 나온 용규가 보관해달라며 맡긴 검은 봉지에 둘둘 말린 옷 꾸러미를 받아들고 통곡을 했다. 그리고 용규를 태운 호송버스가 시야에서 사라질 때까지 눈을 떼지 못하고 마치 그 자리에 넋을 놓고 붙박인 듯 서 있었다.

용규는 그런 박 선생님을 향해 감사를 담은 미소를 보내며 소년원으로 떠났다.

#05.

형! 우리 어디서부터 잘못됐을까?

상준이는 세 살 때 부모가 이혼한 뒤 어머니와는 연락이 두절되었고 아버지는 재혼하여 따로 살고 있었다. 할머니 아래서 자라던 상준이는 2009년과 2010년 공갈죄 등으로 두 차례의 소년보호처분을 받았으나 할머니마저 돌아가시는 바람에 홀로 빈집에서 생활하게 되었고, 전화마저 끊겨 보호처분에서 정한 준수사항을 잘 이행하지 못했다. 그런 이유로 보호관찰소에서 상준이에 대한 보호처분을 변경해달라는 신청을 해와, 2010년 5월 상준이에게 아동복지법상의 복지시설에 2년간 보호를 의뢰하는 6호처분을 내렸다.

그런데 그 시설에 사고가 발생하여 조치를 취하기 위해 소년들을 법원으로 불렀다. 2010년 11월, 복지시설 책임자가 동석한 상태에서 상준이를 포함한 다섯 명의 소년들에게 그곳에 계속 있고 싶은지 물었다. 그런데 소년들은 이구동성으로 계속 남아 있겠다고 대답하였다. 그래서 절도미수사건이 추가로 접수되어 있어 다시 재판을 받아야 하는 상준이만 제외하고 나머지 소년들은 학교로 되돌려 보냈다.

그리고 상준이에게는 소년원에 보내겠다고 짐짓 으름장을 놓은 뒤 일단 법정 밖에서 대기하라고 하였다.

　시간이 좀 흐른 뒤 상준이를 법정으로 다시 불렀다. 시설 책임자와 나머지 소년들은 벌써 돌아가고 없었다. 상준이에게 물었다.

　"너 정말 그곳으로 돌아가고 싶으냐?"

　"네, 돌아가고 싶어요."

　"알았다. 이번 사건에 대해서는 처분을 하지 않겠으니 그만 돌아가거라."

　추가로 접수된 절도미수사건은 사안이 비교적 경미한 데다가 2010년 5월에 내려진 처분 전에 저지른 비행이기 때문에 소년법상으로는 처분을 내리지 않아도 되었기 때문이다.

　그런데 상준이를 법정 밖으로 내보내고 재판을 거의 마쳐갈 무렵, 경청상담교육센터장이 상준이를 데리고 법정 안으로 들어왔다.

　"아니! 어찌 된 겁니까? 상준이가 왜 아직 안 돌아갔습니까?"

　"상준이가 판사님을 다시 뵙고 싶다고 하기에 데리고 왔습니다."

　그런 뒤 경청상담교육센터장은 자초지종을 설명하였다.

　"상준이가 저물어가는 법정 밖에서 어찌할 바를 모르고 서성거리고 있기에 왜 그러냐고 물었습니다. 그랬더니 상준이가 시설로 돌아가야 하는데 차비가 없다면서 시설 책임자분께 자기를 데리러 올 수 있는지 전화를 하게 해달라고 부탁하더군요. 그래서 휴대전화를 건네주었는데 상준이가 손을 벌벌 떨면서 키패드를 제대로 누르지도 못하고 계속 헛손질만 하는 거예요. 그 모습이 하도 이상해서 혹시 '판사님께 가서 말씀드려 보지 않겠니?' 했더니 상준이가 그러겠다고 하여 데리고 왔습니다."

나는 무언가 짐작이 가는 게 있어서 상준이에게 물었다

"여기는 시설 관계자가 아무도 없으니 솔직하게 얘기해도 돼. 너 정말로 그곳으로 돌아가고 싶니?"

그러자 상준이는 기어들어가는 목소리로 말했다

"아니요, 돌아가기 싫어요. 아깐 무서워서 그랬어요."

상준이한테서 그간의 사정을 간략하게 들은 뒤 나는 상준이를 2년간의 보호관찰을 조건으로 청소년회복센터 중 하나인 샬롬센터에 보호를 의뢰하는 처분을 내렸다.

상준이는 센터에 위탁될 당시에 상당한 정서 장애를 가지고 있었지만 센터장 내외분의 따뜻한 보살핌 속에 평범한 소년의 모습을 되찾았고 학교에도 복귀하여 선생님들이 놀랄 정도로 성실하게 학교생활을 하였다. 그리고 샬롬센터에서 생활한 소년들 중에서 재비행을 저지르지 않고 2년간의 보호관찰기간을 무사히 넘긴 첫 번째 소년이 되었다. 부모가 없는 소년들이 2년간의 보호관찰기간을 무사히 넘기는 것은 대단히 의미 있는 일이다. 샬롬센터에서는 그날을 기념하여 다 같이 축하 파티를 하였다고 한다.

저물어가는 법정 밖에서의 뜻하지 않은 만남이 자신의 인생에 큰 전환점을 제공해줄 것이라는 것을 당시 상준이는 전혀 예상하지 못했을 것이다.

상준이에게는 상민이라는 형이 있다. 상민이도 2008년부터 비행을 저지르기 시작하여 십여 차례의 비행을 저질렀고, 2008년과 2010년 두 차례에 걸쳐 소년보호처분을 받았다. 2010년 12월에 재판할 때 상민이도 동생이 있는 샬롬센터에 위탁하려고 하였으나 당시는 청소년회복센터가 샬롬센터밖에 없어 상민이와 상준이를 같은 곳에 둘 경우 두 아이가 의기투합하여 이제 막 개소한 센티의 운영에 지장을 주지 않을까 하는 노파심에 보호관찰을 조건으로 보호자에게 돌려보내는 처분을 했었다.

그러나 상민이는 보호처분에서 정한 준수사항을 제대로 지키지 않아 처분한 지 5개월 정도가 지났을 무렵 보호관찰소에서 보호처분의 변경을 신청하였다. 신청서를 검토한 결과 상민이에게 특별한 변화의 계기가 필요하다고 생각되어서 샬롬센터에서 생활하고 있는 상준이에게 전화를 하였다.

"이번에 형이 다시 재판을 받게 되었는데 너의 도움이 필요해. 네가 멋지게 변한 것처럼 형에게도 변할 수 있는 계기를 마련해주자. 네가 형에게 직접 편지를 써서 법정에서 읽으면 형도 느끼는 게 있지 않겠니? 그렇게 되면 형도 변하여 새사람이 될 것이 아니냐. 형에게 읽어줄 편지를 써서 재판 날에 올 수 있지?"

그러자 상준이는 힘찬 목소리로 알겠다고 대답하였다.

2011년 5월, 상민이에 대한 심리를 진행하였다. 상준이를 법정으로 부른 다음 편지를 형 앞에서 낭독하게 하였다. 상준이의 느릿한 목소리가 조용한 법정을 채워나갔다. 비행소년이 아무의 도움도 받지 않고 쓴 것이라고는 믿기 어려울 정도로 성숙한 편지였다.

형에게

얼마 전 면회 갔을 때 파랑 츄리닝을 입고 나오는 형의 모습을 보면

서 울컥하는 마음을 숨기고 태연한 척했었지. 매점에서 산 몇 가지 음식조차 눈치 보며 마음대로 먹지 못하던 형을 보면서 모든 게 내 탓인 것 같아서 형을 바로 쳐다볼 수가 없더라.

"니 와이리 마이 컸노? 내보다 크네?"

쑥스러워하며 건네는 말 한마디가 또 내 마음을 아프게 하더라. 보호관찰위반으로 도망 다니고 숨어 지내면서 마음 편히 먹지도 못하고 힘들어했을 시간에 나는 쉼터에서 편하게 지냈던 것 같다.

형!! 우리 형제 왜 이렇게 됐지? 어디서부터 잘못 됐을까?

태어날 땐 사랑스럽고, 또 꿈이자 희망이었을 텐데…… 아무런 힘도 없고, 선택할 수도 없는 우리의 의지와 상관없이 고아 아닌 고아로 세상에 버려진 존재로 살아야 했던 현실이 너무 힘들어서 '죽어버릴까?' 하는 생각도 수없이 했었지. 희망도 미래도 찾아볼 수 없고, 돈이 없어서 돈 빼앗고, 화가 나서 때리고, 생각 없이 닥치는 대로 살아왔던 시간들. 언제나 형을 기다리며 목 놓아 울었던 학교 앞 거리. 형이 없으면 불안했고, 형은 날 잘 챙겨줬었지. 그런 형의 마음도 모른 채 난 방황했고 좀 컸다고 내 맘대로 행동하고 고집부렸었지.

행님! 미안해. 정말 미안하다. 나 때문에 형까지 잘못되게 해서. 형이 잡혀서 위탁에 들어갔다는 말을 들었을 때 한편은 안도의 한숨을 내쉬었지. 이제 나처럼 생활의 안정을 찾을 수 있겠구나 하는 희망을 갖게 되었지. 형하고 같이 살고 싶은 욕심이 생겨서, 현실로 이루어질까? 간절한 마음으로 이 편지를 쓰게 되었어.

행님! 하나밖에 없는 나의 형!

일찌감치 부모에게 버림받고 덩그러니 놓여 떠돌아다녔지만 이제 모든 과거 정리하자. 우리 다 컸잖아! 환경을 탓하지 말자! 부모님도 원망하지 말자, 우리가 존재하는 이유가 되잖아! 우리 마음 모아 선한 일에 하나 되자! 먼 훗날에 옛이야기 하며 크게 한번 웃어보자! 세상은 아름답고 우리를 필요로 하는 것이 너무 많으니까.

형, 난 지금 너무 행복해. 이게 꿈이 아닐까 할 정도로. 날 낳아준 부모님은 아니지만 끔찍이 아끼고 사랑해 주시는 명품엄마 덕분에 많은 걸 누리게 되고 학교생활도 모범적으로 잘하고 있고, 또 6개월 보호관찰도 멋지게 치러낸 명품아들로 거듭나고 있어. 형 소식을 듣고 마음 아파하면서 세 번씩이나 면회 가서 위로해주고 정성을 다하는 엄마의 마음이 헛되지 않기를 바라고…… 나에게 형이라는 존재가 얼마나 고마운 줄 모르겠어. 형 살아줘서 고마워. 그리고 사랑한다.

동생 상준이가 편지를 읽어나가자 상민이는 훌쩍이며 울기 시작하였고, 법정에 계신 모든 분들도 함께 울었다.

나는 국선보조인의 의견을 들은 뒤 상민이를 2년간 보호관찰과 40시간의 정신심리치료강의를 수강하는 것을 조건으로 동생이 있는 샬롬센터에 맡겼다. 샬롬센터도 안정을 찾았고, 상준이가 이미 생활을 잘하고 있었기에 형과 함께 생활하더라도 센터 운영에 큰 지장을 주지 않을 것으로 생각되었기 때문이다.

위탁 이후 상민이는 성실하게 생활하였다. 그리고 경청상담교육센터에서 실시된 정신심리치료강의를 마치던 날인 2011년 6월, 부모님을 대신해 참석한 샬롬센터 선생님께 편지를 썼다.

저는 어려서부터 동생과 할머니 밑에서 커왔습니다. 할머니께서는 지금은 돌아가셨지만 저에게 어머니 같은 분이었는데…… 제가 매일 할머니 속 썩이고 학교 자퇴하고…… 저 때문에 매일 눈물 흘리며 울던 할머니가 자꾸만 생각나네요. 저는 정말 제가 바보 같다고 생각해요. 할머니 돌아가셨을 때 저하고 동생은 진짜 많이 울었고, 정말 안 해야지, 사고 안 쳐야지 하면서 결심도 했는데 그게 잘 되지 않더라구요. 상준이가 선생님께 엄마, 엄마 하며 센터에서 학교 잘 다니고 있는 게 정말 신기하고 달라 보였습니다……

편지를 보며 상민이 역시 동생 상준이처럼 변할 수 있으리란 느낌이 들었다. 실제로 상민이는 현재까지 별다른 말썽 없이 착실하게 생활하고 있다.

인생에는 몇 번의 기회가 찾아온다. 아니, 인생 순간순간이 기회일지도 모른다. 그런데 기회를 스스로 붙잡는 사람이 있는가 하면 그대로 흘려버리는 사람도 있고 누군가의 도움이 있어야 하는 사람도 있다. 비행청소년들은 너무 가난해서, 경험이 부족해서, 건강한 관계를 맺어보지 못해서, 말로 다 할 수 없는 수많은 안타까운 이유들로 스스로 기회를 붙들기가 어렵다. 우리에게는 사소한 일들이 그들에게는 아주 큰 기회이자 놀라운 선물이 될 수 있다. 따뜻한 관심과 격려의 시선이 아이들이 올바르게 설 수 있는 기회를 만들어줄 수 있을 것이다.

#06

이런 엄마되기를 원했던 건 아니었습니다

열여섯 살인 민경이는 아버지가 계시지 않는다. 가족으로는 외할머니와 엄마 둘뿐인 단출한 집에서 자랐다. 그런데 어느 날 엄마가 자기를 낳은 친엄마가 아니라 이모라는 사실을 알게 된 후부터 민경이의 가슴앓이가 시작됐다. 친부모가 어떤 사람들인지 궁금하기도 했고 만나보고도 싶었지만 알려주는 사람은 아무도 없었다.

민경이는 일을 다니는 이모를 대신해 지병으로 거동이 불편한 외할머니를 돌봐드리고 집안일까지 혼자 힘으로 해내며 착실하게 학교생활을 해왔었다. 그런데 답답한 마음 때문인지 중학교 2학년 여름방학 때부터 비행성이 있는 친구들과 어울려 다니면서 점점 일탈행동을 하기 시작했고, 결국엔 학교폭력사건에 연루되어 2011년 1월, 소년보호처분을 받았다.

보호관찰이 개시된 이후 민경이는 마음을 다잡고 예전처럼 성실하게 생활하려고 노력했으나 학교폭력사건을 처리하는 과정에서 마음에 큰 상처를 받았다. 가족사와 자신의 출생에 얽힌 비밀스러운 이야기가 새어나간 것을 알게 되었기 때문이다. 어떤 학부모는 민경이를 바로 앞에 세워두고, '부모 없이 자라서 아주 못됐다'라는 말을 서슴지 않고 내뱉기도 했다.

자신의 비밀이 선생님들을 통해 알려졌다고 생각하게 된 민경이는 선생님들에 대한 불신과 원망으로 무단결석과 거친 반항을 반복하는 가운데 점점 학교의 '골칫거리'가 되어갔고, 보호기간 중 재비행을 저질러 또다시 소년법정에 서게 되었다.

2011년 10월, 민경이에 대한 심리가 열렸다.

국선보조인이 그동안 민경이에 대해 조사한 것을 토대로 먼저 의견을 제시하였다.

"민경이는 자신을 잘 키워준 이모에게 고마워하고 감사하면서도 자신의 친부모가 어떤 사람인지 늘 궁금하여 할머니나 이모한테 물어보았으나 어떤 말도 들을 수가 없었습니다. 또한 친부모에 대한 정확한 정보를 알고 싶어 상담을 받기도 하였으나 그런 과정을 거치는 사이 의구심만 더 증폭되었고, 이로 인해 학교생활, 친구관계, 일상생활 태도와 성격까지도 영향을 받게 되었습니다. 정체성에 대한 혼란이 민경이의 행동양식에도 영향을 미친 것입니다."

국선보조인의 변론을 들으며 민경이 이모는 초췌한 모습으로 하염없이 눈물만 흘리고 있었다.

"결혼은 하셨습니까?"

내 물음에 민경이 이모가 흐느끼며 대답했다.

"아니요."

그러자 법정 안 여기저기에서 탄성이 흘러나왔다. 이모의 나이는

30대 후반이다. 그렇다면 이모가 조카인 민경이를 키우기 시작한 것은 기껏해야 20대 중반이라는 뜻이 된다. 하고 싶은 것도 많고 할 일도 많았을 젊은 나이에 이모는 강보에 싸인 채 자기 앞에서 울고 있는 조카를 차마 외면할 수가 없어 결혼까지 포기하면서 지금껏 민경이의 엄마로 살아온 것이다. 드라마에서나 볼 수 있을 법한 이야기에 다들 놀라고 애처로운 눈길로 이모와 민경이를 보았다. 나 역시 적잖이 놀랐다.

"그럼 여태 결혼도 하지 않고 이 아이만 보고 살아왔다는 말입니까?"

"······예."

목이 메는지 가까스로 이렇게 대답하던 민경이의 이모는 안으로 다지던 눈물을 더 이상 참아내기가 어려웠는지 그예 울음을 터뜨리고 말았다. 나는 민경이 이모가 실컷 울도록 더 이상 말을 걸지 않았다.

마침 국선보조인이 이모가 민경이의 선처를 탄원하며 쓴 편지를 제출하기에 법대에 앉아 편지를 읽어나갔다. 편지에는 민경이 이모의 진심 어린 고백이 담겨 있었다.

존경하는 재판장님!

민경이는 제 언니의 딸입니다. 미혼모였던 언니는 민경이를 낳자마자 저에게 맡기고 호주로 떠나버렸습니다. 아무리 언니였지만 무책임한 언니의 행동을 이해할 수도 없고 이해하기도 싫었습니다. 보자기에 싸인 민경이를 보면서 불쌍해서 얼마나 울었는지 모릅니다. 뭘 어떻게 해야 할지 막막하기만 했습니다. 당시 저는 미혼이었고 민경이 생부의 얼굴도 몰랐습니다. 미혼인 데다 아무것도 모르고 온통 서툴기만 한 저였지만 저 외에는 아이를 돌봐줄 사람이 아무도 없는 상

법정에서 흘린 눈물은 소년들에게
소중한 자양분이 되어줄 것입니다.
사랑과 믿음은 때로 사막을 숲으로 만들기도 하고
폐허 위에서도 생명을 자라게 합니다.

황이었습니다. 저마저도 민경이를 버린다면 너무나 큰 죄를 짓는 것 같았고 민경이의 맑은 눈을 보는 순간 민경이의 엄마로 살아야겠다고 마음을 다질 수밖에 없었습니다. 그렇게 시작된 민경이와의 인연을 지금까지 단 한 번도 후회해본 적은 없습니다.

존경하는 재판장님!

지금 민경이는 외할머니와 저 이렇게 세 식구가 살고 있습니다. 세 식구의 경제적인 면을 책임져야 할 저로서는 일을 하지 않으면 안 될 상황이었고 민경이에게는 늘 미안하고 마음이 아팠지만 생계를 위해서는 민경이를 믿고 일을 하러 갈 수밖에 없었습니다. 돌이켜보면 알아서 잘하니까 또 잘하는 줄만 알고 민경이에게 너무 무관심했던 것 같아 너무나 후회되고 자책이 됩니다. 저는 필요한 순간에 곁에 있어주지 못하고 외로울 때 안아주지 못하고 눈물 흘릴 때 닦아주지 못했습니다. 민경이 얘기를 들어주기는커녕 눈길을 맞춰주지 못하고 민경이 마음을 읽어보려고 노력하지 않았던 제 자신에게 너무나 화가 나고 감히 민경이 엄마가 되어주기로 마음먹었던 지난 시간이 뼈저리게 후회됩니다.

존경하는 재판장님!

이런 엄마가 되려고 민경이 엄마가 되기를 원했던 건 아니었습니다.

'이런 엄마가 되려고 민경이 엄마가 되기를 원했던 건 아니었습니다'라는 말이 큰 울림으로 다가왔다. 나는 잠시 호흡을 가다듬은 뒤 다시 편지를 읽어나갔다.

존경하는 재판장님!

이런 엄마가 되려고 민경이 엄마가 되기를 원했던 건 아니었습니다. 지혜롭고 슬기로운 엄마로, 민경이에게 사랑을 많이 줄 수 있는 따뜻한 엄마로, 세상 어디에서나 엄마가 있음으로 민경이가 아무런 두려움도 느끼지 않고 씩씩하고 당당하게 살아갈 수 있도록 올바른 길잡이가 되어주고 싶었습니다. 시간이 지나면서 처음과는 달리 생계를 핑계로 경제적인 면만을 너무 내세워서 민경이를 제대로 보살피지 못했습니다.

존경하는 재판장님!

솔직히 지금 전 아무것도 먹지도 못하고 제대로 잠을 자지도 못하고 있습니다. 민경이를 생각하면 먹을 수도 잠을 잘 수도 없습니다. 민경이 외할머니는 민경이를 대신해 재판장님과 선생님을 찾아뵙고 용서를 구하고 싶다고 매일같이 눈물로 하소연을 하시더니 급기야 몸져누우셨습니다. 정말이지 요즈음은 악몽을 꾸는 것 같습니다.

존경하는 재판장님!

민경이의 잘못보다는 민경이를 제대로 양육하지 못한 제 잘못이 더더욱 크다 할 것입니다. 정말 진심으로 죄송합니다. 민경이는 세상에 태어남과 동시에 버림받는 것을 먼저 배워버린 불행한 아이입니다. 아무것도 선택할 수 없는 순간에 세상에서 제일 믿을 수 있는 절대적인 존재로부터 버림받은 불쌍하고 가여운 아이입니다. 생계를 책임진다는 이유로 아이를 미처 돌보지 못한 제 탓으로 아이가 잠깐 다른 길로 접어들었는지도 모릅니다.

존경하는 재판장님!

이번 일이 민경이와 어리석은 저에게 전화위복의 기회가 될 수 있도록 너그러우신 온정을 간곡히 부탁드립니다. 민경이가 중학교를 무사히 마치고 정상적인 학업을 계속할 수 있도록 선처해주시기를 바랍니다. 만일 이와 같은 반성의 기회를 주신다면 보자기에 싸인 민경이와 처음 엄마로서의 인연을 맺기로 결심했던 그날의 초심으로 돌아가서 사랑 많고 지혜로운 엄마로서 민경이를 정직하고 사랑 많은 아이로 바르게 키울 것을 약속드리겠습니다. 민경이를 걱정하는 모든 분들의 마음에 답할 수 있도록 항상 곁에서 바른 길로 이끌고 가슴으로 보살피겠습니다.

부디 민경이에게 기회를 주십시오. 순간의 실수로 많은 것들을 포기하기에는 아직 가능성이 너무나 많은 아이입니다. 간곡히 부탁드립니다. 선처를 베풀어주시기를 간절히 바랍니다.

고개를 들어보니 정적이 감도는 법정에서 눈물범벅이 되어 울고 있는 민경이 이모가 눈에 들어왔다. 나는 민경이를 향해 말했다.
"널 위해 희생하고 살아온 은혜를 네가 이렇게 갚으면 되겠어?"
"죄송합니다."
"네가 뭘 잘못했는지는 알아?"
"네……. 다시는 그러지 않겠습니다."
"앞으로 어떻게 할 거야?"
"학교에서 말썽 피우지 않고 생활 잘하겠습니다. 할머니와 이모 말씀도 잘 듣겠습니다."
"정말이야?"

"네, 진심입니다."

"그럼 이모님 앞에 꿇어앉거라. 그리고 '이모님 사랑합니다'를 열 번 크게 외쳐라."

민경이 이모는 생모보다 더 큰 사랑으로 민경이를 키워준 진정한 어머니였기에 '어머니 사랑합니다'라고 말하게 할 수도 있었지만 법정은 진실이 살아야만 하는 곳이므로 그렇게 할 수가 없었다.

민경이가 울면서 '이모님 사랑합니다'를 반복하자 이모는 두 손으로 얼굴을 가린 채 서럽게 울었다. 외침이 끝나자 이모는 민경이를 부둥켜안고 소리 내어 울었다.

"엄마가 미안해. 앞으로 더 잘할게."

두 사람이 흘린 진심 어린 참회의 눈물은 결국 법정 안의 사람들까지 모두 울리고 말았다. 여기저기에서 훌쩍이는 소리와 함께 흐르는 눈물을 닦느라 손들이 분주했다.

나는 민경이에게 2년간의 보호관찰을 조건으로 이모에게 보호를 의뢰하는 처분을 내렸다.

서로의 눈물을 닦아주며 법정을 나가는 모녀의 뒷모습이 세상의 어떤 풍경보다 아름답게 보였다. 오늘 법정에서 흘린 눈물은 민경이에게 소중한 자양분이 되어줄 것이다. 사랑과 절대적인 믿음은 때로 사막을 숲으로 만들기도 하고 폐허 위에서도 생명을 자라게 한다. 자신을 향한 이모의 사랑과 믿음을 보았으니 민경이가 더 이상 방황하는 일은 없을 것이다. 민경이가 곧 마음의 상처를 털어내고 아름다운 숙녀로 자라 언젠가 이모처럼 훌륭한 어머니가 될 거란 생각이 들었다.

#07

그래, 우리 은갱이 잘되도록 해주래이

　은경이는 집단성폭력사건의 피해자이다. 가해자인 세 명의 소년들은 은경이와 함께 밤 늦게까지 술을 마시며 '왕게임(가위바위보 등을 해서 이긴 사람이 왕이 되어 마음대로 명령하고, 진 사람들은 무조건 그 명령에 따르는 게임)'과 같은 야한 놀이를 하다가 충동을 참지 못하고 그만 은경이를 성폭행하고 말았다. 소년들은 모두 구속되어 일반 형사사건으로 기소되었으나 피해자 측과 원만하게 합의가 되었다는 점 등을 참작받아 불구속 상태에서 소년부로 송치되었다.
　그런데 보호관찰소의 결정전 조사서를 검토하던 중 두 가지 특이한 사항이 눈에 띄었다. 우선 은경이가 부모와 가족이 없는 소녀가장이라는 것이었고, 다음으로는 은경이에게 합의금 조로 총 300만 원이 지급되었으나 그중 200만 원을 할머니라는 분이 형제인 두 명의 가해소년들의 부모에게 되돌려주면서 그 사실을 나머지 가해소년의 부모에게는 비밀로 하도록 했다는 것이었다.
　할머니라는 분이 소녀가장인 은경이와 어떤 관계이기에 집단성폭력사건의 피해배상금치고는 너무나도 적은 금액으로 합의를 해줄 수가 있었는지, 또 그럼에도 다시 합의금의 3분의 2에 해당하는 돈을 가해자 중 일부에게만 되돌려준 이유는 무엇인지 잘 납득하기 어려웠다.

그럴 리는 없겠지만 극단적으로 할머니가 은경이와는 혈연관계나 법률적인 관계가 없음에도 가해자 측과 모종의 이해관계가 있어서 은경이를 대신하여 임의로 합의해주고 받은 돈을 되돌려준 것은 아닐까 하는 생각마저 들었다. 그래서 합의 과정에 관한 사정을 소상히 알아보는 한편 소년들에게도 반성의 시간을 주기 위해 소년들을 소년분류심사원에 위탁시켰다.

2주 뒤 심리가 다시 열렸다.

국선보조인의 보고와 당일 법정에 참석한 할머니의 진술은 다음과 같았다.

원치 않는 임신을 하게 된 은경이 친엄마는 아이를 낳자마자 외국에 입양시키려 했다. 그런데 이를 우연히 알게 된 할머니가 은경이 친엄마를 설득해 아기를 데려다 키우기 시작했다. 할머니는 은경이 친엄마의 친척도 아니었고 법적으로도 아무런 관계가 없는 사람이었지만 아무것도 모르는 갓난아기가 너무도 가엽고 측은했기 때문이었다. 그 뒤 은경이를 정식으로 입양하려 했지만 이미 친엄마와는 연락이 되지 않았고 친아빠도 찾을 길이 없었다. 법적인 입양은 못했지만 할머니는 여전히 은경이를 자신의 친딸처럼 친손녀처럼 보듬어 키웠다.

비록 주민등록부상으로는 부모나 친척이 전혀 없는 소녀가장으로 되어 있었지만 은경이는 할머니와 가족들 품에서 별 탈 없이 잘 자라왔다. 그런데 이런 사정을 잘 몰랐던 중학교 담임선생님이 서류만 보고 은경이에게 무료로 우유를 나누어주는 실수를 저지르고 말았다.

은경이는 그제서야 자신이 어떤 존재인지 알게 되었고, 이후 마음의 갈피를 잡지 못한 채 방황하며 바깥으로 나돌기 시작했다. 이번 사건도 그러던 중에 일어난 것이었다.

사건 발생 이후 소년들의 부모들은 은경이와 할머니를 찾아가 진심으로 잘못을 빌고 용서를 구하였다. 그리고 적지만 어렵게 마련한 돈을 위로금으로 내놓았다. 할머니는 성의라고 생각하여 돈을 받기는 했지만 가해자들의 형편이 너무 어렵다는 것을 알고서는 마음이 편치 않았다. 그래서 그중 생활형편이 더 어려운 소년들의 부모한테서 받은 돈 200만 원을 되돌려주었다. 자신들에게는 없어도 그만인 돈이었으나 그들에게는 큰돈이자 꼭 필요한 돈이라고 생각되었기 때문이다. 다른 가해자 측에게는 그 사실을 알리지 말라는 당부도 빼놓지 않았다. 돈을 돌려받게 된 부모는 그냥 있기에는 양심이 도저히 허락지 않아 은경이의 교복이라도 사주라며 다시 30만 원을 할머니에게 주었다. 할머니는 이 돈마저 거절할 수는 없었다. 그랬다가는 그들에게 마음의 상처를 주게 될 수도 있었기 때문이다. 할머니는 오래 망설인 끝에 30만원을 조용히 받았다.

할머니와 그 가족의 마음은 크고 넓었다. 터무니없는 의문을 가졌던 것이 마음에 걸릴 정도였다.

그래서 할머니에게 "할머니, 잘하셨습니다. 정말 감사드립니다."라고 말했다.

그리고 소년들과 그 가족들에게 말하였다.

"이제부터 여러분들이 할 일은 은경이와 그 가족이 더 이상의 피해를 입지 않게 하는 것입니다. 그러기 위해서 무엇보다도 중요한 것이 피해사실을 어느 누구에게도 발설해서는 안 된다는 점입니다. 은경이와 그 가족에게 누가 될 일은 절대로 하지 마십시오. 그리고 은경이와 할머니의 은혜에 정말 감사한다면 은경이가 상처를 빨리 치유하고 방황에서 벗어나 한 인간으로서 행복한 인생을 살 수 있기를 항상 빌어주시기 바랍니다."

나는 소년들에게 2년간의 보호관찰 등을 내용으로 하는 처분을 내리면서 할머니에게 감사의 큰절을 올리게 하였다.

소년들이 엉엉 울며 절을 하자 위엄 있는 덩치에 여태껏 당당하게 할 말을 다 하시던 분이 갑자기 흐느끼며 조그만 소리로 이렇게 말하였다.

"그래, 우리 은갱이…… 잘되도록 해주래이……."

소년들의 인생에 서둘러 마침표를 찍기 전에
그들이 발 딛고 선 벼랑 끝,
그 가파른 현실에 먼저 눈을 돌려야 합니다.

#08

아니에요, 손녀예요

나는 2010년부터 2012년까지 창원지방법원에서 소년사건 외에도 영장전담판사로서 영장실질심사사건도 담당했었다. 유정이를 만난 것은 그때 일이다.

2011년 2월 말경 영장실질심사 법정에 들어가니 열일곱 살인 유정이가 절도사건으로 체포되어 와 있었다. 유정이는 공갈, 절도 등으로 2년간 소년원에 보내지는 10호처분을 받은 데다 십여 건의 비행전력이 더 있었다. 여러 가지 정황으로 볼 때 유정이가 도망할 염려가 있어 소년이지만 부득이 구속영장을 발부해야만 할 상황이었다.

그런데 유정이에 대한 심문을 마치고 법정을 나오려고 할 즈음에 경찰관이 다가와 유정이가 임신한 것 같으니 구속영장을 발부할 때 참작해달라고 말하였다. 놀라서 경찰관에게 임신한 지 몇 개월 정도 되었는지 아느냐고 물어보니 아마도 1, 2개월 정도 되는 것 같다고 대답하였다.

그 정도라면 사정에 따라서 유정이가 아이를 낳을지 말지를 선택하기에 늦지 않은 시간이었다. 만약 구속기간이 장기화되면 유정이에게도 태아에게도 좋을 것이 전혀 없었다. 그래서 구속영장을 발부하지 않기로 마음을 먹었지만 그냥 무작정 석방을 하는 것도 유정이와 태아에게 유익하지 않다고 생각하여 잠시 소년분류심사원에 임시위탁했다.

그런데 바로 다음 날 소년분류심사원에서 연락이 왔다. 유정이가 임신한 지 6, 7개월 정도 된다는 것이었다. 그러면서 심사원 사정상 계속 수용하고 있기가 어려우니 빨리 처분을 해서 사회로 돌려보내줄 것을 부탁하였다. 나는 부랴부랴 로뎀의 집 관장을 국선보조인으로 선정하여 유정이의 상태를 살피되 가능하다면 로뎀의 집에서 보살펴줄 것을 부탁하였다. 유정이의 접견을 마친 국선보조인은 유정이가 아이를 출산하겠다고 하므로 로뎀의 집에서 보살펴줄 수 있다고 하였다.

다행스러운 마음에 2011년 3월 초에 급히 유정이 사건만을 위한 특별심리를 열어 2년간의 보호관찰을 조건으로 로뎀의 집에 보호를 의뢰하는 6호처분을 내렸다. 처분하는 날 장차 아빠가 될 열아홉 살 소년을 법정으로 불러 무책임하게 행동해서는 안 된다며 단단히 훈계도 해두었다.

하지만 유정이를 보내고 난 뒤 법정에서 본 유정이 눈빛이 머릿속에서 지워지지 않았다. 임신한 상태에서 살아남기 위해 거리를 전전하면서 비행을 일삼던 유정이의 눈빛이 너무 거칠고 사나웠기 때문이었다. 유정이가 자신이 임신한지 6, 7개월 정도 지났다는 것을 몰랐을 리는 없을 것이다. 그런데도 비행을 저지르고, 모텔 등을 전전하며 술과 담배를 계속해왔다. 이러한 생활이 태아에 미쳤을 영향을 생각하니 안타까운 마음을 금할 길이 없었다. 유정이가 로뎀의 집에 잘 정착하여 지금부터 출산까지의 기간 동안만이라도 심리적으로 안정을 찾아 태교에 전념할 수 있기를 바랐다.

그러다 문득 유정이에게 선물로 아기 배냇저고리를 사주어야겠다는 생각이 들었다. 평소에 무서워하던 판사의 선물이라면 유정이도 마음이 움직일지도 모르고 그러면 지난날의 상처가 조금이라도 빨리 회복되어 로뎀의 집에 잘 정착할 수 있을 것이라고 여겨졌기 때문이다.

"이게 뭐예요?"
선물을 받은 유정이가 관장에게 물었다고 한다.
"이건 배냇저고리라고 하는 건데, 아기가 태어나서 처음 입는 옷이야. 아기한테 주는 첫 선물이지. 판사님께서 아기가 탈 없이 태어나고 잘 자라라고 보내주신 거야."

로뎀의 집 관장의 설명을 듣고 유정이는 엉엉 소리 내어 울었다. 그러자 함께 있던 로데미들(로뎀의 집에 둥지를 틀고 있는 소녀들)도 다 같이 울음을 터뜨렸고, 이를 지켜보고 있던 관장과 교사들도 어린 나이에 엄마가 될 유정이가 안쓰러워서 함께 울었다고 했다.

2011년 3월 말에 로뎀자립터 개소식이 열려 축하해주러 갔다. 로뎀자립터는 성년이 되어 로뎀의 집에 머무를 수 없는 로데미들이 앞으로 함께 거주하게 될 곳이다. 그곳에서 유정이를 보니 무척 반가웠다. 사진을 함께 찍자고 하자 스스럼없이 옆에서 포즈를 잡아주었다. 우스갯소리로 내가 "야, 조금 있으면 판사님한테 벌써 손자가 하나 생기겠네." 하니, 유정이가 "판사님! 손자가 아니라 손녀예요!"라고 금세 맞받아친다. 한결 밝아진 유정이의 모습에 적이 안심이 되었다.

다음 달에는 로뎀의 집 교사 두 분과 유정이가 사무실을 방문하였다. 부활절 달걀을 삶아 왔다는 것이었다.

"배가 남산만 해서 움직이기 힘들 텐데 뭐하러 왔어?"

내 말에 유정이가 배시시 웃었다. 같이 오신 선생님이 대신 대답했다.

"유정이가 판사님께 드리는 달걀은 자기가 직접 갖다드려야 한다고 고집을 부려 마산에서 여기까지 왔습니다."

그 말이 고마워서 임산부는 자고로 잘 먹어야 된다며 사무실에 있던 초콜릿과 과자를 모두 종이가방에 담아주었다. 그리고 잠시 대화를 나눈 후 돌아가는 유정이를 안아주었다.

"잘 먹고 아기도 잘 낳아야 한다."

유정이는 해맑게 웃었다. 그리고 몇 달 뒤 예쁜 딸을 낳았다.

하지만 얼마 못 가 아기 아빠가 책임을 지지 않고 사라져버렸고, 혼자서 감당할 수 없었던 유정이는 결국 아기를 다른 가정에 입양시키고 말았다. 그 아픔을 이길 수 없었던지 유정이는 그 후 다시 절도를 하다 구속되어 결국에는 실형을 선고받고 수감되었다. 힘들게 용기를 냈지만 아직 어린 유정이에게 현실의 벽은 너무 높게만 느껴졌을 것이다. 아이를 낙태하거나 출산 후 입양시키는 문제는 그리 간단하지가 않다. 임신한 비행소녀들은 대부분 출산보다는 낙태를 더 많이 하는데 출산을 하더라도 아기를 직접 기르기보다는 입양시키는 경우가 대부분이다. 낙태를 하거나 아기를 입양시키고 난 뒤 아이들은 죄책감으로 마음이 황폐해지는 등 이루 헤아릴 수 없는 감정에 휩싸이게 된다. 그러한 감정을 빨리 추스르지 못하면 다시 비행을 할 가능성이 매우 높다. 유정이가 바로 그러한 경우였다.

십대 미혼모는 계속 증가 추세에 있다. 인권위원회의 보고에 따르면 2008년도 우리나라 청소년 임신은 연간 약 1만 5천 건이 넘고, 그중 미혼모가 약 5, 6천 명에 이른다고 한다. 십대 소녀들의 낙태와 출산은 자신들에게도 불행일 뿐만 아니라 사회에도 유익하지 못하다. 이를 막기 위해서는 청소년들에게 성에 대한 올바르고 건전한 가치관을 심어주는 현실적인 성교육을 실시할 필요가 있다. 하지만 그것만으로는 한계가 분명하다. 보다 근원적으로는 우리 사회의 잘못된 성문화를 고쳐야 한다. 그래야만 청소년에 대한 성교육도 그 효과를 발휘할 수 있기 때문이다. 사회 전체가 나서지 않으면 이 문제는 해결될 수가 없다는 사실에 다시금 마음이 무거워졌다.

#09

아니야, 오히려 우리가 미안하다

　소년법정에서 만나는 아이들 중에는 유난히 일찍 철이 든 아이들이 많다. 비행이라는 드러난 거푸집을 벗기고 나면 삶의 부조리와 폭력에 아무런 보호막 없이 내던져진 아이들의 슬픔과 여린 마음이 보이는 것이다. 또래보다 조숙한 모습을 보이는 것도 세파에 시달리느라 일찍 철이 든 것만 같아 가슴이 아프다. 혜수도 그런 아이 중 하나였다.
　열여섯 살인 혜수는 부모가 모두 있는데도 초등학교 6학년인 남동생과 함께 수년간 고아원에서 생활한 적이 있다. 선원인 아버지는 배를 타고 나갈 때에는 사글셋방을 정리했다가 일을 마치고 귀항하면 다시 얻는 뜨내기 생활을 반복하고 있었고, 열일곱 살에 혜수를 낳은 어머니는 혜수가 중학교 2학년 때 집을 나가 어디 사는지조차 알려주지 않은 채 따로 생활하고 있었다.
　부모의 보호를 받지 못하고 불안정한 생활을 하던 혜수는 중학교 2학년 때 학교를 그만 두고 비행의 길로 접어들었다. 그런 생활을 하는 동안 혜수의 몸은 엉망이 되어갔다. 음주와 흡연을 심하게 했을 뿐만 아니라, 그 사이 성폭행을 당한 일도 있었다. 그때의 충격 때문인지 혜수는 담뱃불로 제 몸을 지지거나 칼로 긋는 등의 자해를 일삼았고, 자살하려고 옥상에서 투신한 일도 있었다고 한다.

혜수는 그 후 친동생, 친구들과 함께 저지른 절도죄 등 십여 건의 비행으로 2011년 4월 소년보호처분을 받았다. 그러나 보호처분의 준수 사항을 제대로 지키지 않아 보호관찰소에서 보호처분의 변경을 신청하였다. 당시 혜수는 이미 발부된 구인장이 효력을 발휘해 소년분류 심사원에 임시위탁된 상태였고, 그곳에서 비로소 자신이 심한 성병에 걸렸다는 것을 알게 되었다. 위탁된 것이 차라리 혜수에게는 기회였는지도 모른다.

2011년 7월에 혜수에 대한 보호처분 변경신청 심리가 열렸다.
국선보조인이 의견을 말했다.
"존경하는 재판장님. 혜수 어머니는 아주 어린 나이에 혜수를 낳았습니다. 혜수는 학교까지 포기해가면서 자신을 선택한 어머니에게 죄송하다는 말과 감사하다는 말을 꼭 전하고 싶어합니다. 혜수는 가정 사정으로 동생과 함께 고아원에서 생활한 적이 있습니다. 거기에서 혜수는 정말 많은 상처를 받았습니다. 도망치고 싶었고, 어린 나이인데도 죽고 싶어했으며, 모든 사람들이 무서웠고 싫었다고 합니다. 하지만 동생 하나만 보고 3년을 참고 살았을 정도로 동생에 대한 사랑이 남다릅니다.

재판장님. 혜수 동생은 혜수에게 아빠 같기도 하고 남자친구 같기도 한 존재였습니다. 하지만 동생은 초등학교 6학년인데도 담배를 피우고, 술도 먹고, 오토바이도 타고, 애들도 많이 때리고 다닌다고 합니다. 혜수는 동생이 자신을 따라다니면서 담배 피는 모습, 오토바이 타는 모습을 보고 배워서 그렇게 된 것 같아 마음 아파합니다. 부모님이 없는 동생에게 부모님 대신이 되어주지 못한 자신을 자책하면서 동생이 자신처럼 될까 봐 많은 걱정을 하고 있습니다.

존경하는 재판장님. 혜수는 어린 나이에 얻어서는 안 되는 병까지 얻었습니다. 수술을 해야 한다는 말에 앞이 캄캄하여 정말 많이 울었다고 합니다. 그래서 부모님, 그리고 사랑하는 동생뿐만 아니라 재판장님에게조차 죄송하고 미안하다고 말합니다. 매일 죄책감을 느끼고, 스스로 불쌍하다고 여기고, 자신은 태어나서는 안 되는 아이였다는 생각도 자주 하고 있습니다.

재판장님. 혜수의 지금 소원은 네 식구가 한 자리에 모여 밥 한 끼 먹는 거라고 합니다. 이런 소박한 소원을 박대할 수는 없습니다. 그러니 혜수가 다시 희망을 품고 살아갈 수 있도록 선처를 간곡히 부탁드립니다."

국선보조인의 변론 속에는 혜수가 감당하기에는 너무나 쓰라리고 벅찼을 삶의 뭇매가 고스란히 담겨 있었다.

내가 혜수에게 물었다.

"혜수야, 몸은 어때?"

"판사님, 정말 죄송합니다. 몸이 많이 안 좋습니다."

"어머니와는 연락이 됐어?"

"아니요, 한 번도 오시지 않았습니다. 바빠서 못 오시나 보다고 생각하지만 저를 포기한 것은 아닌가 하는 생각도 듭니다."

대화를 듣고 있던 국선보조인이 말했다.

"재판장님, 혜수가 부모님께 드리고 싶은 말을 편지로 적어 왔다고 합니다."

그래서 혜수에게 써 온 편지를 읽어보라고 했다.

혜수는 눈물로 편지를 읽어나갔다. 혜수가 부모에게 쓴 편지를 읽고 있는 모습을 지켜보던 국선보조인과 방청객들도 흐르는 눈물을 감추지 못했다.

사랑하는 우리 엄마.

엄마 잘 지내나? 나는 워낙 밝아서 어디서든지 빨리 적응하잖아. 그래서 걱정할 필요 없어.

엄마한테 말하고 싶은 게 있어.

이건 정말 내가 내 몸 간수를 잘못해서 그런 거여서 말하기 좀 그렇지만 엄마한테 욕을 듣든 뭘 하든 꼭 말해야 할 거 같아서, 같은 여자로서 이해해줄 것 같아서 말하는 거야.

엄마, 나 성병이야. 엄마가 어떤 말을 할지 알아.

하지만 엄마보다는 내가 더 슬프고 괴롭고 그래. 엄마, 나 수술받아야 한대.

나 진짜 너무 괴로워. 엄마가 나한테 미친년이라고 해도 좋아.

그래도 혼날 때 혼나더라도 치료는 받고 혼내주라. 하루하루가 너무 정말 싫다. 엄마, 내가 밖으로 나돌아 댕겨서 그렇게 된 거지만 나 용서해주라. 엄마한테 진짜 잘못했어.

엄마, 미안하고 사랑해.

사과해야 할 사람은 오히려 우리 어른들입니다.
외롭게 방황할 때 따뜻한 말 한마디 건네지 않은 우리가,
죽고 싶을 만큼 힘들어할 때 손 내밀어주지 못한 우리가,
우리가 오히려 미안합니다.

아빠에게

아빠 안녕. 아빠를 사랑하는 딸 혜수야.

아빠 일하느라 많이 힘들지. 밥도 잘 못 먹고, 잠도 잘 못 자는 아빠를 볼 때마다 겉으로 티는 내지 않지만 속으로 많이 울고 있어.

어렸을 때는 아빠가 무서웠고, 아빠랑 웃으면서 대화하기가 어려웠고, 엄마에게 폭력을 써서 솔직히 아빠보단 엄마랑 살고 싶었어.

홧김에 이혼하라고 말했던 것 정말 미안해. 그때 아빠가 딸에게 그런 말을 듣고 상처를 많이 받았을 거라고 생각하니까 할 말이 없어.

막상 내가 이렇게 나쁘게 변한 걸 보니 앞이 정말 캄캄해.

아빠에게 나쁜 모습만 보여줬어.

아빠 7월 10일 내려오면 밥 한 끼 대접할게. 아빠랑 단 둘이 밥 한 끼 먹고 싶어.

아빠 내가 태어나서 한 번도 못했던 말, 사랑해. 그리고 감사해.

편지를 다 읽고 난 혜수는 울면서 다시 말했다.

"판사님, 죄송합니다."

혜수는 나에게 쓴 편지에도 유난히 죄송하다는 말을 많이 썼었다. 그런데 연거푸 죄송하다는 말을 들으니 안쓰럽다 못해 마음이 애잔해졌다.

나는 그런 혜수를 보며 잠시 생각에 잠겼다.

'무엇이 그리 죄송하더냐.

무책임한 부모 밑에서 태어난 게 네 죄가 아닌데…….

꿈 많은 소녀의 소원이 겨우 가족이 모여 밥 한 끼 먹는 것이라는데,

그 작은 소원조차 들어주지 못하는 부모를 원망조차 할 줄 모르는 여린 너의 마음이 무슨 죄가 있느냐.
　사과해야 할 사람은 네가 아니라 오히려 우리 어른들이란다.
　오히려 우리가 미안하다.
　외로운 네가 방황할 때 따뜻한 말 한마디 건네지 않은 우리가,
　어린 네가 죽고 싶을 만큼 힘들어할 때 손 내밀어주지 못한 우리가,
　너에게 좋은 환경을 만들어주지 못한 우리가……'

　나는 이 시대의 모든 어른들을 대신하여 사죄한다는 심정으로 혜수에게 말하였다.
　"아니야, 혜수야. 오히려 우리가 미안하다."
　그런 뒤 혜수에게 2년간의 보호관찰을 받는 조건으로 아버지에게 보호를 의뢰하는 처분을 내렸다. 그리고 여전히 흐느끼며 법정을 나가는 혜수의 뒷모습을 바라보며 마음속으로 빌었다.
　'혜수야, 병이 빨리 낫기를 기도하마.'

제4부

다시, 희망을 찾아서

#01

청소년회복센터가 만들어지기까지

　비행이 반복되거나 지속되는 소년범은 성인범으로 옮겨갈 가능성이 매우 높다. 한국형사정책연구원이 1983년부터 1985년까지 3년간 서울소년원을 출소한 946명을 대상으로 그들이 1994년 6월까지 저지른 전체 범죄를 추적·분석하였는데, 소년범이 성인범으로 발전하는 데 영향을 미치는 요인 중 가장 두드러진 것은 소년기의 범행횟수였다. 이는 소년기의 범행이 많을수록 성인범이 될 확률이 높다는 것을 말해준다. 따라서 비행소년을 건전하게 육성시키기 위해 최우선적으로 다루어야 할 과제는 재비행을 예방하는 일이다.

　사회환경이 청소년들에게 너무도 유해한 지금 우리 사회에서, 소년들의 재비행을 막기 위해서는 '지속적 관리 체제', 특히 24시간 동안 계속해서 관리할 수 있는 체제를 구축하는 것이 무엇보다 중요하다. 비행소년을 24시간 관리할 수 있는 곳으로는 '가정' 또는 '시설'이 있는데, 시설로는 소년원이나 아동복지법상의 복지시설이 있다.

　일정한 기간 동안 소년들의 재비행을 막을 수 있는 가장 확실한 방법은 소년원에 보내는 것이다. 하지만 재비행을 막겠다고 무턱대고 소년들을 소년원에 보내는 것만이 능사는 아니다. 이는 〈중앙일보〉 2012년 3월 29일자 기사에 잘 나타나 있다. 2박 3일간 소년원을 체험한 기자는 "소년원, 그곳은 감옥일 뿐이었다. 재활보다는 감시 위주."라고 압축적으로 표현할 정도였다. 덧붙여 "CCTV로 24시간 감시가 계속되었다. 조금만 누워도 경고방송이 흘러나왔다. 건물 밖으로 나올 수 있는 것은 하루 한두 시간 운동할 때가 전부였을 뿐 재활을 위한 프로그램은 부족했다."라고 전하였다.

법무부에 따르면 2012년 5월 현재 소년원 한 방의 평균 수용인원은 10~11명이라고 한다. 7, 8명이 공동 생활하는 곳도 있고 수용인원이 15명에 달하는 곳도 있다고 한다. 선진국 소년원은 1인 1실을 사용하는 경우가 대부분이고, 일본만 하더라도 한 방에 수감되는 소년범이 3, 4명에 불과한 경우에 비추어보면 열악한 환경이 아닐 수 없다. 특히 일본의 경우 우리나라의 소년분류심사원에 해당되는 소년감별소는 철저하게 1인 1실을 지키고 있었다. 많을 경우 십수 명이 공동으로 생활하게 하는 우리나라의 소년분류심사원과는 판이하게 다른 모습이다.

이러한 소년원에 한창 사춘기를 겪고 있는 소년을 보낼 경우 소년원에 있는 기간 동안은 재비행을 막을 수 있을지 모른다. 그러나 집단적이고 폐쇄적인 공간에서 그들이 입게 될 정신적·심리적 상처와 다른 소년으로부터 범행 기법을 배운다든지 하는 등의 부정적인 경험들로 인하여 출원 이후의 비행을 염려하지 않을 수가 없다. 소년원 출신자들의 성인범 전이 비율이 67%나 된다는 것과 2011년도에 1개월 이내의 소년원 송치처분인 8호처분을 받은 소년범 중 76%가 재비행을 저질러 소년원에 들어왔다는 통계는 이러한 우려가 현실화되고 있음을 보여준다.

게다가 소년원에서는 야간에는 특별한 경우가 아니면 소년들끼리만 생활하게 하는데, 이는 소년의 교정에 나쁜 영향을 미칠 우려가 있다.

소년들이 사회적으로 건전하게 성장하기 위해 가장 기본이 되는 것은 바로 가족 간의 관계다. 모든 인간관계의 출발점이고 가장 기본이 되는 가족관계는 다른 모든 인간관계에 막대한 영향을 미치게 된다. 이렇게 중요한 가족 간의 관계를 더욱 돈독하게 할 수 있는 시간은 하루의 일과를 마치고 온 가족이 함께 모이는 저녁시간이다. 가족과 함께하는 식사시간은 단순히 배고픔을 충족시켜주는 것뿐만 아니라 가족 간의 사랑과 정서적 유대를 나누고 예절을 배울 수 있는 귀중한 시간이다. 이 시간이 제대로 확보되지 못하면 가정교육이 제대로 이루어질 수 없다. 나는 지금 이 시대의 청소년들의 인성에 문제가 있는 것은 바로 밥상머리교육이 이루어지는 가정에서의 저녁시간이 사라졌기 때문이 아닐까라는 생각을 할 때가 많다.

마찬가지로 소년원도 제대로 된 재활 교육을 시키려면 야간시간대에 그들끼리 있는 시간을 최대한 줄이고 인격적으로 좋은 영향을 줄 분들과 지낼 수 있는 시간을 많이 확보해주어야 한다고 생각한다. 그래야만 소년의 사회화가 보다 건강하게 이루어질 수 있기 때문이다.

물론 소년원 외에 비행소년들을 24시간 관리할 수 있는 곳이 없지는 않다. 바로 소년들의 가정이다. 그런데 비행소년들의 가정은 대체로 결손가정이나 저소득층 가정이 많아 소년들을 24시간 관리하는 것이 현실적으로 불가능한 경우가 많다. 그렇기 때문에 이런 소년들을 가정에 돌려보내는 것은 과장해서 말하면 재비행을 하라고 방치하는 것과 마찬가지다. 가정으로도 소년원으로도 보내기가 적절하지 않은 소년들에 대해서 24시간 보호하고 훈육해줄 수 있는 장치를 마련해주는 것이 국가와 사회의 책무라고 할 것이다.

창원지방법원에서 처음 시작된 '청소년회복센터'는 이러한 이유에서 만들어졌다. 청소년회복센터는 집단적·폐쇄적 시설의 문제점을 보완하면서도 부모와 가족을 대신하여 소년들을 보호해주고 소년들을 지속적으로 관리할 수 있는 가정과 같은 공동체이다.

현재 작은 기적들을 꽃피우고 있는 청소년회복센터에 대한 아이디어를 얻게 된 것은 부산지방법원 가정지원(현 부산가정법원)에서 근무할 때였다. 2003년 2월부터 2005년 2월까지 부산지방법원 가정지원에서 근무하며 가사사건을 담당하고 있었는데, 근무한 지 얼마 되지 않아 만난 조춘자 위탁보호위원이 훗날 청소년회복센터를 고안하는 데 결정적인 역할을 해주었다.

조 위원을 알게 된 것은 아주 우연한 일에서 비롯되었다.

어느 날 함께 방을 쓰던 당시 소년사건 담당이었던 권영문 판사가 소년사건 기록을 읽다가 놀라며 다음과 같은 사건 내용을 들려주었다. 한 소녀가 경상남도 바닷가 지역에 위치해 있는 속칭 '티켓다방'에서 일을 하다 도저히 견딜 수가 없어 당시 비행소년들의 대모 역할을 한다고 소문이 난 조춘자 위원에게 전화를 해 자신을 구해달라고 하였다. 조 위원은 평소 알고 지내던 청년 몇 사람과 함께 부산에서 승합차를 타고 소녀가 일하고 있는 곳으로 내려갔고, 동행한 청년은 손님으로 가장하여 티켓다방에 전화를 해 소녀를 모텔로 보내달라고 하였다. 소녀가 모텔로 오자 그들은 영화의 한 장면처럼 감시하는 사람들을 따돌리고 소녀를 구출해 부산으로 데려왔다는 것이다.

위험을 무릅쓰고 한 소녀를 구한 이야기는 내게 신선한 충격을 주었다. 이것이 계기가 되어 권 판사와 함께 조 위원을 만났고, 그녀로부터 여러 가지 이야기를 들을 수 있었다.

조 위원은 내가 처음 만날 당시 이미 60대 중반의 나이로 30여 년 동안 위탁보호위원으로 활동하며 비행소년들이 잘 지내는지 찾아가 관찰하고 돌봐주는 역할을 해오고 있었다. 그러다 보니 부모 잃고 배곯는 비행소년들을 알게 되었고 그 아이들이 애처로워서 하나둘 집으로 데려와 숙식을 제공하고 학교와 직장까지 알선하고 있었는데, 그 모든 비용을 자비로 충당하고 있었다. 소년원 원장을 역임했던 남편과 그녀의 봉사와 헌신으로 수많은 비행소년들이 재비행의 길에서 벗어나 훌륭하게 사회의 일원으로 성장하고 있었다. 나는 깊은 감동을 받았다.

그로부터 얼마 뒤 권 판사가 기록을 검토하다 어떤 처분을 하면 좋을지 의견을 물어왔다. 사건 내용은 당시 중학교 2학년 나이의 소녀가 성매매, 이른바 원조교제를 하였다는 것인데 어린 소녀가 원조교제를 하게 된 동기가 우리의 주의를 끌었다. 부모가 없었던 소녀는 동생과 함께 삼촌의 보호 아래 있었는데 삼촌은 자신의 조카인 소녀를 상습적으로 성폭행하다 구속되어 실형을 선고받았다. 삼촌이 구속되자 동생과 함께 생계를 이어나가기 어려웠던 소녀는 부득불 원조교제까지 하게 되었고, 그로 인해 소년보호처분을 받게 되었던 것이다.

우리는 소녀에 대해 어떤 처우를 하면 좋을지 고민하다가 조 위원에게 맡겨보자는 데에 의견의 일치를 보았다. 조 위원에게 소녀에 관한 사정을 이야기하며 도와줄 수 없겠느냐고 물었더니 조위원이 흔쾌히 자신이 데려가 돌보겠다고 하여 소녀를 조 위원에게 맡기는 1호처분을 내렸다.

그 후 소녀는 남동생과 함께 조 위원의 보살핌 속에서 훌륭하게 성장하여 좋은 직업을 얻었고, 지금은 결혼하여 행복하게 아주 잘 살고 있다. 이 소녀의 이야기는 내게 공동생활가정, 즉 그룹홈에 대한 희망을 발견하게 해주었다.

그로부터 7년이 흐른 2010년 2월에 창원지방법원으로 부임한 뒤 소년부 업무를 맡게 되었다. 하지만 당시엔 비행소년들을 맡아줄 그룹홈은 만들어져 있지 않았다. 그나마 다행하게도 그와 유사한 역할을 하는 시설로 하라쉼터와 마야쉼터가 소년재판부와 관계를 맺고 있었다. 그런데 이 두 쉼터는 나름대로의 한계가 있었다. 정부의 지원을 받는 기관이라 원칙적으로 가출청소년들을 수용해야 했기에 결원이 생기기 전에는 보호소년들을 위탁할 수 없었다. 또 가출청소년과 법원에서 위탁되는 보호소년은 쉼터에 머무르게 된 과정과 기간 등에 차이가 있었다. 서로 이질감이 있는 아이들을 함께 생활하게 하는 것은 감호상 어려운 문제를 발생시킬 수도 있었다. 하지만 당시로서는 보호소년을 위탁할 곳이 이 두 쉼터뿐이었고, 보호소년을 거부하지 않고 받아준 것만으로도 감사해야 했기에 결원이 생기는 대로 소년들을 위탁하였다.

비행소년 전용 그룹홈이 절실히 필요하다고 느낀 나는 소년사건 업무를 시작한 직후부터 보호소년들이 처한 상황과 그룹홈에 대한 필요성을 사람들에게 알리기 시작했다. 소년사건 관계자들로 하여금 소년법정을 방청토록 하여 직접 보호소년들의 애환을 체감하게 하였고 재판을 마치면 식사 자리를 마련하여 보호소년들이 처한 형편을 설명하면서 소년들의 재비행을 막기 위해서는 그룹홈이 무엇보다 시급하다고 힘주어 말하였다. 소년법정에서 충격을 받은 뒤 나의 이야기에 깊이 공감한 그분들은, 나와 더불어 창원지방법원 소년법정의 이야기와 비행소년들의 실상을 주위 사람들에게 열정적으로 알리기 시작하였고, 그로 인해 뜻을 같이하는 분들이 하나둘 늘어나기 시작했다.

그러던 중 이레센터의 센터장을 만나게 되어, 그의 소개로 2010년 10월 28일, 창원 지역에서 사법부의 주도로 운영되는 첫 번째 그룹홈인 샬롬센터를 개소하게 되었다. 당시의 감회는 이루 말할 수 없을 정도였다. 덩그러니 넝쿨에 매달린 오이처럼 마음 둘 곳 없는 아이들에게 버팀목과 지지대가 되어줄 곳이 만들어졌다는 것이 그렇게 든든할 수가 없었다.

그 후로도 사법형 그룹홈의 발굴을 위해 많은 분들을 만났다. 그 결과 자운영센터(경남 의령, 2011년 2월 개소, 센터장 조경숙), 열린센터(부산 명지, 2011년 4월 개소, 센터장 김영식), 소망센터(창원시 마산합포구, 2011년 6월 개소, 센터장 박현숙)를 추가로 발굴할 수 있었다. 그룹홈이 점차 늘어가는 가운데 고유의 명칭이 필요하다는 요청이 있어 사법형 그룹홈을 '청소년회복센터'라고 부르기로 의견을 모았다.

한편, 부산에도 청소년회복센터가 필요하다는 요청이 있어 어울림센터(부산, 2011년 5월 개소, 센터장 이경우), 두드림센터(부산, 2012년 9월

아직 희망을 버릴 때가 아닙니다.
비행내용의 참담함에만 분노하고
비행소년들을 비난하기 전에
왜 어린 소년들이 비행으로 치닫게 되었는지
우리 사회가 어떻게 그들을 내몰았는지
반드시 되물어야 합니다.

개소, 센터장 양동헌)를 개소하도록 도와주었다. 현재 부산에는 어울림센터, 두드림센터를 포함하여 세 곳이 부산가정법원에서 위탁하는 소년들을 보호감호하고 있다.

청소년회복센터는 소년원과 같이 집단적이고 폐쇄적인 시설에 소년들을 맡겨 교정하는 것이 아니라, 개별적이고 개방적인 인간관계를 통한 교정을 꾀하면서도 소년들을 방임하지 않는 것이 그 특징이다. 때문에 운영자들은 소년들의 보호자가 되어 24시간 희로애락을 함께하며 그들의 건전한 성장을 위해 동분서주하면서 소년의 정신적·심리적 및 사회적 관계의 회복을 위해 최선을 다하고 있다.

회복센터에서 생활을 시작할 당시 상당한 정서장애를 가지고 있던 아이가 정서적으로 안정이 되어 불가능하다고 생각되던 인문계 고등학교에까지 진학하여 모범적으로 학교생활을 하고 있는가 하면, 어릴 적부터 복지원에서 성장하면서 비행을 저지르다 들어온 아이는 닫혔던 감성이 회복되어 수시로 밝게 장난치며 웃는 통에 '깔깔맨'이라는 별명을 얻게 되었다. 상습적으로 절도를 하여 주변 사람들의 혀를 내두르게 하던 아이가 센터 생활을 무사히 마친 후 가정으로 돌아가 다시는 절도를 하지 않게 되거나 취업을 하여 사회생활을 잘해나가는 사례도 수없이 많이 있다.

이뿐 아니라 청소년회복센터의 상담자 및 치유자 역할은 보호소년을 넘어 그 가족에게까지 확대되고 있다. 가족관계가 몹시 좋지 않던 아이가 센터에 온 후 가족과 화해를 하고 난생처음으로 "엄마, 사랑해."라는 말을 하게 된 일도 있고, 센터에서 생활한 이후 품성과 행동이 몰라보게 좋아져 헤어졌던 부모들이 재결합을 하는 데 결정적인 역할을 하게 된 경우도 있었다.

청소년회복센터가 소년보호처분을 함에 있어 큰 도움이 되고 있음은 말할 필요도 없다. 비행성이 초기에 있는 소년들 중 결손가정이나 부모의 보호력이 약한 소년들을 중심으로 회복센터에 위탁하는데, 일부 소년들은 잘 적응하지 못하고 이탈하기도 하였지만 대부분은 6개월을 별다른 말썽 없이 잘 채우고 있고, 어떤 소년들은 자발적으로 6개월을 더 연장하여 머물기도 한다. 돌아갈 집이 없어 최장 위탁기간인 1년이 지나서도 계속 회복센터에서 생활하는 소년들도 점점 늘어나고 있다.

그러나 청소년회복센터는 현재까지는 국가나 지방자치단체의 도움을 전혀 받지 못하고 오로지 법원에서 지급하는 교육비와 자원봉사자들의 후원금 등으로만 유지되고 있다. 때문에 재정적으로 어려운 가운데서도 사명감으로 센터를 운영하는 운영자들에게 조금이나마 힘이 되어주기 위해 나는 회복센터를 자주 방문하고 있다. 위탁된 소년들에게는 보호처분변경 권한을 가진 판사가 가장 무서운 존재이기 때문에 회복센터를 자주 방문할수록 센터의 운영에 보탬이 되지 않을까 싶은 생각에서이다.

청소년회복센터가 전국 곳곳에 마련되어 갈 곳 없는 보호소년들의 평온한 안식처가 되어주기를, 나아가 그들이 회복센터를 통해 다시 우리 사회의 품으로 돌아오는 희망의 첫걸음을 뗄 수 있기를 바라는 마음 간절하다.

#02

판사님, 이러다가 제 명대로 못 살겠어요!

　내 자식도 아닌 소년들, 그것도 비행소년을 데려와 돌보는 일은 보통의 마음가짐으로는 하기가 어려운 일이다. 누군가의 눈길과 손길이 가장 필요할 때, 그 누군가로부터 버림받아 병들고 비뚤어진 소년들을 바르게 성장시키는 길은 험난한 가시밭길의 연속이다. 센터 운영자들도 이 일이 녹록지 않음을 잘 알고 있지만, 수시로 말썽을 일으키는 소년들을 대하다 보면 하루에도 수십 번씩 억장이 무너져내리는 듯한 기분을 느끼게 된다고들 한다. 특히, 센터 운영을 시작한 지 얼마 되지 않는 분들이 느끼는 당혹감과 심적 고통은 이루 다 말할 수 없을 정도다.

　그래서 간혹 휴일에 센터 운영자들한테서 전화가 오면 이야기를 듣기도 전에 '아! 아이들이 또 말썽을 일으켰구나' 하는 생각이 먼저 들어 어떻게 위로를 해 드리나 궁리부터 하게 된다. 아니나 다를까. 하소연하듯이 "판사님……" 하며 힘겹게 운을 떼는 운영자들의 목소리에는 그사이 겪었을 힘겨움과 아픔이 가득 배어 있다. 그러면 나는 일부러 목청을 높여 "아니, 누구예요? 누가 말을 안 듣습니까? 당장 그 아이 좀 바꿔보세요." 하고 짐짓 선수를 친다. 그리고 전화를 건네받은 소년에게 "이노무 손!" 하고 일갈한 다음, "센터장님 말씀 잘 듣지 않으면 소년원에 갈 줄 알아!" 하고 냅다 호통부터 친다. 그렇게 버럭버럭 소리를 지르며 한바탕 소동을 떨고 나면 목도 아프고, 판사로서의 체면도 영 말이 아니지만 수고하시는 그분들에게 내가 해줄 수 있는 일은 이것뿐이다. 그래도 정 안 되면 판사실로 데리고 오라고 하여 다시 한 번 호통을 쳐댄다.

이렇게 힘겨운 생활 속에서도 센터 운영자들은 아이들로 인해 소소한 기쁨을 느낀다고 말한다. 이 때문인지 아이들에게 늘 시달리면서도 그분들의 표정은 의외로 밝다. 아이들이 유달리 기특한 일을 하기 때문이라기보다는 그들의 영혼이 조금씩 회복되는 생명의 기운을 느끼기 때문일 것이다. 특히, 아이들을 처음 데려갈 때 운영자들의 얼굴에는 마치 돌아온 탕자를 진심으로 반갑게 맞아주는 부모와 같은 애정이 얼굴 가득 묻어난다. 비록 얼마 안 있어 다시 "판사님, 이러다가 제 명대로 못 살겠어요."라는 탄식을 할 텐데도 말이다.

경남 의령군 대의면 다사리 16번지, 의령에서 합천으로 넘어가는 국도를 가다보면 자운영센터가 있다. 센터를 운영하시는 자운 스님과 자운영센터장은 비행소년들의 생활습관과 사고방식이 이 정도일 줄은 몰랐다며 혀를 내둘렀다.

오토바이 절도, 차량털이 등으로 소년재판을 받게 된 영진이는 기소유예 처분을 받은 전력밖에 없는 점과 집안 사정을 감안하여 2011년 9월 자운영센터에 보호를 의뢰하였다. 그런데 센터에서 생활한 지 얼마 뒤 영진이가 지나가는 말로 "판사님은 참 바보다."라고 했다고 한다.

놀란 스님이 "아니, 판사님이 왜 바보지?" 하고 묻자, 영진이가 "소년원에 가야 할 아이들을 왜 소년원에 보내지 않습니까? 판사님은 바보가 분명합니다. 약 드신 것 아닙니까?" 하더라는 것이다.

그 말에 그만 어이가 없어진 자운 스님이 영진이에게 "그럼 너도 소년원 보내주라고 판사님께 말씀드려볼까?" 했더니 영진이는 그제야 정색을 하고 말을 더듬으며 꼬리를 내렸다고 한다.

"그~ 그건 아니고요."

개념이 없는 것은 말뿐이 아니었다.

스님과 센터장이 외출한 어느 날 소년들은 자기들끼리 라면을 먹었는데 욕심을 내서 너무 많이 끓이는 바람에 다 먹지 못하자 남은 라면을 개수통에 통째로 부어버렸다. 외출에서 돌아온 센터장은 개수통에 버려진 라면을 보고 경악을 금치 못했고 물건을 아껴 쓸 줄 모르는 아이들에게 교훈을 줄 요량으로 소년들을 모두 그곳으로 불러들였다. 그리고 나서 버려진 개수통에 다른 음식 찌꺼기와 함께 있는 라면을 모두 다 건진 다음 물에 씻어 양푼지에 담은 뒤 아무 말 없이 양푼 가득한 라면을 하나도 남기지 않고 다 먹어치웠다. 이를 지켜보던 소년들은 비위가 상해 '웩웩' 소리를 내며 진저리를 쳤지만, 그 일 이후로는 가능하면 음식을 남기지 않으려고 노력하고 있다고들 한다.

센터장은 혼자서 그 라면을 다 먹었다니 여간 고역이 아니었을 것이다. 하지만 어쩌면 그런 모습이 아이들에게는 백 마디의 설교나 훈계보다 더 큰 가르침으로 다가왔던 것일지도 모르겠다. 어떻든 이처럼 교육과 보호를 동시에 해나가며 여러 명의 철부지 소년들을 보살피는 과정은 녹록하지 않다.

"판사님, 이러다가 제 명대로 못 살겠어요."
2011년 9월, 열린센터장의 전화를 받은 나는 가슴이 또 덜컥 내려앉았다.
청소년회복센터에서 걸려온 전화는 안 그래도 조심스러운 판인데 이런 하소연이라도 들리면 어떤 녀석이 그사이 대형 사고라도 친 건 아닌가 싶어 겁이 덜컥 나기 때문이다. 아니나 다를까. 형준이가 또 센터를 이탈했다는 소식이었다.
열여덟 살인 형준이는 왼쪽 눈은 이미 실명상태였고 오른쪽 눈도 거의 보이지 않는다. 이혼한 어머니와 살며 어릴 적부터 신체장애로 놀림을 많이 받아왔던 형준이는 마음에 상처가 많았고, 그게 원인이 되어서인지 절도죄로 입건된 전력만 해도 아홉 번이나 되고 절도 횟수는 이보다 훨씬 더 많았다.
형준이는 그사이 기소유예처분을 네 번이나 받고서도 도벽을 고치지 못하고 계속 절도를 일삼다가 결국 2011년 1월 소년보호처분을 받게 되었다. 도벽이나 비행내용에 비추어볼 때 주저는 되었으나 형준이의 신체적 장애와 가정 형편을 고려하여 2년간의 보호관찰을 조건으로 보호자에게 보호를 의뢰하는 처분을 내렸다. 그러나 그 후에도 형준이는 자신의 잘못을 뉘우치기는커녕 10여 차례의 절도 등 비행을 계속 멈추지 않아 다시 소년재판을 받게 되었다.
2011년 7월, 형준이에 대한 심리가 다시 열렸다.

비행내용과 재비행 가능성을 고려하면 소년원에 보내야 했지만 장애로 인해 단체생활에 어려움이 많을 형준이를 생각하니 이번에도 보내는 것이 망설여졌다. 그렇다고 지난번과 같은 처분을 내리자니 또다시 비행을 저지를 공산이 커 보여 이 역시도 난감했다. 그래서 어떤 처분을 내려야 할지 고심하고 있는데, 조용한 법정 안을 쨍하고 울리는 밝은 목소리가 있었다.

"어머, 형준아!"

법정에 참석해 있던 열린센터의 이진숙 선생님이 형준이를 발견하고 깜짝 놀라 자기도 모르게 소리를 질렀던 것이다.

이 선생님은 20여 년간 운영해온 선교원을 그만두고 남편과 함께 열린센터를 운영하고 있었는데, 그날도 위탁되는 소년을 데리고 가기 위해 법정에 나왔다가 형준이를 만나게 된 것이다.

"판사님, 형준이가 어렸을 적에 제가 운영하던 선교원에 다닌 적이 있어요."

형준이도 이 선생님을 알아보았다. 이 선생님은 형준이가 처한 상황을 안타까워하며 자신에게 맡겨준다면 잘 지도해보겠노라고 했다. 그렇지 않아도 어떤 처분을 내려야 하나 고민하고 있던 터라 반갑고 감사한 마음으로 형준이에게 단단히 주의를 준 다음, 사회봉사와 보호관찰을 조건으로 열린센터에 보호를 의뢰하는 처분을 내렸다. 하지만 각별한 관심과 지도에도 불구하고 형준이는 그 후로도 몇 번이나 열린센터를 이탈하여 이 선생님의 애간장을 태웠고, 내 가슴까지 덜 컥거리게 만들었다.

알고 보니 형준이가 이탈한 이유는 사회봉사명령을 이행하러 갔다가 장애인이라고 놀림을 받거나 앞이 잘 보이지 않아 저지른 실수로 혼이 나 마음이 상했기 때문이었다. 형준이의 신체적 약점을 잡아 일부러 괴롭히거나 놀리는 비겁한 사람들도 있었지만, 형준이 또한 피해의식으로 인해 잘못에 대한 정당한 지적마저 왜곡되게 생각하는 부분이 없지 않았다.

나는 그런 형준이가 안타까워 두 번이나 판사실로 불러 훈계도 하고 위로도 해주었다.

"형준아. 장애로 인해 사람들한테서 놀림을 받거나 실수를 하더라도 마음을 굳게 먹고 센터에서 잘 생활해야 한다. 센터를 이탈하면 다시 비행을 할 수밖에 없지 않느냐. 그러니 사람들을 만나면 부끄러워하지 말고 너의 사정을 솔직하게 먼저 말해줘라. 그러면 사람들도 너를 이해하고 도와주려고 할 거야. 비행을 끊을 수 있는 최선의 길은 네 마음에 있어. 그러니 마음의 힘을 기르도록 노력하거라."

그런데 형준이가 다시 이탈을 했다니 허탈하기 짝이 없었다. 하지만 형준이는 곧 센터로 돌아왔고, 그 후로는 다소 안정적인 생활을 하였다.

그렇게 애를 태우던 형준이가 2012년 2월 열린센터장과 함께 판사실을 방문하였다. 우여곡절 끝에 고등학교도 무사히 졸업했다고 하였다. 밝은 표정으로 앉아 있는 형준이를 보니 그동안 녀석 때문에 속을 태웠던 기억은 어느새 날아가고 대견하다는 생각이 앞섰다. 그런데 잠시 이야기를 나눈 후 돌아가는 일행을 배웅하려고 일어서는데 갑자기 형준이가 떨리는 목소리로, "판사님, 한번 껴안아주세요." 하는 것이 아닌가. 느닷없는 요구에 살짝 당황하긴 했지만 바로 안아주었다.

그러자 형준이가 기어들어가는 목소리로 더듬거리며 "판사님, 은혜 꼭 갚지 않겠습니다." 하고 말했다. 떨려서 그만 말이 잘못 나온 것이었다. 자기가 실수한 것을 알았던지 금세 귀까지 빨개진 형준이를 보고 있자니 순수한 그 아이의 마음이 한꺼번에 전해져오는 것 같았다. 그래서 고맙고 기특한 마음에 환하게 웃으며 다시 한 번 형준이를 꼭 안아주고는 마음속으로 이렇게 말했다.

'형준아, 내게는 은혜를 갚지 않아도 된다. 은혜를 갚아드려야 할 분은 따로 있단다. 애를 태우며 너를 위해 기도하고 보살펴주신 센터장님과 이 선생님의 고마움을 잊지 말아라. 그러고 나서 내게도 뭔가를 주고 싶은 마음이 들거든 네가 성숙한 사람이 되어 행복하게 사는 것으로 보답하렴.'

#03

감사합니다, 감사합니다, 감사합니다

가정과 같은 공동체를 지향하고는 있지만 소년들에게 청소년회복센터는 여전히 정을 붙이기 쉽지 않은 곳이다. 낯선 환경, 보호라는 이름의 담장, 위반해서는 안 되는 여러 가지 준수사항 등 곧바로 적응하기엔 여러 가지 어려움이 따른다. 하지만 경험상 센터에 얼마나 빨리 정을 붙이고 정착하는지에 따라 소년의 재비행 여부, 나아가서는 올바르게 성장할지 여부가 좌우된다. 초기 적응에 실패하여 센터를 이탈한 소년들은 대부분 재비행에 이르게 된다.

초기 정착이 중요하기에 소년들이 가능한 한 빨리 회복센터에 적응할 수 있도록 나름대로 여러 가지 방법을 쓰고 있지만 생각대로 되지 않는 경우가 많다. 센터에 잘 적응할 것이라 생각한 소년이 하루 만에 이탈하여 허탈감을 안겨주는가 하면, 센터 적응이 어려울 것으로 보이지만 기회라도 한번 줘보자는 심정으로 보낸 소년이 예상 외로 보호기간을 넘기고 센터에 머무르는 경우도 있다. 그럴 때마다 새삼 열 길 물속은 알아도 한 길 사람 속은 모른다는 말을 실감하게 된다.

지난 3년간의 경험에 따르면 가장 중요한 것은 소년들의 마음가짐에 있다는 생각이 든다. 그들이 어떤 마음을 가지게 되느냐에 따라 청소년회복센터는 기회의 장이 될 수도 있고 인생을 변화시킬 수 있는 계기가 될 수도 있다.

민철이와 성민이는 절도죄와 인터넷에서 물품 판매를 빙자한 사기죄로 구속되어 형사재판을 받던 중 재판부의 선처로 2011년 1월에 소년재판 절차로 넘겨졌다. 두 소년은 모두 1992년생으로 머지않아 만 19세가 되므로 소년보호처분을 할 수 있는 한계선상에 있었다. 민철이는 이전에 이미 2년간 소년원에 보내지는 10호처분을 받은 전력이 있었고, 성민이도 6개월간 소년원에 보내지는 9호처분을 받은 전력이 있었다. 그런데도 다시 비행을 저질렀으니 두 소년 모두에게 10호처분을 해야겠다고 마음을 먹고 재판에 임했다.

2011년 2월 소년들에 대한 심리가 진행되었다.

소년들의 인적 사항 등을 확인한 뒤 국선보조인에게 물었다.

"국선보조인, 의견 있으시면 말씀해주십시오."

"판사님, 제가 맡았던 소년들 중 가장 불쌍한 소년들입니다. 이들 때문에 접견 도중 너무 많이 울었습니다. 판사님, 꼭 선처해주십시오. 부탁드립니다."

국선보조인은 이 말을 겨우 내뱉은 뒤 목이 메어 더 이상 말을 잇지 못하고 고개를 숙인 채 흐느끼기 시작했다.

민철이는 아주 어릴 때 어머니가 집을 나간 뒤 아버지마저 돌봐주지 않아 부모의 사랑이 뭔지도 모르는 채 험하게 살아왔고, 성민이도 일곱 살에 어머니가 자살한 이후 가정의 따뜻함을 전혀 느끼지 못하고 비행세계를 전전하며 살아왔다. 부모의 보살핌을 받지 못하고 제대로 영양 섭취를 못한 탓인지 두 소년은 모두 또래에 비해 체격이 아주 왜소하였다. 민철이는 지난번 10호처분을 받았을 때 소년원에서 고졸검정고시를 합격하고 기술도 배웠으나 마땅하게 취직할 곳이 없어 속칭 '노가다'를 했지만 그나마도 일자리가 없어 하지 못하게 되자 주린 배를 채우기 위해 친구인 성민이와 함께 인터넷 물품 판매 사기 등을 저지르게 되었던 것이다.

국선보조인이 이런 모습을 보이기는 처음이었다. 이날 재판은 유난히 안타까운 사연들이 많아 법정 안의 사람들 모두 눈시울을 적시고 있었는데, 이 두 소년의 애달픈 사연에다 보기 드문 남자의 눈물까지 가세하자 법정 안은 그만 울음바다가 되고 말았다. 실무관도 법대 아래서 닭똥같이 굵은 눈물을 뚝뚝 흘렸고, 참여관도 눈물을 참느라 입술을 깨물고 있었다. 두 아이도 흑흑 소리를 내며 한참을 서럽게 흐느꼈다.

나는 10호처분을 해야겠다는 마음을 고쳐먹지 않을 수 없었다. 안타까운 두 소년에게 마지막으로 기회를 준다는 생각으로 둘 다 샬롬센터에 보호를 의뢰하는 처분을 내렸다. 이들의 나이가 부담스러울 텐데도 흔쾌히 받아주신 샬롬센터 운영자께 죄송한 마음이 들었으나 어쩔 수가 없었다.

며칠 뒤 샬롬센터를 방문하여 그곳에서 생활하고 있는 소년들에게 점심을 사주었다. 민철이, 성민이가 센터 아이들과 빨리 유대관계를 형성하여 수월하게 적응하기를 바라는 마음에서였다. 초기에 적응을 못하면 6개월을 버티기가 쉽지 않기 때문이다. 그런데 식사 도중 민철

사람은 자의든 타의든
누군가의 도움 없이는 살아갈 수 없습니다.
그걸 알고 나면 인생사 모든 일에 감사하게 됩니다.
감사할 줄 아는 사람은 자신의 분수를 아는 사람이고
자신의 분수를 아는 사람은
삶의 비밀과 인생의 질서를 아는 사람입니다.

이가 "감사합니다, 감사합니다."라는 말을 몇 번이나 거듭했다. 흔치 않은 일이기에 센터장께 물어보니 샬롬센터에 들어와서도 며칠 동안 계속 감사하다는 말만 되풀이하였다고 하였다.

그로부터 얼마 뒤 성민이가 센터를 이탈했다는 소식이 들려왔다. 성민이는 그 후 또다시 인터넷 물품 판매 사기와 절도 등의 범행을 저질러 구속되었고, 이때는 이미 소년보호처분을 받을 수 있는 한계 연령을 지났기에 일반 형사범으로 재판을 받아 실형을 선고받고 말았다.

반면 "센터에 와서 생각이 바뀌고 마음이 안정되었어요. 센터 생활이 너무 좋고 감사합니다."라는 말을 늘 입에 달고 다녔던 민철이는 맏형으로 솔선수범하며 모범적인 생활을 하였다. 그 후 주위 분들의 도움으로 자동차 정비업소에 취직도 하였고, 월급을 꼬박꼬박 모아 센터 생활을 마친 후 작은 아파트를 얻어 독립해 나갔다. 그리고 지금까지도 틈날 때마다 샬롬센터의 박선옥 선생님께 전화를 하여 생활에 대한 상의도 하고 때로는 울울한 심사를 털어놓기도 한다.

"선생님 같은 엄마가 있었더라면 제가 이렇게까지 되지는 않았을 텐데……."

여전히 엄마에 대한 원망은 남아 있지만 미움보다는 그리움에 가까운 감정 같아 그게 더 마음이 아팠다. 하지만 늘 감사하는 마음을 가진 아이기에 상처를 잘 극복할 수 있을 것이라 믿는다.

사람은 자의든 타의든 누군가의 도움 없이는 살아갈 수 없는 존재다. 그걸 알고 나면 인생사 모든 일에 감사하지 않을 수가 없다. 감사할 줄 아는 사람은 자신의 분수를 아는 사람이고, 자신의 분수를 아는 사람은 삶의 비밀과 인생의 질서를 아는 사람이다. '고맙습니다' '감사합니다'라는 말은 질서의 열쇠이자 행복의 열쇠이다. 누구로부터 가르침을 받을 환경은 아니었지만 그 처방을 일찌감치 깨우친 민철이가 기특하기 그지없다.

이제 군 입대를 앞둔 민철이에게, 그리고 민철이와 같은 비행소년들을 위해 밤낮으로 수고하시는 청소년회복센터 운영자분들에게 오늘은 내가 허리 숙여 인사하며 이렇게 말하고 싶다.

"감사합니다."

#04

앞으로 절대 나쁜 짓을 저지르지 않겠습니다

2010년 10월, 창원시 진해구에 샬롬센터가 새로이 문을 열어 그곳으로 다섯 명의 소년들을 보냈다.

그로부터 얼마 뒤 소년들이 그곳에 잘 정착할 수 있도록 격려도 하고, 난생처음 이런 일에 뛰어들어 한창 고전 중에 있을 샬롬센터장과 그 부인인 박선옥 선생님의 수고도 위로할 겸 점심시간을 이용해 진해로 넘어갔다. 함께 간 참여관과 센터 운영자, 그리고 소년들과 다 같이 근처 음식점으로 가서 마음껏 먹으라고 했더니, 소년 다섯 명이 허겁지겁 삼겹살을 먹어대는데 어찌나 급하게 먹는지 체할까 봐 걱정이 될 정도였다.

"눈치 보지 말고 불안해하지 말고 마음껏 먹어라. 도망칠 땐 도망치더라도 실컷 먹어둬."

판사인 내가 도망 운운하는 것이 재미있었던지 모두들 한바탕 웃었다. 물론 긴장을 풀라는 뜻에서 농으로 건넨 말이었지만, 거리에서 떠도는 사이 제대로 먹지도 자지도 못한 채 불안하게 지냈을 아이들이 한 끼 식사만이라도 마음 편하게 먹었으면 싶었다.

센터를 개소한 목적은 사고무친이나 진배없는 소년들에게 집을 대신해줄 만한 따뜻한 보금자리를 만들어주고 보다 안정적인 환경에서 아이들을 보살핌으로써 재비행의 유혹을 막자는 취지에서였지만, 한편으로는 마음에 상처를 받은 소년들이 한 번쯤 용서를 받고 따뜻함을 맛보았으니 '세상이 내게 기회를 주지 않았다'는 핑계를 대지 못할 것이고 사회에 대한 원망과 적개심이 어느 정도는 줄어들지 않겠느냐는 최소한의 목적도 있었다.

마치 음식을 삼키듯 입안으로 구겨넣었던 아이들이 혹 체하지나 않았을까 걱정이 되어 집으로 돌아온 후 샬롬센터에 전화를 해보았더니 아니나 다를까, 아이들이 점심때 너무 많이 먹어 저녁 식사를 할 생각을 하지 않는다고 하였다.

그리고 얼마 뒤 지인들과 함께 다시 샬롬센터를 방문하였다가 저녁 식사를 하기 위해 소년들과 근처 식당으로 갔다. 어른들 여덟 명과 새로 온 아이들을 포함하여 남자아이들 아홉 명이 지난번처럼 삼겹살을 먹었는데 식사를 마친 뒤 계산대로 가니 총 57인분을 먹었다고 하였다. 어림잡아봤을 때 어른들이 10인분 정도 먹었으니 나머지 47인분을 아홉 명의 아이들이 단 두 시간 만에 해치운 셈이었다. 게다가 아이들은 센터로 돌아가서 지인들이 선물로 주고 간 어묵까지도 다 먹어치웠다고 한다. 아무리 돌이라도 씹어 삼킬 나이라지만 그야말로 상상을 초월하는 식탐이었다.

아이들의 이런 식탐은 이곳 센터에서는 드문 풍경이 아니다. 폭식 현상은 특히 센터에 온 초기에 자주 관찰되곤 하는데, 이는 애정결핍에 따른 심리적 공허감과 금연이나 외출 제한 등 자유의 제약으로 인한 심한 스트레스 때문에 일어난 일시적인 폭식 현상이다.

　마음의 상처가 깊은 아이들일수록 보기에 겁이 날 정도로 음식에 욕심을 내는데, 음식을 입에 넣고 두 번 이상 씹지도 않고 그냥 꿀꺽 삼켜버리거나 하루에 여덟 끼를 먹는 등 상상 이상의 행동을 보이기도 한다. 그리고 가출하여 지내는 동안 제대로 된 섭생을 하지 못하고 햄버거나 치킨, 튀김, 컵라면 같은 패스트푸드에 길들여졌기 때문에 건강관리를 위해 특별히 마련한 유기농 음식이나 야채, 과일에는 손도 대지 않고, 몰래 라면이나 과자 등으로 식사를 대신하기도 한다. 하지만 보통 2~3개월 지나면서부터는 이런 현상이 서서히 줄어든다. 센터 운영자들의 헌신적인 사랑으로 마음의 상처가 조금씩 치유되고 언제든지 마음껏 먹을 수 있다는 믿음이 형성되면서 차츰 심리적 안정을 찾아가기 때문이다.

　2010년 11월 출근하여 메일함을 열어보니 하라쉼터의 최경화 선생님으로부터 다음과 같은 메일이 와 있었다.

　　안부 인사드립니다!!
　　오늘은 며칠 전 법원에서 위탁받은 철수란 친구가 천종호 판사님이 보고 싶다고 말을 하더군요. 한편 반갑고 기특하기도 하여 '어떻게 판사님이 생각나는가'라고 했더니 쉼터로 보내주셔서 너무 감사하다고 말합니다.
　　아마 마음이 조금 안정되는가 보다 생각하며…… 판사님께 전화를 한번 해보겠다고 장난을 쳤습니다.
　　실례가 되지 않았는지…….

하지만 아이들 입에서 그런 말들이 나오는 것이 너무 반갑기도 하고 판사님이 애쓰시는 노력들이 이런 모습으로 나타나는 것은 아닐까 잠시 동안 이런 저런 이야기를 철수와 나누었습니다.

그냥 죽고 싶어서 차를 훔쳐 무면허 운전을 하였다는 철수가 이곳에서 쉼과 회복을 얻고 자신을 소중히 여기는 시간들이 되기를 바라며 비틀거리더라도 쓰러지지 않고 자신을 세워나가기를 바랍니다.

가끔씩 예상을 벗어나는 아이들의 돌출적 행동들에 실망하고 놀라기도 하지만 그렇기에 저희들이 필요한 존재가 됨을 감사드리며 최선을 다합니다.

추워지는 날씨에 건강 조심하시고 행복하세요~~^^

메일을 읽고 바로 하라쉼터로 전화하여 철수와 통화하였다. 그리고 쉼터에 있는 아이들과 함께 점심시간에 법원 앞으로 오라고 하여 소년부 참여관, 실무관 등과 함께 가서 삼겹살을 먹었다. 하라쉼터 아이들도 많이 먹기는 하였지만 폭식은 하지 않았다. 쉼터 운영자들의 따뜻한 보살핌이 마음의 허기를 채워주었기 때문일 것이다.

철수는 식사 중에도 계속해서 소년원 보내지 않고 하라쉼터에 보내주셔서 감사하다는 말을 하더니, 식사를 마치고 돌아오는 길에 느닷없이 내게 말했다.

"판사님, 앞으로 절대로 나쁜 짓을 저지르지 않겠습니다."

뜻밖의 말에 놀랍고 반가워 "그래, 그러면 판사님하고 약속하자."라고 하며 새끼손가락을 걸었다.

소년들이 비행을 저지르는 배경에는 경제적인 이유도 크지만 대체로 정신적·심리적 문제인 경우가 더 많다. 어려서부터 살가운 보살핌을 제대로 받지 못한 채 쫓기듯 그늘진 자리로만 옮겨 다니며 살아온 아이들, 부모도 있고 경제력도 어느 정도 안정적이지만 정서적 방임으로 인해 심리적으로 고아와 다를 바 없이 자란 아이들, 특수한 문제나 경험으로 인해 마음의 상처가 유난히 깊은 아이들……. 이런 문제가 마음속에서 근본적으로 해결되지 않는 한, 당장 비행이나 범죄를 저지르지 않는다고 해도 여전히 우리 사회의 잠재적 위험으로 남아 있게 된다. 그러므로 소년들의 심리적 문제가 고착되기 전에 국가와 사회가 개입하여 그들을 어루만지고 살펴주어야 한다. 그러기 위해서는 먼저 배고픔부터 채워주어야 하는 아이들이 있다. 인간은 누구라도 충분히 먹을 수 있고 자기 집처럼 안정되게 생활할 수 있는 보금자리가 우선 해결된 후에야 비로소 심리적인 안정을 찾을 수 있기 때문이다. 청소년회복센터의 역할이 새삼 소중하다.

#05

판사님, 삼계탕 드세요

나는 어릴 적에 도시 빈민으로 몹시 가난하게 자랐다. 노동 일을 하는 아버지는 나름대로 최선을 다하셨지만 대가족을 부양하는 일은 많이 배우지 못하고 안정된 직장이 없는 사람이 노력만으로 극복할 수 있는 일이 아니었다.

가난이 안겨준 것은 육체적으로는 배고픔이었고, 정신적으로는 걱정이었다. 배고픔은 잠시 사라지는 때가 있었지만 걱정거리는 끊임없이 따라다녔다.

'아버지께서 겨울철이라 일이 없어 쉬고 계신데, 연탄은 없고 쌀은 다 떨어져가니 이제 어떡하나?' '외상으로 쌀을 사 오라고 하는데 쌀가게 주인이 외상이 너무 많아 안 된다고 하면 어떡하지?' '도시락도 없이 학교에 가야 하는데 점심 도시락 하나 가져오지 못하는 집안 형편이 친구들에게 알려져서는 안 되는데……' '오늘도 육성회비를 못 가져가는데 다시 집으로 쫓겨나면 어떡하지?' '수업료를 반만 내고 다니는 것을 친구들이 알면 어떡하나?' '수학여행에 못 가는 이유를 뭐라고 말하지?' 등등.

이러한 걱정거리는 한창 꿈에 부풀어 미래를 설계하고 구김살 없이 커야 할 소년을 매사에 주눅 들게 만들었다. 그리고 그때의 생생한 수치심과 불안은 이후 나의 생활태도와 사고방식에 많은 영향을 끼쳤다.

언젠가 축구황제 펠레의 글을 접한 뒤 나의 쓰라린 청소년 시절이 떠올라 몇 번이고 되풀이해서 읽은 적이 있었다.

> 나는 자라면서 가난이 무엇인지 자연스럽게 알게 되었습니다. 가난이라는 것은 정신과 두뇌 그리고 영혼까지 우울하게 만들며 인생에 독을 뿜어냅니다. (……) 우리 집은 마치 구멍 뚫린 바구니처럼 비가 샜습니다. 하지만 새는 지붕은 가난이 아니었습니다. 가난은 잘 맞지 않는 옷을 물려받은 것도 아니고 신을 신발이 없는 것도 아닙니다. 가난은 땔나무가 떨어지는 것도 아닙니다. 오히려 가난은 땔나무를 살 돈이 떨어지면 어쩌나 하며 걱정하는 것이었습니다. 한마디로 가난은 그런 '걱정'입니다. 그래서 가난은 죽음을 두려워하는 것이 아니라 삶 자체를 두려워하는 것입니다. 그것은 참으로 끔찍한 두려움입니다.

그럼에도 나의 청소년 시절은 서글퍼 무기력하게 보낸 날보다는 희망으로 활기찬 날이 훨씬 많았다. 왜냐하면 나에게는 포기할 수 없는 꿈이 있었고 등 뒤에서 항상 도와주시는 보이지 않는 손길이 있었기 때문이다.

청소년회복센터에 보내지는 소년소녀들은 대부분 빈곤한 가정에서 자라 경제적 스트레스, 부모와의 관계로 인한 스트레스, 사회적 고립, 주변의 낙인이나 편견 등으로 인해 가슴에 상처를 안고 있다. 가장 빛나고 아름다워야 할 청소년기에 받은 상처는 아이들의 인생 전반에 걸쳐 부정적 영향을 끼치게 되고 자칫하면 사회에 대한 적개심으로 이어지게 된다. 그러나 빈곤한 환경에 처해 있다 해도 가정이나 학교, 지역사회 등으로부터 적절한 지지와 관심을 받으면 심리가 안정되고 사회적 적응에도 긍정적인 영향을 미친다.

청소년기는 눈 깜빡할 사이에 지나간다. 이 짧은 시간이 지나가기 전에 이 아이들에게 아름다운 추억을 조금이라도 심어주어야 한다. 비록 그 추억이 반딧불 같이 작다 해도 방치되어 외롭게 살아왔던 아이들에게는 어두운 길을 비춰주는 아름다운 별빛이 될 수 있을지도 모른다.

2010년 어느 날, 여느 때와 마찬가지로 부산에서 출발하여 교통체증 때문에 끙끙거리며 창원터널을 통과하여 법원으로 가고 있었다. 소녀들을 위한 청소년회복센터인 이레센터가 출퇴근하는 길목에 위치해 있는데 이곳을 지날 때면 혹시나 아이들이 나와 있는 모습을 볼 수 있지 않을까 싶어 살펴보며 서행하곤 했으나 그동안은 잘 볼 수 없었다. 그런데 마침 이날 출근길에 두 명의 아이가 바로 앞에 서 있는 게 보였다. 차를 갓길에 대고 반가운 마음에 경적을 울렸더니 아이들이 웃으며 달려왔다.

"어디 가노?"

"보호관찰소에 교육받으러 가요."

그러더니 한 아이가 손에 들고 있던 플라스틱 반찬통을 보이며 뚜

껍을 열었다. 안에는 두 개의 삶은 고구마가 담겨 있었다. 아이는 그중 한 개를 꺼내 내밀면서 말했다.

"판사님 드세요."

"웬 고구마고?"

"보호관찰소에서 교육받는 동안 먹으려고 가져가는 거예요."

순간 가슴이 찡하면서 말문이 막혔다. 고구마는 크기도 작은 데다 약간 말라 있었다.

"잘 먹을게. 고마워."

아이들과 헤어진 후 사무실로 와서 주임에게 고구마의 출처를 말하며 반씩 나눠 먹었다. 그런데 성의가 고마워 받아오긴 했지만 고구마 한 개를 반씩 나눠 먹고 있을 아이들을 생각하니 가슴이 메어 잘 넘어가지 않았다. 그래서 자기들이 먹을 고구마를 나누어준 그 예쁜 마음에 보답해야겠다 싶어 저녁을 대접하기로 했다.

그날 이레센터로 가서 함께 생활하고 있는 나머지 다섯 명의 아이들도 함께 데리고 백화점 안에 있는 패밀리레스토랑으로 갔다. 레스토랑에 들어서자 한 아이가 "이런 레스토랑엔 처음 와봤어요." 하고 말하였다. 그러자 다른 아이들도 이구동성으로 "저도요." "저도요." 하고 말했다. 가난한 환경에서 부모의 보살핌을 제대로 받지 못한 경우가 대부분인 이 아이들은 부모 손을 잡고 외식을 하러 가는 평범한 일상조차 제대로 누려보지 못하고 자라왔던 것이다.

식사를 하는 동안 아이들은 그 나이 또래의 소녀들답게 연신 재잘거리고 웃음을 터트리고 장난을 치며 즐거워했다. 그들을 바라보는 나 역시 즐거웠다. 판결을 내리는 판사와 그 판결을 기다리는 보호소년으로서가 아니라 평범한 아저씨와 아이들로서의 만남이 너무 좋았다.
 식사를 마치고 밖으로 나와 작별의 인사를 나누려는데 한 아이가 무심결에 말했다.
 "판사님, 지금까지 살아오면서 가장 대접을 잘 받았어요."
 아직도 그 말이 귓가에 맴돌며 가슴을 울린다.

 며칠 후 저녁 8시경 일을 마치고 부산으로 향하는 길에 이레센터를 지나치다가 아이들이 생각나 잠시 들렀다. 센터에는 네 명의 아이들과 상담원 한 분이 계셨는데, 문을 열고 들어가자 아이들이 우르르 몰려와 물었다.
 "판사님, 저녁 드셨어요?"
 "아니, 집에 가서 먹어야지."
 "그럼 우리가 라면 끓여드릴 테니까 드시고 가세요."
 지난번 레스토랑에서의 일로 친해진 탓인지 아이들은 계속 저녁을 먹고 가라며 붙잡았다. 아내가 집에서 식사를 준비해놓고 기다리고 있을 걸 뻔히 알면서도 달리 거절할 핑계를 찾지 못해, "응, 그러자." 하며 얼떨결에 의자에 앉고 말았다.
 아이들은 몇이 부엌으로 후다닥 달려들어가더니 순식간에 라면을 끓여 왔다. 라면에는 계란까지 들어 있었다.
 아이들이 "판사님, 삼계탕 드세요."라고 하기에 무슨 말인가 싶어 "응? 삼계탕이 뭐고?"라고 물었다. 그러자 아이들은 뭐가 그리 재미있는지 "삼양라면에 계란을 넣은 것이 삼계탕입니다." 하고는 계속 저희들끼리 깔깔거린다. 그 모습이 '에이, 판사님은 그것도 아직 모르세요?' 하고 놀리는 듯하여 다 같이 한바탕 크게 웃었다.

가족이 보고 싶어도 마음대로 갈 수 없는 아이들이 끓여온 라면을 보니 가슴이 저며왔다. 후루룩 후루룩, 뜨거운 국물과 적셔지는 눈시울로 먹기가 다소 힘들었지만 국물 한 방울 남기지 않고 맛있게 먹었다.

"우와 쩐다. 이렇게 맛있는 삼계탕은 내 생전 처음 먹어봤다."

내가 아이들의 속어까지 쓰며 너스레를 떨자 옆에 둘러앉아 지켜보던 아이들 얼굴이 함박꽃처럼 환하게 밝아졌다.

"이렇게 맛있는 삼계탕을 공짜로 먹을 수야 있나? 삼계탕 값 줘야지. 공평하게 나누어 가져야 한다."

그러면서 5만 원짜리 한 장을 아이들에게 주었다. 아이들은 돈을 받아들고 "와!" 하며 좋아라했다. 그런데 그중 한 아이의 말이 가슴을 아프게 했다.

"판사님, 5만 원짜리 돈은 오늘 처음 보았어요."

그로부터 얼마 뒤, 참여관이 전화하여 "이레센터에서 아이들 네 명이 찾아왔는데 어떻게 할까요?" 하기에 판사실로 보내라고 하였다. 그중 두 명은 얼마 전에도 법원 청사 내에 있는 우체국에 들렀다가 불쑥 찾아온 적이 있는 아이들이었다.

판사실로 올라온 아이들은 발랄한 표정으로 말했다.

"우리들이 만든 김장 김치인데 판사님께 드리려고 왔어요. 판사님께 불러드리려고 노래도 준비해 왔어요."

순간 당황하여 "다른 판사님들 일하시는데 방해가 되니 노래는 나중에 해줘."라며 겨우 진정시킨 뒤 아이들이 들고 온 종이가방 속을 들여다보았다. 거기에는 김치 세 포기가 정성스럽게 담긴 플라스틱 통이 하나 들어 있었다. 가슴이 뭉클하여 말문이 쉽게 열리지 않았다. 아이들은 한참동안 재잘대고 난 뒤 센터로 돌아갔다.

아이들의 성의가 고마워 저녁에 케이크라도 함께 먹어야겠다는 생각이 들어 판사실의 주임에게 대신 주문해달라고 부탁하였다.

퇴근길에 이레센터에 들렀다. 아이들이 저녁 식사를 하고 있기에 함께 식사를 한 후 케이크도 나눠 먹었다. 그리고 낮에 아이들이 부르려던 노래를 함께 불렀다.

아름다운 마음들이 모여서 주의 은혜 나누며
예수님을 따라 사랑해야지 우리 서로 사랑해
하나님이 가르쳐준 한 가지 내 이웃을 내 몸과 같이
미움 다툼 시기 질투 버리고 우리 서로 사랑해

#06

집보다 쉼터가 더 편해요

　청소년회복센터는 일종의 대안가정으로 보호소년들에게 가정과 가족을 제공하는 것을 최우선과제로 삼는다. 이와 다른 모습의 공동체를 지향한다면 차라리 인적·물적 시설이 월등히 뛰어난 복지시설이나 소년원에 보내는 것이 보호소년들에게 더 이익이 될지도 모른다. 그러나 가족이 없는 소년들에게는 시설이나 시스템보다 가정이라는 울타리를 만들어주는 일이 더욱 절실하다. 센터의 운영자들은 소년들의 부모가 되고, 소년들은 그들의 자녀가 되어 비록 혈연관계는 없지만 가족공동체를 만들어나간다. 그런데 신기한 일은 아이들이 엄마 역할을 하는 여성 센터장이나 여자 지도선생님들을 아무런 거리낌 없이 '엄마'라고 부르면서도 남자 선생님들을 '아빠'나 '아버지'로 부르는 일이 거의 없다는 점이다. 소년들은 엄마라는 말은 쉽게 해도 아빠라는 말은 잘 하지 못한다. 어릴 적에 자신을 버리고 떠난 엄마에 대한 그리움이 저도 모르게 엄마라는 말을 끌어내고, 폭력으로 자신들을 대했던 아버지에 대한 미움이 아빠라는 말을 밀어내는지도 모른다는 짐작만 할 뿐 아이들의 추운 마음을 말로 다 설명하기는 어렵다.

청소년회복센터를 운영할 때 센터 한 곳에 위탁되는 소년들의 수는 최대한 열 명을 넘기지 않으려고 한다. 그 이상을 넘어가면 센터 안에서 또다시 소외되는 소년들이 생겨날 우려가 있다. 더구나 센터를 만든 근본 동기가 집단적 교정의 문제점을 보완하려는 데 있으므로 소년 하나하나가 인격적으로 존중을 받는 공동체를 만들기 위해서는 소년들의 수는 적으면 적을수록 좋기 때문이다.

센터에서는 밤이 되면 소년들이 각 방으로 나뉘어 삼삼오오 잠을 청한다. 그런데 시간이 조금만 지나면 모두 거실로 나와 옹기종기 함께 부둥켜안고 잠을 자는 경우가 많다고 한다. 특히 소년들이 엄마라고 부르는 센터장 혹은 센터장의 부인이 센터에서 자는 날에는 그 주위로 덩치가 산만 한 아이들이 모여들어 다 함께 잠을 잔다고 한다. 슬며시 미소가 지어질 만큼 따스한 풍경이지만 모성에 굶주린 아이들의 모습이 애처롭기도 하다. 아이들은 자주 여성 센터장들이나 센터장 부인들의 신을 신거나 옷을 입어본다고 한다. 엄마에 대한 그리움을 그렇게 달래는 것일까. 그래서 센터 여선생님들의 옷은 늘어나 있기 일쑤고 신발은 늘 옆이 터져 나가 있다. 그러나 이 모든 소소한 일들이 애정에 굶주린 아이들의 마음을 차곡차곡 보듬어주고 이를 통해 소년들의 정서가 차츰 안정되어간다.

사랑하는 나의 자슥들아!!
웬 은혜며 웬 사랑일까?
모래알만큼 많은 아이들 가운데 나에게 넝쿨째 굴러들어온 복덩어리들인 너희들을 처음 만났을 때 내 가슴은 쿵닥쿵닥, 조금은 두려우면서도 너무너무 좋았단다. 내가 배 아파 낳은 것도 아니고 기저귀 갈아가며 키운 것도 아닌데 가슴이 저려오는 아픔과 환희와 애틋함이 물밀듯 밀려와 때로는 돌아서서 울기도 하고 웃기도 했지.

내가 어디 가서 이렇게 잘생기고 멋진 아들들을 찾아 올 수 있으랴 내가 웬 복이 많아 아들 부자가 될 수 있으랴. 너희들 옆에 두고 길을 걸어가노라면 좌청룡 우백호가 부럽지 않고 그 어떤 사람도 나보다 행복할 수 없다고 자부하지.

사랑하는 나의 자식들아, 내 상에 둘린 아름답고 멋진 자식들아.

내 울타리 속에 있는 한 너희들은 안전할 것이며 어떤 상황에서도 난 너희들의 방패가 될 것이다. 내가 한 가지 바람이 있다면 너희들 속에 있는 쓴 뿌리, 부모님에 대한 상처들이 하루속히 치유되기를 바란다. 죽을힘을 다해도 부모님을 용서할 수 없다면 부모님을 통해 '내가 이 세상에 존재한다'는 것 하나만 기억해주길 바라.

사랑하는 나의 비둘기들아! 내 새끼들아!

난 항상 그 자리에 서 있단다.

비바람 속에서도 묵묵히 그 자리에 서 있는 것처럼 정말 사랑한다.

난 너희들이 있어 정말 행복하다.

샬롬센터의 박선옥 선생님이 쓴 편지이다. 소년들의 친아버지, 친어머니보다 더 정을 쏟는 모든 센터 운영자들의 마음이 이와 같을 것이다.

소년들은 센터에서 부모만 얻는 것이 아니라 형제도 만난다. 2011년

3월, 하라쉼터에서 생활하고 있던 성호가 내게 전화를 해서는 다짜고짜 부탁하였다.

"판사님, 저를 샬롬센터에 보내주세요."

느닷없는 말이었지만 너무나 강경한 어투였다. 말을 들어주지 않으면 쉼터를 무단이탈할지도 모르기에 일단 아이를 진정시키기 위해 "그래, 생각해 보마." 하고 전화를 끊었다.

그 뒤 소년사건 관련 기관과의 회의가 있어 휴대전화를 끄고 있었는데, 회의를 마치고 나와 보니 성호한테서 세 번이나 부재중 전화가 들어와 있었다. 무언가 심상치 않은 기분이 들어서 쉼터를 옮겨달라는 사정을 알아보기로 했다. 그러나 성호의 말만 덜렁 믿고 나서기에는 쉼터 운영자분들께 결례가 될 것 같기에, 이레센터장에게 부탁하여 자초지종을 좀 알아봐달라고 부탁하였다.

우여곡절 끝에 하라쉼터의 소장이 성호와 함께 법원을 방문하였다. 그동안 성호를 돕기 위해 최선을 다했던 센터장님은 무척 서운해하셨다. 세 사람이 함께 마주 앉아 약 한 시간 반가량을 이야기했지만 성호는 열중쉬어 자세를 한 채 자신의 뜻을 굽히지 않았다.

"왜 굳이 샬롬센터에 가려고 하노?"

"영민이가 샬롬센터에 있는데, 영민이가 저를 많이 가르쳐줍니다. 영민이와 꼭 함께 있어야 합니다." 하고 성호가 단호하게 대답하였다. 샬롬센터로 보낼 수 없다고 말해도 성호는 막무가내였다.

영민이는 성호와 같이 비행을 저지른 아이로, 두 소년은 같은 날 재판을 받았다. 가정 형편상 두 소년 모두 청소년회복센터에 맡겨야 했는데, 함께 비행을 저지른 두 아이를 같은 곳에 보낼 수가 없어 성호는 하라쉼터로 보내고, 영민이는 샬롬센터로 보냈었다.
　영민이는 지적발달이 늦은 성호를 늘 챙겨주고 도와주었다. 성호에게 있어서 영민이는 의지할 수 있는 형 같은 존재였던 것이다. 사법형 그룹홈이 아닌 하라쉼터에서 비행을 저지르지 않은 일반 아이들 가운데 외톨이 같이 생활해온 성호로서는 외로움을 이겨내줄 영민이의 존재가 필요했던 것이다. 나는 잠시 숙고한 후 다시는 둘이 함께 비행을 저지르지 않겠다는 약속을 단단히 받아낸 후 성호의 부탁을 들어주었다.
　성호는 샬롬센터로 옮긴 뒤 영민이와 함께 서로를 의지하며 성실하게 생활했다. 두 아이 모두 6개월이라는 짧지 않은 기간을 무사히 채운 후 부산에 있는 집으로 돌아갔다. 지금도 영민이한테서 가끔 전화 연락이 온다. 그때마다 성호의 안부도 같이 묻곤 하는데 둘 다 잘 지내고 있다고 한다. 두 소년이 서로에게 좋은 버팀목이 되어 잘 자라주기를 기도한다.

　청소년회복센터에서 생활하는 소년들은 명절에 외출 허락을 받고 며칠간 각자의 집이나 친척집에 갈 수가 있다. 이 기간 동안 센터 운영자들은 묘한 감정의 변화를 경험하게 된다고 한다. 함께 생활할 때는 무척이나 속을 썩이던 아이들이지만 막상 사라지면 센터가 텅 빈 것 같고 어느새 아이들이 보고 싶어서 어서 돌아오기만을 기다리게 된다는 것이다. 그동안 못 다한 휴식을 취하자고 마음먹었던 선생님들이지만 소년들이 허락받은 외출 기간보다 일찍 센터로 돌아와도 반갑고 기쁜 마음에 한걸음에 달려나갈 뿐이다. 아이들은 그런 선생님들에게

"집보다 쉼터가 더 편해요."라고 말하는 걸로 화답한다.

그렇지만 명절이 끝나도 센터로 돌아오지 않는 이탈 소년들도 있다. 때문에 센터 운영자들은 휴가기간 내내 가슴을 졸이다가 아이들이 다 돌아온 후에야 비로소 마음을 내려놓고 안도의 한숨을 내쉬게 된다. 명절이 끝나면 나 역시 한바탕 '희비의 롤러코스터'를 타게 된다. 아이들의 상황에 따라 센터 운영자들과 함께 가슴을 졸이기도 하고 또 안심이 되기도 하기 때문이다. 하지만 추석이라며 아르바이트나 인력시장에서 번 돈을 모아 조끼 하나를 사들고 찾아와서는 센터에 아이들이 많이 없다며 아이들을 더 보내달라고 청탁 아닌 청탁을 하는 소년들과 아무런 말썽 없이 센터 생활을 잘 마치고 집으로 돌아갔다가 감사하다는 말을 전하기 위해 사과를 사들고 찾아온 소녀들도 있다. 그동안의 시름이 눈 녹듯 사라지고 마음 가득 기쁨과 고마움이 차오르는 순간이다.

#07

엄마라고 부르게 해주세요

세상에 나온 여리고 여린 것들을 품는 최초의 온기가 바로 엄마다. 아이들에게 엄마는 언제든 부르기만 하면 달려오는 만능해결사이고 의지할 수 있는 대상이며 힘들 때 안기고픈 포근한 품이다. 그러나 소년법정에 서는 아이들 중에는 애초에 부모의 소중함, 특히 엄마의 사랑을 경험해보지 못한 아이들이 많다. 잘못을 저질렀어도 아무 조건 없이 두 팔 벌려 품어주는 존재가 소년들에겐 없는 것이다.

엄마가 안 보고 싶은 이유

1. 우리를 버리고 도망갔으니까
2. 나한테는 더 이상 필요한 존재가 아니니까
3. 이제는 더 이상 보고 싶지도 않으니까
4. 지금 와서 잘해주는 척, 챙겨주는 척을 해도 이미 늦었으니까
5. 누나는 엄마를 아예 잊어버렸는데 나만 연락하고 지내는 것이 이상하니까

인생에는 몇 번의 기회가 찾아옵니다.
비행청소년들은 스스로 그 기회를 붙들기가 어렵습니다.
우리에게는 사소한 일들이 그들에게는 아주 큰 기회이자
놀라운 선물이 될 수 있습니다.

6. 잊고 싶으니까
7. 버리고 갔던 기억은 내가 살아가는 동안 지워지지 않는 상처를 주니까

한 소년이 쓴 글이다. 번호까지 매겨가며 써 내려간 글 속에 오히려 엄마에 대한 그리움이 역설적으로 표현된 것 같아 가슴이 아팠다. 어느 정신과 의사는 엄마에 대한 사무치는 그리움과 용서할 수 없는 자에 대한 분노는 해가 가도 옅어지지 않는다고 말했다. 따스함과 포근함, 두려움과 분노 등 감성과 관련된 기억은 기억 중에서도 가장 질긴 '정서기억'으로 저장되기 때문이라고 한다. 법정에 선 아이들도 김용택 시인의 말처럼 "어머니의 가슴을 뜯어 먹고" 자랄 수 있어야 한다. 방황하며 상처 입은 마음, 눈물로 얼룩진 그들의 마음을 누군가 다독여주어야 한다.

청소년회복센터에 맡겨진 비행소년들은 새로운 엄마를 만나게 된다. 물론 아무리 노력하여도 친어머니를 대신할 수는 없겠지만 그래도 '자신들의 가슴을 뜯어 먹이며' 헌신하고자 하는 새로운 엄마들이다. 이 소중한 관계는 소년들의 인생에 큰 전환점을 마련해준다.

상준이는 세 살 때 부모가 이혼하여 어머니는 연락이 두절되었고 아버지는 재혼하여 따로 살고 있었다. 할머니 슬하에서 양육되던 상준이는 공갈죄 등을 저지르다 소년재판을 받고 2010년 11월 1일 샬롬센터에 맡겨졌다.

상준이는 사람들 말에 끼어들어 끝없는 수다를 떨거나 아무에게나

매달려서 일일이 간섭하고 수선스럽게 행동하는 등 상당한 정서 장애를 가지고 있었다. 몇 시간 동안 자기 이야기만 해놓고도 누가 이야기를 꺼내기라도 할라치면 "아이, 제 말 좀 들어보세요." 하고 말문을 막고 나서기 일쑤였다.

그러던 상준이가 센터에 온 지 얼마 지나지 않은 어느 날 느닷없이 샬롬센터장의 부인인 박선옥 선생님을 "엄마." 하고 불렀다. 아이들은 센터에 온 얼마 동안은 센터 운영자들을 경계하거나 마음을 열지 않고 거리를 두는 게 보통이라, 정서적으로 불안정한 상준이가 다짜고짜 엄마라고 부르자 이를 당돌하게 생각한 박 선생님은 상준이의 마음을 떠보기 위해 말했다.

"내가 왜 네 엄마야? 선생님이지."

상준이는 진지하게 말했다.

"저는 지금까지 단 한 번도 엄마라는 말을 해본 적이 없어요. 그러니까 선생님을 엄마라고 부르게 해주세요."

너무나 직설적인 아이의 말에 박 선생님은 잠깐 넋을 잃고 멍하니 서 있었다고 한다.

하지만 참으로 정겨운 '엄마'라는 이 말은 그 후 피 한 방울 섞이지 않은 상준이와 박 선생님의 관계를 결정짓는 말이 되어버렸다.

상준이가 박 선생님을 친어머니처럼 따르는 것이 상준이의 친형인 상민이에게는 부럽기도 하고 안심이 되기도 하는 일이었다. 상민이가 박 선생님에게 보낸 편지에는 이런 상민이의 마음이 잘 드러나 있다.

저는 상준이가 선생님께 엄마, 엄마 하며 진해에서 학교 잘 다니고 있는 게 정말 신기하고 달라 보였습니다. 선생님께서 동생 상준이를 친아들처럼 학교도 보내 주시고…… 선생님께 저는 항상 감사합니다.

난생처음 엄마를 갖게 된 상준이는 박 선생님 부부의 지극한 보살핌에 힘입어 급속히 마음의 상처를 치유해나갔고 학교에도 복귀하여 열심히 생활했다. 자원봉사자들은 상준이를 보면서 한결같이 "그때 말 많던 아이가 이 아이가 맞냐? 어떻게 이렇게 변할 수가 있냐?"라며 입을 다물지 못한다고 한다.

박 선생님 부부는 상준이를 친자식 이상으로 보살폈다. 상준이의 거처를 센터가 아니라 박 선생님 부부의 집으로 옮기기까지 하였다.

그런데 어느 날 수업을 마친 상준이가 친구 두 명을 집으로 데리고 왔다. 그리고 박 선생님을 친구들에게 소개했다.

"우리 엄마다. 인사해라."

그런데 그 자리에 박 선생님의 친딸이 함께 있었다.

친구들은 의아해하며 상준이에게 귓속말로 물었다.

"야, 너 누나 없지 않았어?"

이 말을 들은 상준이는 천연덕스럽게 이렇게 말했다고 한다.

"응, 우리 엄마가 재혼하셔서 누나가 생겼어."

친구들은 박 선생님이 상준이의 친엄마라는 것을 추호도 의심하지 않고 놀다가 돌아갔다. 친구들이 돌아간 후 상준이는 박 선생님께 용서를 구했다.

"엄마, 재혼시켜서 죄송합니다."

사실 상준이는 친어머니로부터 받은 아픈 상처가 두 번이나 있었다. 세 살 무렵 헤어져 한 번도 자신을 찾지 않은 어머니에게 받은 상처와 센터에 위탁된 지 얼마 지나지 않았을 무렵에 받은 상처가 그것이다.

센터에 위탁될 무렵 상준이는 친어머니의 전화번호를 알게 되어 벅찬 마음으로 전화를 했다. 하지만 그에게 돌아온 것은 다시는 전화하지 말라는 싸늘한 말뿐이었다. 새로 가정을 꾸린 친어머니는 상준이의 존재를 잊고 싶어했던 것이다. 너무 큰 상처를 받았지만 그보다 그리움이 더 컸던 상준이는 그 다음 날 다시 한 번 친어머니에게 전화를 걸었다. 그러나 번호는 결번이었다. 상준이가 또 전화를 할까 봐 친어머니는 전화번호를 해지하고 말았던 것이다.

그때 상준이가 울면서 박 선생님께 이렇게 말했다고 한다.

"그래도 얼굴 한 번 보고 싶었는데…… 멀리서라도 울 엄마가 어떻게 생겼는지 보고 싶었는데……."

친구들에게 거짓말을 한 것은 나쁘지만 이런 상준이의 아픔을 알고 있는 박 선생님은 그 어린 마음이 너무나 애처로워 상준이의 등을 쓰다듬며 말했다.

"괜찮아, 내가 니 엄마잖아. 넌 내가 가슴 아파 낳은 내 아들이 맞다."

상준이는 1년간의 기간을 다 채우고도 센터에 남았다. 친어머니는 여전히 연락이 되지 않고, 재혼한 아버지 역시 상준이가 돌아오길 원치 않아 돌아갈 집이 없었기 때문이다. 그동안 상준이는 인문계 고등학교에도 진학하였고, 선도부장까지 되어 성실히 학교생활을 하였다.

2012년 여름. 창원지방법원 대회의실에서 곽경택 감독을 초청하여

'친구야, 폭력은 안 돼'라는 주제로 학교폭력 예방을 위한 강연회를 열었다. 회의실 안은 각 센터에서 온 소년들과 내·외빈 등으로 발 디딜 틈이 없었다. 임시로 마련한 의자까지 동이 나는 바람에 늦게 온 사람들은 뒤에 서서 강연을 들어야 했는데 그곳에서 박 선생님과 상준이가 작은 소리로 티격태격하는 모습을 보았다.

"야! 야! 아들! 이리로 와서 앉아라. 서 있으면 다리 아프잖아."

의자에 앉아있던 박 선생님이 옆자리를 맡아놓고 뒤에 서 있는 상준이를 향해 손짓을 하고 있었다. 여드름이 불거진 상준이는 자신을 어린아이 취급하는 박 선생님이 못마땅한 듯 주변을 의식하며 볼멘소리로 대답했다.

"난 됐다고~ 엄마나 앉아 있으라고~ 창피하게시리."

"뭐가 창피하노. 시간이 한참 걸릴 건데, 다리 아프다니까~"

상준이가 서서 강연을 듣는 것이 마음에 걸린 박 선생님은 연신 손짓을 했고, 상준이는 "아~ 됐다고~ 아, 그만하라고 창피하니까." 하며 짜증을 내고 있었다. 엄마와 사춘기 아들 사이에서 흔히 볼 수 있는 장면을 연출하는 두 사람의 모습이 너무도 정겨웠다.

#08

결코 누구도 버려서는 안 된다

 열다섯 살인 영배는 초등학교를 다닐 때부터 학교에 가는 날보다 안 가는 날이 더 많을 정도로 학교생활에 적응을 못하고 돈을 훔치는 등 비행을 저지르고 다녔다. 영배가 갓난아이였을 때 가출한 어머니는 그 이후 한 번도 영배를 보러 온 적이 없었고, 아버지는 춤추러 다니는 데 열중하여 영배에게 관심이 전혀 없었다. 방치되어 자란 영배는 배가 고파 절도를 일삼다가 중학교 1학년 때 가출하여 이곳저곳을 떠돌아다니며 숱한 비행을 저지르다 붙잡혀 결국 소년재판을 받게 되었다.
 비행 횟수와 내용, 상습성, 가정환경 등으로 볼 때 재비행할 가능성이 매우 높았기 때문에 영배를 소년원에 보내는 것이 과한 처분이라고는 할 수 없었다. 하지만 비정상적인 집안 환경, 어린 나이와 또래보다 왜소하고 비쩍 마른 몸을 감안하면 장기간의 소년원 생활이 오히려 영배에게 나쁜 영향을 미칠 수도 있겠다는 판단이 들었다. 그동안 받아보지 못한 가정의 따뜻함을 맛보게 하고, 그것을 계기로 영배가 더 이상 비행을 저지르지 않기를 기대하며 보호관찰을 조건으로 열린센터에 보냈다. 그런데 영배는 나의 바람과는 달리 여전히 몸에 배인 나쁜 습관을 끊지 못하고 센터를 무단이탈하거나 절도를 저지르며 센터 운영자분들을 힘들게 했다.

2011년 8월 초순 열린센터의 이진숙 선생님에게서 전화가 왔다. 목소리에 힘이 없었다.

"판사님, 영배가 너무 속을 썩입니다. 특단의 조치를 취해주세요."

이 선생님은 열린센터에서 어머니로서 무한한 사랑으로 보호소년들을 감싸며 애정을 베풀어주고 있었는데 그분이 오죽 못 견뎠으면 이런 전화를 주실까 싶어 보호처분을 변경할 요량으로 사무실로 영배와 함께 나오시라고 하였다.

다음 날 오전에 이 선생님과 영배가 사무실을 방문하였다.

나는 영배에게 호통을 쳤다.

"소년원에 보내지 않은 것만 해도 감사하게 생각하고 생활을 잘해야지 자꾸 선생님 속을 썩이면 되겠어? 오후에 재판을 다시 할 거야. 반성하는 태도에 따라 소년원에 보내든지 말든지 결정할 테니까 그동안 반성문을 써놔, 알겠어?"

그리고 소년부 참여관에게 일단 영배를 소년법정에 있는 철창 안에 가둬두라고 하였다.

시간이 흘러 오후 4시경 이 선생님과 영배를 사무실로 불렀다. 이 선생님의 얼굴이 부은 듯 보였지만 별다른 생각 없이 영배가 쓴 반성문을 읽었다. 그런데 반성문을 보니 진지하게 반성하는 것 같지가 않았다. 너무 어릴 때부터 그릇된 생활이 몸에 배어 본인의 잘못을 인지하지 못하고 겁 없이 비행을 저지르는 것 같았다.

나는 영배가 정신을 차릴 수 있도록 큰 소리로 말했다.
"영배를 10호처분하겠습니다. 이 선생님은 그만 돌아가십시오."
"예?"
내 말에 이 선생님의 안색이 변하면서 풀썩 주저앉았다.
"아이고 판사님 안 돼요. 전 그냥 따끔하게 혼 좀 내달라고 데리고 온 거예요. 제가 센터에 다시 데리고 가서 잘 지도할게요. 이 어린 것을 소년원에 보내시다니 안 됩니다, 안 돼요."
이 선생님의 눈에는 폭포 같은 눈물이 흘러내렸다. 그러나 나는 이 기회에 영배의 버릇을 따끔하게 고쳐놓아야겠다고 생각하고, 오히려 목소리를 더 높여 말했다.
"안 됩니다. 그렇게 기회를 줬는데도 정신을 못 차리면 소년원에 가서 고생하는 수밖에 없습니다. 그렇지 않습니까?"
"아이고 판사님, 이 어린 것이 무슨 죄가 있습니까? 부모가 따뜻하게 거둬주고 안아주었다면 이 아이가 이렇게까지 잘못됐겠습니까? 제발 기회를 한 번만 더 주세요. 제가 잘 교육시켜보겠습니다."
이 선생님은 그야말로 내 바짓자락이라도 붙잡고 매달릴 것처럼 보였다.
"이 선생님 마음을 알겠지만 그만 돌아가주십시오."
"못 가요. 저 어린 것을 놔두고 억장이 무너져서 못 가요."
하지만 나는 안 된다고 단호하게 말하고 돌아가시라며 이 선생님을 판사실 밖으로 나가시도록 하였다.
조그맣고 비쩍 마른 영배는 이 선생님이 쫓겨나자 겁을 집어먹고 암담한 표정이 되었다. 영배는 아직 철이 없는 데다 기초 학습이 전혀 되지 않아 인지능력도 많이 떨어졌다. 나는 그런 영배와 왜 자꾸 말썽을 부리는지, 왜 그러면 안 되는지 한참 이야기를 나누었다. 그리고 고심 끝에 한 번만 더 기회를 주기로 했다. 친자식이 아닌데도 늘 속을 썩이기만 하는 남의 아이를 돌보며 친어머니 이상으로 가슴 아파하고 애간장을 태우는 이 선생님의 눈물을 생각하니 마음이 애잔했다. 그래서 다시 한 번 영배에게 만약 이런 일이 한 번 더 있을 경우에는 각오하라며 으름장을 놓고 단단히 주의를 준 다음 밖에서 기다리고 계시던 이 선생님을 판사실로 다시 들어오게 하였다.

"한 번만 더 기회를 주겠는데, 다음에는 절대로 안 됩니다. 아시겠지요?"

내 말을 듣더니 이 선생님은 그쳤던 눈물을 다시 쏟아내며 "감사합니다. 감사합니다." 하고 수없이 고개를 숙여 인사를 했다.

영배의 손을 잡고 돌아가는 이 선생님을 보며 참여관이 말했다.

"영배가 철창 안에 들어가 있는 네 시간 동안 이 선생님은 계속 울고 계셨어요. 영배는 반성문을 쓰다가 말고 코를 골고 자는데 이 선생님은 판사님이 언제 이 아이를 풀어주시냐고 안절부절못하면서 철창을 붙들고 계속 우셨어요. 눈물을 닦느라 사각 휴지 한 통을 다 쓰시고……."

나는 그제야 판사실로 온 이 선생님의 얼굴과 눈이 그토록 퉁퉁 부어 있었던 이유를 알 수 있었다. 나중에 들은 얘기지만 그날 이 선생님은 만약 내가 영배를 소년원에 보내기라도 하면 판사실 문 앞에 주저앉아 대성통곡하며 시위까지 할 생각이었다고 한다.

그러나 이 선생님 앞에서 다시는 그러지 않겠다고 손가락을 걸고 약속했던 영배는 두어 달 잘 지내는 듯싶더니 다른 친구의 꼬임에 넘어가 또 무단이탈을 하고 말았다. 어릴 적부터 떠돌아다니며 생활하던 아이인지라 한 곳에 머무르는 생활을 견디지 못했던 것이다. 이 때문에 영배는 결국 6개월간 소년원에서 생활하는 9호처분을 받았다. 그런데 영배는 소년원에서 나온 이후에도 계속 절도를 일삼다 구속이 되어 다시 소년재판을 받게 되고 말았다.

2012년 11월, 법정에서 영배를 다시 보았다. 마음이 착잡했다. 소년원에서의 생활이 더욱 나쁜 영향을 미쳤다는 것이 영배의 눈빛과 행동을 통해 읽혀졌다. 국선보조인도 영배가 정신적·심리적으로 문제가 있어 보인다고 하였다. 비행 횟수와 내용에 비추어보면 장기간 소년원에 송치하는 것이 마땅했지만, 그랬다가는 영배가 더욱 악화될 것이 불 보듯 뻔했다. 영배에 대하여 어떤 처분을 할지 결정을 내리기가 어려웠다. 심리를 한 번 연기하기까지 하며 고심하였으나 쉬이 처분을 내리기가 힘들었다.

따끔하게 처벌하는 것도 반드시 필요하다. 하지만 절도의 상습성이 고착될 경우에는 영배가 성인이 되어서도 범행을 그치지 않을 것이고, 그렇게 되면 결국 그 부담은 사회로 돌아올 것이 분명하였다. 관심과 배려로 영배의 정신심리상태를 회복시켜줄 필요도 절실했다. 영배의 시계는 지금 멈춰 있다. 소년법의 용서와 관용의 정신이 묵직하게 마음을 눌렀다. 나는 영배에게 마지막 기회를 주기로 마음먹었다.

영배를 소망센터에 위탁하는 처분을 내리자 이 소식을 들은 이 선생님은 부산에서 창원까지 한달음에 달려오셨다. 선생님은 나와 함께 밥을 먹고 있는 영배를 보자마자 "이 똥돼지야!" 하고 소리를 지르며

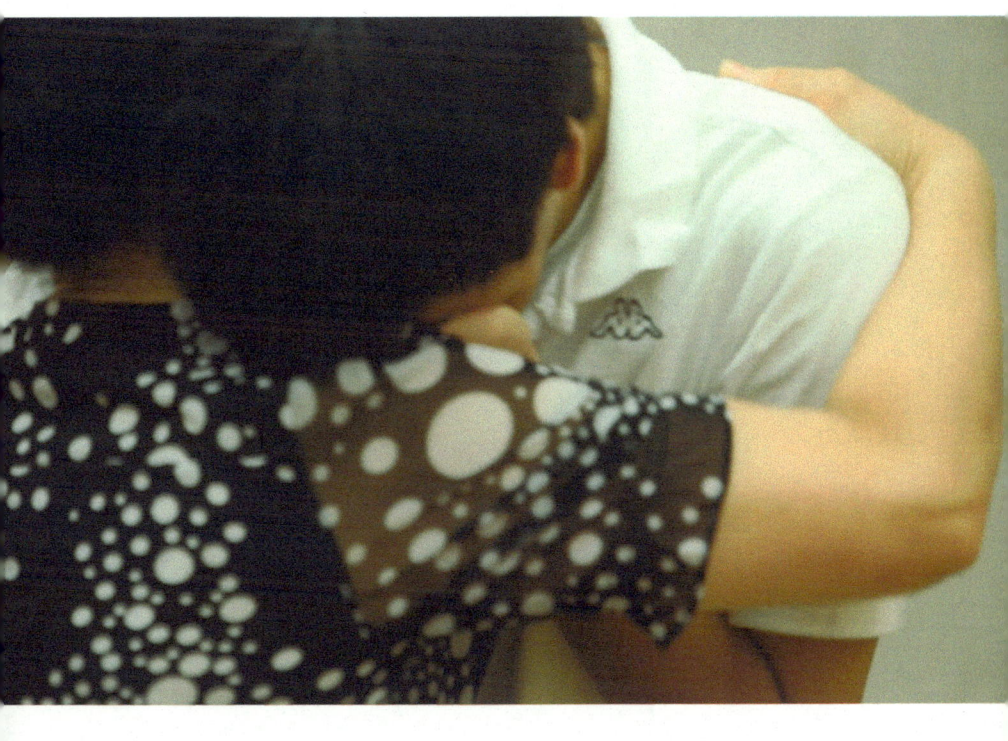

따뜻한 온기를 받아보지 못하고 자란 아이들이
세상에서 버림받았다는 절망으로
자신을 성급히 포기하는 일만은 없기를
간절히 바랍니다.

머리를 쥐어박았다. 그동안 가슴 졸이며 눈물로 걱정하던 이 선생님의 마음이 읽혀졌다. 그러면서도 아이가 애처로운지 머리를 연신 쓰다듬으며 "아이구 세상에 이렇게나 많이 컸네, 한 뼘도 넘게 자랐어. 그동안 고생했지, 많이 먹어라." 하고 잔소리를 섞어가며 아이에게 찬을 이것저것 끌어다주며 챙기는 것이었다.

그 모습을 보고 있으려니 법정에서 소년들에게 가끔 낭독시키는 시 한 구절이 조용히 떠올랐다.

사람들은 상처로부터 복구되어야 하며
낡은 것으로부터 새로워져야 하고
병으로부터 회복되어야 하고
무지함으로부터 교화되어야 하며
고통으로부터 구원받고 또 구원받아야 한다
결코 누구도 버려서는 안 된다
기억하라
만약, 네가 도움을 주는 손이 필요하다면
너의 팔 끝에 있는 손을 이용하면 된다
네가 더 나이가 들면 손이 두 개라는 것을 발견하게 될 것이다
한 손은 너 자신을 돕는 것이고
다른 한 손은 다른 사람을 돕는 것이다

「아름다움의 비결」, 샘 레븐슨

#09

아이구, 명철아. 센터장님 마음 상하시겠다

열네 살인 명철이는 어릴 적에 아버지가 돌아가시고 재혼한 어머니와도 연락이 끊겨 할머니와 단둘이 살아왔다. 명철이는 약간의 지적 장애도 있고 또래 아이들에 비해 키도 작고 몸도 왜소하고 목소리도 가늘지만 천진난만한 미소로 왠지 동정심을 자아내는 아이다.

초등학교 6학년 때 절도죄로 소년보호처분을 받은 것을 시작으로 그 후로도 몇 번이나 더 보호처분을 받았던 명철이는 지능이 좀 떨어지는 데다 속없이 착한 면이 있어 이른바 '빵셔틀'을 당하며 비행소년들에게 '호구' 취급을 받고 있었다. 그런데도 어울릴 친구가 그리워선지, 아니면 그 애들과 있으면 자신도 세진다는 느낌이 드는 것인지 줄곧 따라다니다 비행에까지 동참하여 소년보호처분을 받게 된 것이다. 하지만 정해진 준수사항을 잘 지키지 않아 보호관찰소에서 보호처분의 변경을 신청하였다.

그런 이유로 2010년 5월, 명철이에 대한 보호처분 변경신청사건의 심리가 이루어졌는데, 절도의 상습성이 매우 높아 소년원에 보내는 방안도 고려해보았으나 나이가 너무 어리다는 점을 참작하여 가출청소년들을 위한 쉼터인 하라쉼터에 보냈다. 당시에는 사법형 그룹홈이 생기기 전이었다. 적응을 잘 못할지도 모른다는 우려와는 달리 명철이는 하라쉼터에서 6개월간의 위탁생활을 착실하게 마쳤다. 하지만 고령의 할머니만 계신 집으로 돌려보냈다가는 다시 비행을 저지를 것이 분명하기에 할머니와 본인의 동의를 얻어 위탁기간을 연장한 뒤, 그곳에서 6개월을 더 머물게 하였다.

그런데 위탁기간이 연장된 이후 하라쉼터에서 생활하는 친구와 함께 가출하여 재비행을 저질렀고, 이로 인해 보호관찰소에서 다시 보호처분 변경신청을 하였다.

2011년 7월, 명철이에 대한 심리가 다시 열렸다. 분류심사서에는 명철이에게 6개월간 소년원에 보내는 9호처분을 내려야 한다는 의견이 제시되어 있었으나, 지적 상태, 신체발육 상태, 나이, 가정 형편 등을 고려할 때 소년원에 송치하기는 아직 이르다고 판단되어 그 무렵 마산에서 개소한 사법형 그룹홈인 소망센터에 위탁하는 1호처분을 내렸다.

2개월이 지난 2011년 9월, 소망센터의 센터장과 명철이를 포함한 소년 네 명이 사무실을 방문하였다. 그들에게 센터 생활을 잘하지 못하면 어떻게 되는지를 으름장을 놓아 설명해주고 6개월간 생활을 잘하라고 신신당부하였다.

그러던 중 장난삼아 명철이에게 물었다.

"소망센터와 하라쉼터 중 어느 곳이 좋으니?"

그러자 명철이는 센터장님이 바로 눈앞에 있는데도 인정사정없이 이렇게 말했다.

"하라쉼터가 더 좋아요."

이유인즉슨 하라쉼터는 컴퓨터실이 따로 있어서 마음대로 인터넷 게임을 할 수 있기 때문이란다. 너무 솔직한 아이의 답에 소망센터장님 보기가 민망스러웠지만 센터장은 그냥 웃고만 있었다. 나는 속으로 녀석을 원망했다.

'아이구, 명철아. 센터장님 마음 상하시겠다. 센터장님 힘 좀 나시게 소망센터가 더 좋다고 말해주면 안 되겠더냐.'

그러나 사실 명철이는 컴퓨터를 사용할 수 없다는 불만 외에는 센터에서 생활하는 것을 무척 좋아했다. 엄마의 정이 사무쳤던 탓인지 어느 날은 센터장 부부가 자고 있는 방에 몰래 들어가 센터장의 발을 베고 자기도 했다. 그 바람에 잠에서 깬 센터장이 자신의 발목에 침을 잔뜩 흘리고 자는 명철이가 가여워 "이리 온나, 안아줄게. 선생님 팔 베고 자라." 하면 쑥스럽게 웃으며 도망을 가기도 하고, 센터장 남편을 졸졸 따라다니다가 관심이라도 보여주면 부끄러워하면서 얼른 도망을 치기 일쑤였다. 어떤 날은 일찌감치 잠이 든 사이에 슬며시 들어와 잠이 들 정도로 명철이는 센터장 부부를 따랐다. 명철이는 그 후 안정을 찾고 누구보다도 착실하게 센터 생활을 하였다. 비록 지적 장애와 어릴 적부터 마음 붙일 곳을 찾지 못해 떠돌며 비행을 저지르는 생활에 익숙해지긴 했지만 명철이는 결국 정에 굶주린 어린 꼬마였던 것이다.

시간이 흘러 2012년 1월, 아침 출근길에 차 안에서 소망센터장의 전화를 받았다.

"명철이가 6개월간의 생활을 잘 마치고 할머니가 계시는 거창으로 가게 되었습니다. 명철이 바꿔드리겠습니다."

전화를 건네받은 명철이는 기어가는 목소리로 더듬거리며 말했다.

"판사니임~ 죄 지은 사람인데~ 용서해주~셔서 고마압습니다."

"와! 벌써 이렇게 됐나? 판사님이 밥 사줄 테니 점심이라도 먹고 가거라."라고 했더니 명철이는 안 된다고 하였다. 그래서 센터장을 바꿔 달라고 한 다음 같이 점심을 할 수 없겠느냐고 물었다.

센터장이 말했다.

"거창에서 명철이의 할머니가 기다리고 계시는데 식사를 하게 되면 오후 늦게 버스를 타게 되니 할머니가 너무 많이 기다리셔서 아무래도 안 될 것 같습니다."

그런데 말을 잇는 센터장의 목소리가 평소와 달리 좀 흔들리는 듯했다.

"명철이가 집으로 가면 안 되는데요. 돌볼 사람이 없어 또 비행을 저지를 것 같거든요."

"저도 명철이의 상황을 보면 집으로 돌아가는 것을 반대합니다. 하지만 할머니 품을 떠난 지 벌써 1년 6개월이 지났습니다. 명철이가 기필코 집으로 돌아가겠다고 하니 어쩔 도리가 없네요."

내 대답에 소망센터장은 울먹거리는 목소리로 전화를 끊었다. 센터가 생긴 이후 처음으로 퇴소를 하는 아이에 대한 남다른 감회도 있겠지만 평소 자신을 유난히 따르던 데다 지적으로 미숙하고 철없는 명철이가 또다시 비행을 저지르면 어쩌나 하는 걱정에 마음이 쓰이는 것이리라. 나는 속으로 말했다.

'명철아! 집으로 돌아가거든 다시는 이곳에 오지 말거라. 그렇지 않으면 센터장님 또 마음 상하신다.'

그러나 나의 바람은 바람으로 끝났다. 얼마 후 다시 명철이를 이곳에서 보게 된 것이다. 집에 돌아간 이후에도 명철이는 정이 그리워 센터장에게 잘 지내시냐는 안부와 함께 센터의 아이들이 보고 싶다는 전화를 자주 했지만 그것만으로는 외로움을 달랠 수가 없었던지 비행성이 있는 아이들과 다시 어울리기 시작했다. 그리고 재미 삼아 오토바이를 훔친 뒤 타고 다니다 기름이 떨어지거나 하면 아무 데나 버리고 다시 훔치는 비행을 수십 차례 저지르다 구속되어 다시 소년재판을 받게 된 것이다.

소식을 들은 소망센터장은 명철이를 만나러 한달음에 소년분류심사원으로 갔다. 그리고 그곳에서 꼬깃꼬깃 접힌 쪽지를 하나 받았다. 명철이가 건넨 그 쪽지에는 철자법이 엉망인 삐뚤빼뚤한 글씨로 이렇게 적혀 있었다.

약속 몬 지켜서 재송합니다. 다시는 잘몬하지 안갰슴니다. 저를 다시 대리고 가주새요.

억장이 무너진 센터장은 결국 그 자리에서 와락 눈물을 쏟고 말았다.

2012년 11월, 명철이에 대한 심리를 열었다. 11개월 만에 보는 명철이는 그사이 천진난만함이 많이 사라져 있었고 키도 제법 자라 있었다. 게다가 머리에 염색까지 하고 옷깃을 세운 채 한껏 멋을 부린 모습으로 들어오는 모습을 보니 새삼 아이들에게 미치는 세월의 힘이 보이는 것 같았다.

그런데 명철이와 함께 법정으로 들어온 명철이 할머니가 소망센터장이 법정에 있는 것을 발견하고는 다짜고짜 언성을 높였다.

"이 아지매가 또 데리고 갑니꺼? 아이를 데리고 가서 공부도 안 시키고 기술도 안 가르쳐주고 팽팽 놀려서 아이가 또 이렇게 죄를 지었으니, 이 아지매는 못 데리고 가게 해주이소. 이 아이는 소년원에 가야 합니더. 가서 직업교육을 받아야 합니더."

6개월간 명철이를 지극정성으로 돌보았던 센터장은 그야말로 자다가 날벼락을 맞은 꼴이었다. 마구잡이로 센터장에게 억장 무너지는 소리를 퍼붓는 할머니를 계속 두어서는 안 되겠다 싶어 중간에 끼어들었다.

"할머니, 그동안 명철이를 보살펴준 센터장님한테 고마워하셔야지 오히려 이게 무슨 말씀입니까?"

나의 제지에도 여든이 넘은 명철이 할머니는 어디서 그런 힘이 나오는지 커다란 목소리로 계속 지치지도 않고 소리를 질러댔다.

"다시는 저 여자한테 보내지 마이소. 기술도 가르쳐주고 공부도 가르쳐준다는 소년원으로 우리 명철이를 보내주이소."

웃어야 할지 울어야 할지…….

할머니는 소년원을 기술 가르치고 공부 가르치는 공짜 학교 정도로만 알고 있었다. 시골에서 평생을 살아온 할머니는 손자를 고칠 수 있는 방법이 '기술'과 '공부'라고 철석같이 믿고 있었다. 하지만 명철이는 지적 능력이 떨어져서 공부나 기술 습득이 용이하지 않은 편이고, 나이도 아직 어린 데다 조금 자라기는 했으나 여전히 왜소한 체격이라 집단적이고 폐쇄된 소년원 안의 거친 아이들 틈에서 안정되게 생활할 수 있을지도 의문이었다.

나는 소망센터장에게 미안해서라도 할머니가 사과를 하도록 만들고 싶었지만 할머니는 여전히 명철이가 재비행을 저지른 게 센터장 탓이라며 소란을 피웠다. 일단은 할머니를 진정시켜야 했다.

"할머니 자꾸 이러시면 명철이를 소년원에 보내지 않을 겁니다."

나의 말에 할머니는 순간 멈칫했다. 하마터면 웃음이 터질 뻔했다. 이게 무슨 코미디란 말인가.

하지만 겉으로는 짐짓 근엄한 표정을 지으며 말했다.

"센터장님이 얼마나 명철이를 정성스럽게 대했는지 아십니까? 여느 집 부모보다 더 사랑을 주며 보호했어요. 그에 대해 감사는 못할망정 원망을 하시면 어떡합니까? 센터장님께 사과하세요."

그러나 할머니는 고개를 외로 틀며 외면했다. 나는 그동안 수고한 센터장을 위로하기 위해서라도 꼭 할머니의 사과가 있어야 한다고 생각했다.

"할머니께서 사과하지 않으면 명철이를 절대로 소년원에 안 보낼 겁니다."

거듭된 나의 협박(?)에 그제야 할머니는 마지못해 모기 소리만 하게 "죄송합니다."라고 말했다.

가까스로 법정이 평온을 되찾은 뒤 국선보조인에게 의견을 물었다.

국선보조인은 명철이에게 다시 한 번 기회를 달라고 간청했다.

"지금 소년원에 보내시면 어쩌면 명철이의 정신적·심리적 발육이 멈춰버릴지도 모릅니다. 조금이라도 더 사랑과 애정을 받은 뒤에 보내도 늦지 않습니다. 한 번 더 기회를 주셔서 청소년회복센터에서 생활할 수 있도록 하시는 것이 어떠신지요?"

국선보조인의 의견이 충분히 일리가 있었으므로 명철이를 어디로 보낼지에 대해 청소년회복센터의 센터장들과 의견을 나눌 필요도 있었다. 그래서 재판을 2주 뒤로 연기하고 명철이를 소년분류심사원으로 돌려보냈다.

법정 밖에서 국선보조인이 소망센터장에게 다시 한 번 명철이를 돌봐줄 수 있겠느냐고 물었다. 하지만 센터장은 "안 할 거라예. 좋은 소리도 못 듣고 오히려 원망만 듣는데 내가 왜 명철이를 받아야 합니꺼?" 하고 말하였다.

사람 좋기로 소문난 분인데 이번엔 어지간히 속이 상하셨나 보다. 하긴 법정 사람들이 다 보는 앞에서 막말을 듣고 모욕을 당했으니 그럴 만도 했다. 하지만 있는 대로 속이 상한 얼굴로 돌아간 센터장은 언제 그런 일이 있었냐는 듯 명철이가 있을 자리를 마련하고 입힐 옷도 장만하며 아이 맞을 채비를 하고 있었다.

2주 뒤 명철이에 대한 재판이 다시 열렸다. 할머니도 멀리서 다시 참석했다. 국선보조인은 다시 한 번 명철이를 청소년회복센터에 보내줄 것을 간곡히 부탁했다.

"안 됩니다. 또 도망치고 비행을 저지를 것 아닙니까?"

나는 일부러 엄격하고 단호하게 말했다.

"도망 안 가고 착하게 살겠습니다."

명철이가 다급하게 대답했다.

"안 된다. 소년원에 가거라."

나의 엄격한 말에 국선보조인은 명철이에게 기회를 달라며 거듭 거듭 간청했다.

"그럼 국선보조인이 책임이라도 지실 겁니까?"

이 말에 국선보조인은 한 치의 망설임도 없이 "예. 제가 책임지겠습니다." 하고 대답했다. 다시 물었으나 답변은 마찬가지였다. 그래서 나는 마음 약한 명철이에게 으름장을 놓았다. 충격요법인 셈이다.

"지금 국선보조인이 너를 위해 책임을 지신다고 하셨다. 그러니 단 하루라도 센터를 벗어나면 안 된다. 자신 없으면 소년원에 가거라."

"자신 있습니다."

나는 명철이에게 청소년회복센터로 보내는 처분을 내리기로 마음을 굳혔다. 그러나 소망센터에 보내기보다는 다른 센터로 보내 새롭게 시작하게 하는 것이 타당하다는 생각으로 명철이에게 2년간의 보호관찰, 80시간의 사회봉사, 경청상담교육센터에서 40시간의 정신심리치료강의 수강을 조건으로 샬롬센터에 보내는 1호처분을 내렸다. 거기에 6개월간의 야간외출금지도 부가하였다.

그러자 명철이 할머니가 이의를 제기했다.

"아이가 어디로 간다꼬요? 저 아지매가 데리고 간다꼬요? 명철이는 소년원에 가야 되는데요."

국선보조인이 서둘러 명철이와 할머니를 데리고 법정 밖으로 나가 설득시켰다. 하지만 할머니는 국선보조인과 샬롬센터장이 아무리 설명해도 명철이를 소년원에 보내주지 않은 것에 대해 화를 풀지 않고 "명철이를 왜 자격증 공부하는 데 안 보내줍니꺼? 소년원에 있으면 돈이 안 드는데 사회봉사 다니면 차비가 들지 않습니꺼?" 하고 따졌다.

물론 할머니의 소년원에 대한 열망(?)은 손자에 대한 지극한 사랑에서 비롯된 것이다. 그러나 청소년회복센터의 운영자들의 사랑과 관심, 안정된 보금자리, 경청상담교육센터의 교육적 돌봄이 아이에게 더 유익하고 제대로 자랄 수 있는 힘이 된다는 것을 조금은 알아주셨으면 좋겠다. 샬롬센터로 향하는 명철이의 뒷모습을 보며 속으로 이렇게 말했다.

'아이구, 명철아. 이번에는 국선보조인의 마음을 상하게 해서는 안 된다. 알겠지?'

#10

우리 아빠야 ♥

인생은 관계의 연속이라고 할 수 있다. 따라서 누군가와 관계를 맺고 유지하고 끝맺음하는 관계능력이 인생의 성공과 실패를 좌우한다고 해도 지나친 말은 아닐 것이다. 같은 맥락에서 관계능력의 기초를 제대로 닦지 않은 사람은 그렇지 않은 사람에 비해 인생에서 실패할 확률이 높다고 볼 수 있다.

그런데 이러한 능력은 오로지 '인간 대 인간'의 관계를 통해서만 함양된다. 극단적이고 지극히 드문 예에 속하긴 하지만 어릴 때 사람들과 전혀 관계를 맺지 못한 채 야생에서 동물들에 의해 양육되었던 아이들이나, 끔찍한 학대 속에 몇 년 동안 고립되고 폐쇄된 공간에서 지내다 발견된 아이들의 사례는 이를 명확하게 보여준다. 이들의 공통적인 특징은 발견 이후, 어떠한 학습으로도 언어능력이 계발되지 않고 영구적인 발육장애를 보인다는 것이다. 똑같은 뇌를 가진 인간인데도 어째서 그렇게 되는 것일까. 이유는 바로 학습능력이 가장 발달하는 어린 시절에 관계능력이 계발되지 못했기 때문이다.

사람들은 사회에 발을 내딛기까지 대개 가정과 학교에서 관계능력을 함양해나가는 데 특히 중요한 곳이 바로 가정이다. 대부분의 사람들은 가족관계를 통해 인간으로서 갖춰야 할 기본 자질을 자연스럽게 키워나간다. 그런데 비행소년들 중에는 안타깝게도 가족의 해체나 가족 내부의 심각한 불화로 인해 이런 경험을 원천적으로 빼앗긴 아이들이 많다. 또 학교를 중도에 포기한 경우도 많아 관계능력을 함양할 기회가 상대적으로 줄어들기 때문에 평범한 또래 아이들에 비해 이러한 능력이 현저히 떨어지거나 문제가 있는 소년들이 많다. 이는 비행소년들이 사회에서 자립하여 살아갈 가능성이 일반 아이들에 비해 낮다는 것을 의미한다. 이러한 현상은 개인에게도 불행한 일이지만 결국 사회적 부담의 증가로도 이어질 수밖에 없기 때문에 가정의 회복이 무엇보다 중요하다. 비행소년들의 경우 대안가정이 이러한 역할을 대신할 수 있다.

청소년회복센터는 바로 그러한 역할을 감당하기 위해 시작한 것이다. 청소년회복센터는 소년들로 하여금 다양한 사람들을 접할 수 있게 하고, 이를 통해 건전하고 성숙한 어른으로 자랄 수 있도록 많은 노력을 기울이고 있는데, 이를 위해서는 우선 청소년회복센터가 열린 공간이 되어야 한다. 자원봉사자 등 다양한 사람들이 폭넓게 드나들어 소년들이 그곳에서 보호받고 있는 동안만이라도 유익한 경험을 할 수 있도록 배려하는 것이 무엇보다 중요하다.

다만, 자원봉사자들이 한 가지 염두에 두어야 할 것은 소년들이 청소년회복센터에 위탁된 것은 비행을 저질렀기 때문이라는 것을 명심하고, 소년들의 재비행 예방을 위한 센터 운영자들의 운영원칙을 최대한 존중해주어야 한다는 것이다. 자칫 잘못하다가는 아이들에 대한 동정심에 휘말려 운영자들을 곤란에 빠뜨리게 할 수도 있다.

소년들에 대한 인적·물적 지원은 소년들의 관계능력을 향상시킬 뿐만 아니라 소년들이 가지고 있는 사회에 대한 적대감을 누그러뜨려 그들로 하여금 건전하고 성숙한 어른으로 자랄 수 있게 할 것이다.

2010년 12월 15일 저녁에 창원보호관찰소의 후원으로 청소년회복센터 소년들 40여 명과 함께 파리나무십자가 합창단의 공연을 보러 마산 3·15아트센터에 가기로 하였다. 공연을 보기 전에 로템의 집에서 식사를 하기 위해 유승정 창원지방법원장께서 주신 금일봉으로 마련한 목도리를 들고 로템의 집을 방문하였다.

당시 로템의 집에는 법원에서 보내진 소녀들이 여덟 명 있었는데 목도리를 크리스마스 선물로 주니 아주 좋아하였다. 그런데 그중 수향이가 나에게 달려들어 안기며 다른 아이들에게 "우리 아빠야!" 하고 말하더니 투명한 비닐 포장지에 싸인 종이로 만든 크리스마스트리를 자랑스럽게 내밀며 "판사님, 제가 만든 거예요. 메리 크리스마스!"라고 즐거운 목소리로 외쳤다. 순간 조금 당황이 되었다. 아이의 행동이 평소와 너무 달랐기 때문이다.

수향이는 편의점에서 일을 하다 점장의 성추행을 견디다 못해 편의점 계산대 안에 있던 돈 중 일부를 그동안 일한 것에 대한 급여라며 가지고 나왔다가 절도죄로 소년보호처분을 받았다. 그 점장과의 문제를 정리하는 한편 수향이를 보호하기 위해 본인의 반대에도 불구하고 로템의 집에 보호를 의뢰하는 처분을 내렸었다. 그 이후 몇 번 로템의 집에 찾아갈 기회가 있었는데, 그때마다 수향이는 자신을 이곳에 보냈다고 불평을 하곤 했었다. 그런데 그랬던 수향이가 느닷없이 180도 달라진 태도를 보이니 어안이 벙벙할 수밖에. 잠시 후 관장에게 어찌된 영문인지 여쭤보았다.

"수향이가 최근에 종이접기 1급 자격증을 취득하였는데 이것이 아마 아이를 크게 변화시킨 것 같습니다."

관장의 말에 비로소 수향이가 눈에 띄게 밝아진 이유를 알 수 있었다. 자격증 취득이 희망과 꿈이 되어 그 아이를 서서히 비행에서 벗어나게 했고, 이곳으로 자신을 보낸 나를 더 이상 원망하지 않게 만든 것이다. 좋아하는 일을 하고, 그 일로 자격증까지 따낸 수향이가 기특하고 대견했다. 하지만 수향이도 이곳에 와서 보다 다양한 사람들과 만남을 갖지 못했다면 자신이 종이접기에 특별한 재능이 있다는 것도, 또 그런 자격증이 있다는 사실조차 몰랐을 것이다.

수향이의 밝은 표정과 섬세한 손길로 정교하게 만들어진 종이 트리를 보는 순간 이루 말할 수 없는 감동이 밀려왔다. 더구나 그 속에는 여덟 명의 소녀가 쓴 쪽지도 끼워져 있었다.

> 안녕하세요 판사님, 제 이름 기억해주신다고 하셨었는데, '김수향' 기억나세요? 전 로뎀에서 열심히 잘 생활하고 있답니다^^
> 왜 진작에 이곳에 오지 않았나라는 생각이 들 정도로 좋아요♡♡
> 제가 만든 크리스마스트리로 좋은 일들만 가득하셨으면 좋겠어요.
> 이제 사고 안 치고 정직하게 살겠습니다.
>
> 판사님~ 보호관찰받는 아이들 좀 잘 부탁드려요!

겉모습은 안 좋지만 다 속마음은 달라요^^ 잘~부탁드려요!

판사님♡ 겨울인데 추우니 옷 따뜻하게 입으시고 감기 조심하세요ㅎ♡
이젠 사고 안 칠게요!

판사님 안녕하세요!
판사님에게 쓰는 두 번째 편지인데, 한 장은 못 전해줬네요...
아무튼 판사님 존경하고 존경합니다! 항상 좋은 일만 가득하세요♡

판사님 쉼터 생활하면서 보호관찰 잘 받을게요^^
전화도 꼬박꼬박 잘 받을게요.

판사님! 안녕하세요! 저는 로뎀의 집에 사는 열여섯 살 미라라고 합니다.ㅎ
판사님 자주 뵈었는데~ 작은 체구이지만 카리스마가 넘치셨어요! 부럽습니당ㅠㅠ 잉잉

판사님 안녕하세요^^! 중3 열여섯 살 김은혜라고 합니다! 로뎀에 온 지 이제 막 2개월을 넘겼는데요.. 판사님에 대해서 잘 모르고 있었지만... 지금부터 잘하면 되죠!? 저는 로뎀에서 착하게! 성실하게 지내겠습니다^^! 감사해요~

로데미들과 함께 공연을 보기 위해 마산 3·15아트센터로 이동했다. 로비에 도착하여 공연을 기다리고 있는데 갑자기 아이들이 우르르 몰려와 함성을 지르며 실랑이를 벌이기 시작하였다. 수향이가 다른 센터의 아이들이 보는 앞에서 또다시 나를 향해 "우리 아빠다."라고 말했기 때문이었다. 그 말을 들은 각 센터의 아이들이 아우성을 치며 모두들 내가 자기들 아빠라며 둘러싸고 내 팔다리를 한 짝씩 떼어갈 태세로 소란이 벌어졌다. 입장 시간이 되어 겨우 그들을 진정시킨 다음 홀 안으로 들어갔다.

이런 공연을 처음 보았기 때문인지 공연 초반에 소년들 중 일부가 야유 비슷한 소리를 냈다. 미처 생각지 못해 사전에 교육을 시키지 못한 것이 마음에 걸렸다. 하지만 공연이 계속되자 아이들은 공연장의 분위기에 흠뻑 빠져 들었고, 후반부에 합창단이 한국어로 〈마법의 성〉과 〈나의 살던 고향〉을 부르자 어떤 소녀들은 눈물을 흘리기도 했다. 공연도 아이들의 모습도 모두 감동적이었다.

너무 이른 나이에 불친절한 삶에 내던져져 이곳에 와 있지만 아직은 모두 순수함을 지니고 있는 아이들일 뿐이다. 그들에게 아름다운 것을 보고 듣고 배울 수 있는 기회를 많이 만들어주어 감성을 일깨우는 자리를 마련해줄 수 있었으면 좋겠다. 아름다움에 대한 감수성을 기르는 일이야말로 사람을 가장 사람답게 만드는 길이기 때문이다. 다행히 요즘은 경청상담교육센터에서 청소년회복센터의 아이들을 위해 문화공연이나 문화탐방 등 다양한 행사를 열어주니 감사할 따름이다.

#11

경희야, 딴생각 말고 훌륭한 화가가 되자꾸나

소년법은 소년의 건전한 육성을 그 목적으로 하는데, 이것은 '소년을 비행 또는 범죄에서 벗어나게 하여 스스로의 힘으로 자립해서 살아가는 인간으로 성장하게 하는 것'이라고 할 수 있다.

소년의 건전한 육성을 위한 1차적 목표는 재비행의 예방이지만, 이것만으로는 충분하지 않다. 스스로의 힘으로 자립해서 살아갈 수 있도록 만드는 것이 바로 소년의 건전한 육성이 될 수 있다.

소년이 자립해서 살아가게 하는 데 있어 무엇보다 중요한 것은 직업을 갖게 하는 것이다. 생계를 이어갈 수 있는 기술이나 기능을 가지고 있다면 비행이나 범죄를 저지를 가능성이 낮아진다.

비행소년들 중에는 학업을 중도에 포기한 경우가 많고, 중학교 과정도 이수하지 못한 소년들도 상당수이다. 제대로 된 직업교육을 받을 기회도 거의 없다. 청소년회복센터에 맡겨진 소년들 중에는 아르바이트를 하는 경우도 있지만 이들이 얻을 수 있는 일감이라고는 대부분 배달이나 홀서빙 등의 단순노동이다. 이대로 방치한다면 사회적 출발선에서부터 불리한 위치에 놓인 그들은 직장을 제대로 구할 수 없고 자립을 이루기 어려워 성인이 되어서도 범죄의 유혹에 쉽게 빠져들 것이다.

2012년 11월, 자운영센터에서 생활하다 퇴소한 한성이와 용호가 판사실을 방문했다. 소년들의 손에는 떡 상자가 쥐어져 있었다.
"그게 뭐고?"
"센터 생활을 마친 뒤 취직하였는데 첫 월급을 탔기에 판사님께 드리려고 사 왔습니다."
"그래? 대단하구나!"
마치 첫 월급을 타서 부모님께 속내의를 사드리는 것처럼 내게 떡을 사 온 아이들의 마음이 너무 고마웠다.
"그런데 니 가슴에 단 것은 뭐고?"
한성이의 가슴에 달린 명찰이 법원 출입용이 아니기에 궁금해서 물었다.
"제가 취직한 병원의 직원용 명찰입니다."
한성이가 뽐내듯이 가슴을 내밀며 대답하였다. 아이들은 취직을 했다는 자부심으로 명찰을 그대로 달고 판사실까지 찾아온 것이다.
"와, 그렇나? 진짜 대단하네."
"판사님, 정말 감사드립니다. 판사님 덕분에 소년원에도 안 가고 취직도 했습니다."
"진짜 감사해야 할 분은 센터장님과 스님이다. 이분들의 은혜 절대 잊지 말거라."
"예, 잘 알겠습니다."

두 아이는 활기차게 대답하였다.

돌아가는 길에 한성이가 내 손에 한 통의 편지를 쥐여주었다.

> 옛날에는 아주 어둡고 초라하고 별 볼 일 없는 날카로운 한성이였는데 지금 현재 이곳 생활을 마친 나의 모습은 아름다운 무지개 같은 그런 모습인 것 같습니다. 무지개도 한바탕 소나기가 내리고 난 후에야 아름다운 일곱 가지 빛깔을 내듯이 나도 그와 같았던 것 같았습니다.
>
> 내가 과거엔 어둡고 초라한 가능성이 없을 정도의 아이였지만 지금 이곳을 통하여 밝은 미래만을 기다리게 된 한성이입니다. 이 밝은 미래를 만들기 위해선 얼마나 큰 고통과 아픔을 견뎌야 하는 줄 잘 알고 있습니다. 이것을 알기 때문에 더 노력하고 이것을 알기 때문에 더더욱 인내심을 가지며 남이 걸을 때 뛰는 사람이 될 것입니다.

열세 살인 경희는 2010년 5월 절도 등의 비행으로 소년재판에 넘겨져 보호관찰을 조건으로 보호자에게 맡겨지는 1호처분을 받았으나, 보호처분에 정해진 사항을 잘 이행하지 않아 붙잡혀 소년분류심사원에 임시위탁되었다.

2011년 1월, 경희에 대한 보호처분 변경신청사건의 심리가 열렸다.

분류심사서를 살펴보니, 경희의 아버지는 일찍 세상을 떠났고 어머니는 다른 남자와 동거하고 있었으며 오빠들은 소년보호처분을 받아 보호관찰을 받고 있다고 되어 있었다. 집안 형편이 넉넉지 않아 제대로 보살핌을 받을 수 있는 상황도 아니었다.

그런데 분류심사서에 눈에 띄는 것이 있었다. 경희가 초등학교 때 신문사에서 주최하는 미술대회에서 은상을 받았다는 것이었다. 어려운 가정환경에서 제대로 교육도 받지 못하였을 텐데 그런 상을 받았으니 경희에게 미술 쪽으로 타고난 재능이 있으리란 짐작이 들었다. 그래서 경희와 어머니를 설득시켜 이레센터에 위탁시켰다. 6개월간의 센터생활을 통하여 비행성을 약화시키는 한편 이레센터의 자원봉사자들의 도움을 얻어 경희의 재능을 좀 더 키워주고 싶은 마음에서였다.

며칠 후 경희가 잘 지내는지 궁금하여 이레센터로 찾아갔다. 역시 내 예감대로 경희가 그림을 아주 잘 그린다며 함께 위탁되어 있는 소녀들이 귀띔해 주었다. 그래서 경희에게 한번 보자 하였더니 수줍어하면서도 스케치북에 그린 그림들을 보여주었다. 그림에 문외한인 내가 보아도 상당한 수준이라는 걸 알 수 있었다.

"와 굉장하다, 너는 장차 훌륭한 화가가 될 소질이 있다."

나의 칭찬에 옆에서 지켜보던 분들도 입을 모아 함께 칭찬하기 시작했다. 발그레하게 붉어진 얼굴로 긴장하며 바라보던 경희의 표정이 환하게 밝아졌다.

다시 며칠 뒤인 정월 대보름날 오곡밥을 먹으러 오라는 초청을 받고 스케치북과 파스텔을 사들고 이레센터를 찾아갔다. 경희에게 선물을 건네주자 기쁜 표정으로 밥도 먹지 않고 방으로 달려들어가더니 금세 그림 한 장을 그려서 내게 주었다.

"우아~ 정말 최고다. 판사님이 잘 간직할게. 고맙다 경희야."

내 칭찬에 경희는 얼굴을 붉혔지만 자랑스러워하는 표정이 역력했다.

그 후 경희는 이레센터장의 헌신적인 도움으로 창원으로 전학까지 하게 되었다. 학생 교복 판매업에 종사하는 이레센터의 후원자께서 경희에게 최고급 교복을 선물로 마련해주었다. 장기간의 결석으로 유예가 될 뻔한 것을 막을 수 있어 다행이었다.

얼마 후 다시 이레센터를 방문했을 때 경희는 부끄러워하며 내게 체험수업 납부 통지서를 슬며시 보여주었다. 나는 "아무 걱정하지 말고, 학교에 가서 앞으로 잘 다니겠다고 말씀 드려라."라고 다독여주었다. 경희는 미술 체험수업을 열심히 들으며 학교를 잘 다녔고, 청소년 회복센터에 보내지는 아이들에게 의무지워져 있는 6개월간의 생활을 마치고 무사히 집으로 돌아갔다.

경희는 재비행을 저지르지 않고 지금도 화가를 꿈꾸며 열심히 그림 수업을 받고 있다. 언젠가 우리나라 미술계의 거목으로 자라날 경희의 앞날을 꿈꾸며 나는 멀리서 경희에게 파이팅을 외친다.

"경희야, 딴생각 말고 훌륭한 화가가 되자꾸나. 나는 믿는다. 파이팅!"

#12

판사가 선생님?

과도한 입시 경쟁과 그로 인해 누적된 피로, 또 학교폭력의 증가로 인해 학교가 연일 몸살을 앓고 있다. 하지만 그조차 다닐 수 없는 아이들에게 학교는 여전히 희망의 상징이고 꿈의 목록이다. 많은 비행소년들이 학업을 중도 포기하고 있다. 2011년 통계에 따르면 14세에서 19세의 청소년 중 학업 중퇴 청소년 수가 전국적으로 약 6만 명에 달하고 있다고 한다. 학업을 중도 포기한 비행소년들은 결손가정이나 저소득 빈곤층 출신이 많으므로, 중등학력을 취득하지 못하고 사회로 나갈 경우 일자리를 얻기가 쉽지 않을 뿐만 아니라 얻는다고 하더라도 계속된 저임금에 시달리는 등 빈곤의 악순환을 겪을 수밖에 없다.

이들 중에는 검정고시를 통해 학력을 취득하겠다는 마음을 먹고 있는 소년들도 많지만 여러 환경적 요인으로 인해 스스로 검정고시를 준비하여 합격하기는 매우 어렵다. 청소년회복센터에서도 자원봉사자들이 나서서 많은 노력을 기울이고 있지만 학습지도가 쉽지 않고 합격률도 매우 낮은 형편이다. 아이들이 좀 더 체계적으로 공부를 배울 수 있는 곳이 절실하던 차에 경청상담교육센터장의 소개로 부산에 있는 국제금융고등학교의 곽영호 교감을 만났다.

2011년이 시작된 지 얼마 되지 않은 1월, 처음 만난 자리에서 곽 교감과 비행소년들의 학업문제 등에 관해 많은 이야기를 나누었다. 곽 교감은 이른바 '문제학생'의 지도에 관해서는 일가견이 있는 분이셨고, 그를 통해 많은 학생들이 새로운 꿈을 키워나가고 있었다.

그리고 그로부터 얼마 뒤 교감 선생님으로부터 2년 과정의 속칭 '국제금융고등학교 창원분교'를 개교하겠다는 연락을 받았다. 비행소년들의 성향에 맞추어 수업강도는 그다지 높지 않고, 수업도 선생님들께서 직접 창원으로 오셔서 해주겠다는 것이었다. 그 말을 들은 나는 기뻐서 어쩔 줄 몰랐다. 마치 내 아이의 학교 문제가 해결된 것 같은 기분이 되어 한동안 흥분을 감추지 못했다. 그 후 며칠 동안 생각나는 모든 분들에게 연락하여 분교가 개교되니 학업을 중단한 소년들이 한 명이라도 더 입학할 수 있도록 해달라고 부탁도 했다.

2011년 3월 19일 토요일, 경청상담교육센터에서 역사적인 입학식을 조촐하게 거행하고 첫 수업을 진행하였다. 입학 축사를 하는 동안 감격의 눈물이 나와 참느라 애를 먹었다. 함께 오신 부모님들의 눈은 희망으로 빛났고, 친구를 따라 왔던 어느 아이는 입학식이 진행되는 동안 마음을 바꿔 그날 바로 입학절차를 마치기도 하였다.

처음 시작할 때는 20명으로 출발하였으나 5명이 중도 탈락하고 15명만 2학년으로 승급하였는데, 남은 15명의 소년들은 현재까지도 전혀 재비행을 저지르지 않고 있다. 결손 및 저소득 빈곤층 소년들의 재비행률이 대단히 높은 점(개인적으로 낸 통계에 의하면 적어도 70% 이상에 이른다)을 감안하면 가히 기적이라고 할 수 있다.

이들이 재비행을 저지르지 않고 이 학교를 계속 다니는 이유는 학교가 그들에게 잃었던 꿈과 희망을 되찾아주었기 때문이다. 여러 가지 사정으로 학업을 중도 포기하고 자포자기하는 마음으로 비행을 저지르며 살았었지만, 2년 동안 열심히 하면 고등학교 졸업장을 취득할 수가 있고 대학에도 들어갈 수 있다는 희망이 그들로 하여금 재비행에서 벗어날 수 있는 힘이 되어준 것이다.

이 때문인지 2012년에는 입학을 지원한 소년이 40명을 넘었다. 2011년과 같이 수업이 이루어지는 경청상담교육센터에서 입학식을 거행하려고 했으나 장소가 협소한 탓에 부득이 우성만 창원지방법원장께 법원 대회의실을 입학식 장소로 사용할 수 있도록 부탁드렸다. 법원장께서 흔쾌히 허락해주셔서 창원지방법원의 직원들을 포함한 많은 내·외빈의 축복 속에 2012년 3월 5일 월요일 오후에 제2회 입학식을 성대하게 치를 수가 있었다.

법원에서 입학식이 열렸다는 기사를 읽고 어떤 분들은 '판사가 선생님이냐', '법원이 마을회관이냐'라는 등의 우스갯소리를 하기도 하였다. 하지만 그분들 역시 비행청소년들이 마음을 잡고 공부하는 모습을 대견하게 생각하며 마음 깊이 응원을 보내주었다.

국제금융고 창원분교의 탄생은 소년들에게만 희망의 끈이 되어준 것이 아니라 비행소년의 부모들에게도 한줄기 빛이 되었다. 학교를 통해 자녀와의 관계를 회복할 수 있는 길이 열리게 된 것이다.

국제금융고 창원분교에 아들을 입학시킨 분이 보내준 감사 편지에는 다음과 같은 내용의 글이 있다.

모든 게 잘못되어갈 때 이 못난 아버지는 고개를 숙였습니다.

어떤 아이는 부모를 잘 만나 행복을 느끼고 있겠지만, 저는 행복을 누리지 못하게 하는 이 못난 아버지를 원망하는 제 아이들을 볼 면목이 없었습니다.

꽃망울을 피우지 못하고 있는 아이를 따뜻한 포옹으로 감싸며 국제금융고에 보내주신 판사님께 감사드립니다.

법원에서 판사님께서 제 아이를 입학시켰을 때 너무 고마웠습니다.

아이의 이름을 불러주시면서 감싸주시던 판사님의 모습을 봤을 때 너무나 감사했습니다……

같은 해 여름, 국제금융고 창원분교 학생들과 청소년회복센터에 위탁된 소년들과 함께 1박 2일간 제3회 통통통캠프를 사법연수원과 공동으로 개최하였다. '통통통'은 '의사소통意思疏通', '운수대통運數大通', '만사형통萬事亨通'의 각 끝 자인 '통通' 자를 모은 것이다. 의사가 소통되면 운運, 다시 말해 기회가 트이고, 기회가 트이면 만사가 형통하게 된다는 의미다.

캠프를 출발하기 전에 소년들 대표가 우성만 창원지방법원장께 드린 감사편지를 소개한다. 그중 "우리들 중에는 한 번도 학교행사, 캠프, 수련회를 경험하지 못한 친구들도 적지 않습니다."라는 문구도 있었다.

사실 국제금융고 창원분교생들에게는 어쩌면 캠프가 1박 2일의 고등학교 수학여행이었을지도 모른다.

존경하는 창원지방법원장님께

존경하는 법원장님!

법원장님의 무한한 사랑과 관심으로 저희가 이번 캠프에 참여하게 되었습니다.

그동안 쉼터에서 생활하면서 함께 가고 싶었던 곳도 많았지만 쉽지 않았습니다. 우리들 중에는 한 번도 학교행사, 캠프, 수련회를 경험하지 못한 친구들도 적지 않습니다. 막상 처음에 캠프를 간다는 소식을 들었을 때 긴장도 되고 설레기도 하고 기대감도 갖게 되었습니다. 한편으로는 과연 우리들이 잘할 수 있을까, 사고치지는 않을까 또 이런 걱정이 들었습니다. 그렇지만 저희가 쉼터에서 생활을 잘한 만큼 캠프장에서도 잘해낼 수도 있을 것이라는 자신감도 조금씩 생겨났습니다.

법원장님께서 저희를 믿으시고 아끼신 만큼 저희도 캠프에서 생활을 잘하고 조금이나마 변화된 모습을 보여드리겠습니다. 캠프를 마치고 쉼터에 돌아가서도 또 이후 집으로 돌아가서도 저희들에게 베풀어주신 관심과 사랑을 잊지 않겠습니다. 또한 부족한 저희를 키워주시고 재워주시고 사랑 주셔서 정말 감사합니다.

저희들은 멋진 모습으로 자라도록 노력하겠습니다.

2013년 2월 6일, 창원지방법원 대강당에서 국제금융고등학교 창원분교 제1회 졸업식을 뜻깊게 가졌다. 2011년에 입학한 아이들 열다섯 명과 2012년에 2학년으로 편입한 아이들 네 명을 포함하여 총 열아홉 명이 졸업을 하게 되었다. 그중 여섯 명의 아이들이 대학 수시모집에 합격하여 입학을 준비하고 있고, 나머지는 취직하였거나 군 입대를 준비하고 있다. 졸업식을 하는 내내 눈물에 젖은 그들의 눈은 희망으로 빛나고 있었다. 한편 재학생들도 거의 대부분 재비행을 저지르지 않고 열심히 수업에 참석하고 있고, 2013년도 신학기 입학을 신청한 아이들도 마흔 명가량에 이른다.

어떤 분께서는 이 학교가 바로 '특목고'라고 하였다. 지당하신 말씀이다. 학교 명패도 운동장도 없지만 이 학교는 경쟁이 아니라 상생이라는 특수한 목적을 가진 그들만의 학교이기 때문이다.

절망을 딛고 희망을 쌓아나가는 소년들을 생각하면 가슴이 뜨거워진다. 이 학교가 소년들이 사람들에게 손가락질받지 않고 떳떳하게 살아가는 데 조그만 도움이라도 되길 간절히 기도한다.

절망을 딛고 희망을 쌓아나가는 소년들을
생각하면 가슴이 뜨거워집니다.
지금 겨울을 지나는 소년도 새봄이 오면
다시 아름답게 꽃필 수 있습니다.

에필로그

그때 그 약속을 조금이라도 지킬 수 있어 행복하다

소년법은 소년의 처벌이 아니라 건전한 육성을 목적으로 한다. 이러한 소년법의 특성으로 인해 소년재판은 일반 재판과는 다른 색채를 띨 수밖에 없다.

이미 말했듯이 소년법정 안에서의 소통의 목적은 처벌을 위해 과거의 사실관계를 들추는 데 있지 않고 소년의 미래를 위해 그의 내면의 문제와 환경적 문제를 해결해주는 데 있다. 이를 위해서는 시간과 에너지를 보다 많이 투입해야 하는데 여건상 그렇게 할 수 없어 늘 안타까움을 금할 길이 없다. 내가 지금까지 해온 소년법정에서의 소통은 현재의 여건에 맞춘 것일 뿐 이상적인 소통의 형태라고는 볼 수 없다. 그럼에도 응원해주신 분들께 감사의 말씀 드린다.

장기 해외연수 법관으로 선정되어 2006년 2월부터 2007년 2월까지 1년간 일본 교토에서 생활한 적이 있었다. 한 달 동안의 재판소(일본에서는 법원을 재판소라고 부른다) 연수 중 교토가정재판소를 방문한 적이 있었는데, 방문 이틀째 되는 날 오전 11시에 소년사건의 심리를 방청하였다. 이날의 법정풍경은 아직까지도 눈에 선하다. 심리가 진행되었던 법정은 우리와 같은 구조가 아니라 상담실 같은 구조로 되어 있었는데 당시 11시 사건은 한 건뿐이었다. 심리는 담당 판사 외에도 당해 소년에 대해 조사를 담당한 가정재판소 소년조사관, 부모와 두 명의 교사 등 총 여덟 명이 참석한 가운데 약 한 시간 동안 진행되었다. 판사는 조사관을 비롯하여 출석한 모든 이들에게 진술할 기회를 주었고, 진술 도중에 소년은 자신의 잘못을 뉘우쳤는지 계속 울고 있었다. 진지하고 엄숙했지만 권위적이거나 위압적이지 않고 매우 편안한 분위기에서 심리가 진행되었다. 상당히 인상적인 풍경이었다.

한 사회의 수준은 가장 낮은 곳의 수준에 의해 좌우된다. 마찬가지로, 많은 관심을 받지 못했던 소년법정은 우리 법원의 수준을 결정하는 척도라고 할 수 있다. 현재의 소년재판부는 좀 더 여유로운 시간과 새로운 패러다임으로서의 공간이 필요하다. 보다 편안하고 부드러운 법정 분위기, 보다 여유 있는 시간 속에서 충분히 소통할 수 있는 소년법정이 하루 속히 우리 법원에서 이루어질 수 있기를 소망한다.

그러나 법정의 분위기 못지않게, 아니 그보다 더 중요한 것이 법정 밖에서 이루어지는 소년들과의 소통이다. 평소, 처분 이후 법정 밖에서의 지속적인 소통이 그들의 교정이나 재비행 예방에 있어 더 큰 역할을 한다고 생각했기 때문에 나는 보호처분이 내려진 이후에도 손을 놓지 않고 가능한 한 소년들과 연락을 주고받으며 소통하고자 노력해왔다. 그런 소소한 노력 덕분인지 작은 기적이라고 부를 만한 일들도 그사이에 제법 있었다. 더 나아가 나는 비행소년들에 대한 처우를 조금이라도 개선하기 위해 보다 많은 사람들과 소통하고자 노력했다. 손을 내밀고 싶어도 어느 한 곳 기댈 데가 없는 비행소년들의 열악한 실상을 보고 차마 그냥 손 놓고 있을 수가 없었기 때문이다. 지난 3년간 아이들에게 조금이나마 도움을 주고자 동분서주하며 뛰어다닌 결과 청소년회복센터, 경청상담교육센터, 국제금융고등학교 창원분교 등 생각지도 못한 성과를 이루게 되었다.

창원을 비롯하여 경상남도 지역에 아는 사람이라고는 거의 없었지만 소년들에게 조금이라도 도움이 되는 사람이라면 가리지 않고 만났고, 그로 인해 소중한 인연도 많이 맺었다. 나의 부족한 활동에도 불구하고 지금까지의 성과라도 이룰 수 있었던 것은 소통하고자 애쓰는 나의 모습을 보고 많은 분들이 뜨겁게 호응해주셨던 덕분이다. 한 가지 소망을 진심으로 간절하게 원하면 온 우주가 나서서 돕는다는 말이 있는데 그 말이 말짱 헛말은 아닌 것 같다.

그분들은 허심탄회한 대화를 나누었다고 좋아하면서 나에게 "판사 같지 않다."라는 말을 자주 하셨다. 그러면서도 한편으로는 공정함을 잃지 말기를 당부하신다. 그분들이 말하는 '판사 같지 않다'는 말은 '공정하지 않다'는 의미가 아니라 '소통을 잘 한다'는 의미이다. '판사 같지 않다'라는 말의 의미가 좋은 뜻으로 사용되었다면 그 반대인 '판사 같다'는 어떤 모습의 판사를 말하는 것일까. 어떤 분이 보내온 편지에는 "판사라고 하면 무서운 사람, 정이 없는 사람, 딱딱한 사람이라는 이미지가 먼저 떠오른다."라고 쓰여 있었다. 아마 대다수의 많은 사람들이 그렇게 생각하고 있을 것이다. 하지만 실제 판사들 중에는 인자하고, 정이 많고, 부드러운 분들이 더 많다. 그럼에도 판사의 이미지가 많은 사람들에게 그렇게 다가간 것은 결국 판사들 스스로가 국민과의 소통을 등한시했다는 반증이 아닐까란 생각이 든다.

일반 법관들은 국민들과 '직접' 소통할 기회가 많지 않다. 대부분 판결문을 통해 간접적으로 소통하게 되는데 자신들이 납득하기 어려운 판결이 내려지면 국민들은 법관들이 세상과 제대로 소통하고 있지 않다며 여론으로 질책한다. 이 경우 법원이나 법관이 모든 사람에게 일일이 찾아가서 여차저차 해서 이러한 판결이 내려졌다고 해명할 수가 없으므로, 결국에는 사법부에 대한 국민의 불신으로 귀착된다. 법관의 가장 중요한 임무는 재판이라고 하겠지만 국민과의 소통을 무시해서는 안 된다. 그리고 국민들과 소통하기 위해서는 그들의 처지에서부터 출발해야 한다. "사법부가 소통, 소통 하지만 그것은 일방적인 구호에 불과하고, 실질적인 성과는 전혀 없다."라는 어느 변호사의 지적을 겸허히 받아들여 진정한 소통을 위해 노력하는 모습을 국민들에게 보여주어야 한다.

지난 2011년 10월부터 2012년 3월까지 매주 한 편씩 '천종호 판사의 소년재판 이야기'라는 제목으로 창원지방법원 소년법정에서 있었던 이야기들을 엮어 〈경남신문〉에 기고한 일이 있다. 그런데 10회째의 연재가 끝난 어느 날 법원으로 한 통의 편지가 날아들었다. 그 편지는 1심에서 중형을 선고받고 항소심 재판을 기다리던 형사 피고인이 보낸 것이었다. 보호처분을 받은 소년들로부터는 종종 편지를 받지만 소년사건과 아무런 관계가 없는 일반 재소자로부터 감사의 편지를 받게 되니 얼떨떨하였다. 편지에는 그가 겪었던 아픈 사연과 나에 대한 바람이 적혀 있었다.

그는 중학교 3학년이던 1979년 어느 날 부모님이 외갓집으로 제사를 모시러 간 사이 이웃집에 사는 머슴(일꾼) 형과 함께 하룻밤을 자면서 집에 있는 닭 두 마리를 잡아먹었는데 뒷날 평소 부모님과 사이가 좋지 않던 옆집에서 닭이 한 마리 없어졌다며 경찰에 신고를 하는 바람에 절도죄로 기소유예처분을 받았다고 한다.

그는 그때를 회상하면서 "한창 부모님께 귀여움을 받고 공부할 중학교 3학년 열여섯 살 나이에 정말 아무 죄도 없는 제가 경찰서에 잡혀갈 때 얼마나 무섭고 떨었는지 모릅니다. 조사를 받고 경찰서에서 나올 때는 정말 사회에 대한 반항심밖에 없었습니다."라며 아직도 가슴속에 남아 있는 억울함을 토로하였다.

이어서 그는 "정말 억울하게 생긴 첫 전과로 인해 반항적이 되어 지금까지 사회 적응을 못하고 징역을 살고 있는 것 같습니다. 그때 당시 제가 판사님 같은 분을 만났더라면 인생을 이렇게까지 비뚤어지게 살았겠냐는 생각을 여러 수십 번을 해 봅니다."라며 돌이킬 수 없는 지난 세월을 아쉬워하였다.

그러고 나서 그는 내게 이런 부탁을 하는 것을 마지막으로 잊히지 않을 긴 편지를 마무리하였다.

"제가 생각하기로는 판사님은 정말 법관을 떠나서 사람 냄새나고 인간미 넘치시는 분입니다. 어떤 분이 판사님처럼 따뜻하고 인격적으로 대하여주시고, 판사님 월급으로 지갑을 사고 지갑 속에 용돈까지 직접 넣어서 주시겠습니까. 판사님께서는 끝까지 청소년들의 등불이 되어주십시오."

그가 진정으로 바란 것은 나를 포함한 법관들이 '사람 냄새 나고 인간미 넘치면서도, 억울한 사람을 만들지 않는 법관'이 되어달라는 것이었다. 이는 기실 우리 국민 모두가 바라는 염원이 아닐까?

글을 마치면서 법관이라는 직분에 관해 다시 한 번 생각해본다. 법관은 '화려한 직업'이 아니라 '고독한 사명'이다. 재판에 있어서의 핵심은 공정함인데, 이를 지키기 위해서는 세상과 일정한 거리를 둘 수밖에 없기 때문이다. 따라서 소통의 한계는 공정성에서 찾아야 한다. 하지만 공정만을 앞세워 소통에 소홀한 것 또한 안 될 일이다. 결국 공정과 소통은 법관이 법복을 벗는 순간까지 들고 있어야 하는 양팔 저울인 셈이다. 저울의 효용과 아름다움은 균형에 있다. 어떻게 균형을 이루어낼 것인가. 정확하게 그 무게를 가늠하여 가운데를 잡으면 될 터이지만 그 일이 말처럼 쉬운 것은 아니다. 이리로 기울고 저리로 기우는 마음을 다잡아 매순간 최선을 다하는 길밖에는.

사법시험을 준비할 때 주위에서 왜 공부를 하느냐고 물으면 힘들고 어려운 사람을 돕기 위해서라고 말했었다. 무심결에 내뱉은 말이었지만 그것이 항상 마음의 짐이고 부담이었는데 그동안 소년재판을 하면서 그 약속을 조금이라도 지킬 수 있었기에 몸은 고되었지만 마음은 말할 수 없이 행복하였다.

아래 글은 어느 방송에서 법관이 무엇인지에 관해 말해달라는 부탁을 받고 작성한 글인데, 이 글을 끝맺음 글로 삼고자 한다. 부족한 사람의 글을 끝까지 읽어주셔서 마음 깊이 감사드린다.

법관이란

법관은 직업이 아니라 고독한 사명입니다.
법관도 사람인지라 인간관계를 맺으며 살아갑니다.
관계 속에서 타인의 도움을 받아야 할 때도 있습니다.
하지만 그 타인이 정작 도움을 필요로 할 때는 외면하기도 합니다.
왜냐하면 법이 선을 넘지 못하게 붙들어 매고 있기 때문이지요.
이로 인해 법관들을 이기적이라고 보시는 분들도 계십니다.
그러다 보니 법관 생활을 하면 할수록 점점 고독해져감을 느낍니다.
하지만, 법관들은 도움을 베풀어주신 가족들과 친구들에게 항상 미안한 마음을 가지고 살아갑니다.

이러한 법관에게도 버릴 수 없는 친구가 있습니다.
그것은 바로 법입니다.
법은 법관의 검이자 방패입니다.
법관을 지켜주는 것은 법 외에는 아무것도 없습니다. 법의 명령을 따르지 않는 법관은 진짜 고독을 경험할 것입니다.
법관은 법을 위해 헌신해야 합니다.
법은 '볼 수도 들을 수도 말할 수도 없으면서 그저 저울만 들고 있는 현자'입니다.

　법관은 법의 눈과 귀와 입이 되어야 합니다.

　법관은 진실을 탐구해 친구가 들고 있는 저울 위에 올려주어야 합니다.

　진실 탐구를 게을리한 채 법에 사실을 끼워맞추는 법관은 현자의 진정한 동반자가 아닙니다.

　친구 사이에는 관계를 지속시켜 주는 '관계의 준칙'이 있습니다.

　그것을 '우정'이라고 하지요.

　법과 법관 사이의 관계를 지속시켜주는 것은 바로 '양심'입니다.

　양심은 '법을 넘는 법'입니다.

　법관은 양심의 명령과 법의 명령이 조화되도록 경계하고 또 경계해야 합니다.

　법관은 고독합니다.

　하지만 법을 벗 삼아 양심을 지키며 살아가다 보면 마음 깊은 곳에 있는 샘을 발견할 것입니다.

　이 샘은 참된 기쁨을 음미하게 해줄 것입니다.

격려의 말

판사는 사건을 맡아 처리만 하면 법적인 직무는 다한 것이라고 하겠지만, 나라와 사회의 어른으로서의 의무는 다한 것이라고 할 수 없을 것이다. 천 판사는 부산지방법원 가정지원에 근무할 때부터 청소년문제에 관심을 많이 가졌다. 그러한 천 판사가 판사의 직무를 넘어서, 이 나라 이 사회의 어른으로서 그늘에서 소외되고 버림받은 소년들을 위하여 노력한 소중한 자료들을 책으로 엮어내었다. 읽으시게 될 여러분들께서도 천 판사의 뜻을 이어받아 이러한 소년소녀들에게 관심을 가지는 계기가 되시기 바란다.

홍광식 (변호사, 전 부산지방법원 가정지원장)

내 친구 천종호는 많은 돈도, 감춰진 허세도, 대단한 출세욕도 없는 사람이다. 그냥 맑고 강직한 판사다. 나는 그런 종호를 매우 존경한다. 내가 과연 그의 글에 축사를 쓸 자격이나 있는지 자꾸만 스스로 되묻게 된다. 하지만 용기를 내어 그와 그를 돕는 분들께 꼭 이렇게 말하고 싶다. "정말이지 세상에서 가장 훌륭한 일을 하고 계십니다."라고……

곽경택 (영화감독)

아버지, 선생님, 바보, 천10호 선장, 호통대장 등 다양한 별명을 얻어가며 소외된 소년들과 소통하고 있는 천종호 판사의 열정을 뜨겁게 느끼도록 해주는 책이다. 모든 동문들과 더불어 감사의 말씀 드린다.

최상수 (부산남고등학교 총동창회 회장)

1년 6개월 동안 법조계를 출입하면서 비행소년과 관련된 많은 것을 보고 느낄 수 있었다. 소년사건과 소년재판, 청소년회복센터와 경남아동청소년상담교육센터, 위탁보호위원협의회 등이 그것이다. 소년범죄와 학교 폭력은 가정해체와 사회적 무관심의 산물이다. 왜 우리가 가정을 지켜야 하고, 비행소년과 이들을 선도하기 위한 기관에게 각별한 관심을 가져야 하는지를 이 책은 생생하게 증언한다.

김진호 (경남신문 사회부 차장)

현직 소년부 판사라는 전문가의 입장에서 소년재판과 청소년문제를 대중이 알기 쉽게 다룬 책은 아마 이 책이 처음이지 않을까 싶다. 천종호 판사는 창원지법에서 3년 동안 소년재판을 담당하면서 누구보다도 많은 비행청소년들을 만나 그동안 아무도 귀 기울이지 않던 그들의 이야기를 들어왔다. 천 판사의 청소년에 대한 관심이 단순히 업무 때문이 아니라 진심과 열정에서 우러나오고 있음이 절절히 느껴지고, 페이지마다 청소년들을 대하는 깊은 애정이 묻어난다. 희망을 품지 않고 방황하는 청소년은 가정의 불행일 뿐만 아니라 우리 사회 전체의 불행이기도 하다. 이 책이 우리 사회가 청소년문제에 보다 더 많은 관심을 갖는 '한 그루의 나무'가 되길 기대해본다.

이정훈 (연합뉴스 기자)

"소년범의 죄는 누구의 죄인가요?"
처음 천종호 판사를 만났을 때 질문을 받고 선뜻 답을 하지 못하였던 기억이 난다. 소년도 아니고, 부모도 아니고, '사회'가 만들어낸 것이라는 말을 들었을 때 PD로서 또한 이 사회의 한 구성원으로서 너무나 부끄럽고 얼굴이 화끈거렸다. 사회구조적 문제와 편견 안에 소년범이라는 가면으로 진정한 자신의 얼굴을 가리고 있었던 아이들. 아이들의 진정한 모습을 찾아주고, 마음 깊은 곳까지 살뜰히 보살피는 천 판사의 각별한 사랑과 소년법을 처벌이 아니라 치유에 대한 개념으로 바꿔준 천 판사의 따뜻한 신념을 통해 이 시대에 진정으로 필요한 가치는 무엇인지 다시 한 번 되새겨보았다.

박소연 (tvN PD, 〈리틀빅히어로〉 연출)

사람을 만날 때나 일을 할 때, 우리는 진심이 담기기를 희망한다. 하지만 고약하게도 바쁜 세상을 살아가면서 그런 진심을 경험하는 일은 쉽지 않다. 그런데, 판사님의 재판에서 그 진심을 만날 수 있었다. 소년에 대한 애정과 책임이 보이는 법정, 어른에 대한 따끔한 호통이 보이는 법정, 그리고 무엇보다 법원과 소년, 법원과 가정의 소통이 보이는 법정, 그것이 창원지방법원 119호 소년법정의 풍경이다. 가정과 학교의 자리를 대신해 위기의 소년을 위해, 법원이 할 수 있는 최선을 다하고자 뜻을 함께 하는 사람들과 한발 한발 나아가고 있는 판사님. 오늘도 지치지 않고 청소년을 향한 진심을 법정 안과 밖에서 실천하고 있을 판사님. 그 수고에 감사와 응원을 보낸다.

한재신 (SBS PD, 〈학교의 눈물〉 연출)

법관이기 전에 한 인간으로서 청소년비행이 급속한 가정의 해체로 인해 일어난다는 것을 알고, 재비행하지 않도록 지속적으로 관리를 해야 함에도 불구하고 국가로부터의 어떤 도움도 못 받고 사회의 보살핌과 도움도 받지 못하는 비행소년들을 위하여, 비행소년 전용 그룹홈을 설립하고, 청소년비행에 대한 강연과 방송을 통해 사회와 국가의 따뜻한 관심과 사랑을 촉구하는 '가사소년전문법관' 천종호 판사의 가슴 뭉클한 이야기들.

곽영호 (국제금융고등학교 교감)

몇 년 전 어느 지인을 따라 청소년법정에 가게 되었다. 그곳에서 천종호 판사는 죄를 지은 청소년들에게 "부모님 사랑합니다."를 외치게 하고 있었다. 죄를 지은 그들의 눈에서 눈물이 흐른다. 재판이 끝날 때까지 나도 그들과 함께 얼마나 울었는지 모른다. 아름다운 삶, 치유받고 회복되는 삶은 우연히 만들어지지 않는다. 누군가가 헌신하면서 아름다운 우연을 만들어갈 때 청소년의 아름다운 꽃은 피어날 것이다. 선처를 받은 청소년들은 청소년쉼터로 옮겨지게 되고 그곳에서 따뜻한 사랑을 받으며 그들은 제2의 새로운 인생의 아름다운 꿈을 꾸고 있다. 그 이후로 천종호 판사를 가끔 만나면서 오고가는 대화 속에 탈선하는 청소년들에게 아름다운 삶의 자리를 회복시켜주는 것이 얼마나 중요한 일인가를 깨닫게 되었다. 천종호 판사. 그는 오늘 이 시대가 요구하는 사람이요, 이 시대에 꼭 필요한 사람이다.

김덕규 (목사, 창원 사랑학교 대표)

처벌보다는 비행청소년들뿐 아니라 그 가족의 상처를 같이 치유해주고 사회성을 회복시켜주며 더 나아가 그들의 미래에 대한 가능성을 일깨워주고자 하는 저자의 법정에서 눈시울이 뜨거워지고 가슴이 저렸던 순간을 아직도 생생하게 기억한다. 이 책은 소년재판 과정에서 저자가 겪은 사건들을 하나하나의 에피소드에 담아낸 적지 않은 기간 동안의 노력의 발자취이고, 범죄자의 기로에 서 있던 비행청소년들이 다시 건강하게 성장해가는 과정을 보여주는 감동서다. 책을 통해서 원래는 우리의 착한 아들딸이었던 비행청소년들을 어쩌면 우리가 범죄자로 만들지 않았는가 하는 반성을 해본다. 아이들의 밝은 미래를 위해서 우리가 보다 많은 관심과 사랑을 주어야 할 때이다.

최웅택 (진해 웅천요(熊川窯) 사기장)

〈경남신문〉에 연재되던 「천종호 판사의 소년법정 이야기」를 읽고 눈물을 흘린 사람이 비단 나뿐이었을까? 가슴 뭉클한 글에 감동되어 천종호 판사의 뜻에 미력하나마 동참하게 되었고, 마침내 아름답고 슬프고 안타까운 아이들의 이야기가 한 권의 책으로 세상에 나오게 되었다. 이 책이 비행청소년들에게 따뜻한 대안가정을 제공해주기를 원하는 천 판사의 뜻이 널리 알려지는 계기가 되어 전국에 청소년회복센터가 많이 세워져 불행한 비행소년들이 따뜻한 대안가정에서 안정되고 올바르게 자랐으면 하는 바람이다.

정기용 (마산 정안과 대표원장)